PARADIMI

Académie des Sciences et Lettres de Heidelberg

Commission Internationale Interacadémique pour la Préhistoire des Balkans

Monographies Vol. II

PARADIMI

Par

Georgios Bakalakis et Agni Sakellariou

Publié par

Vladimir Milojčić (†)

1981

VERLAG PHILIPP VON ZABERN · MAINZ AM RHEIN

Heidelberger Akademie der Wissenschaften

Internationale Interakademische Kommission für die Erforschung
der Vorgeschichte des Balkans

Monographien Bd. II

PARADIMI

Von

Georgios Bakalakis und Agni Sakellariou

Herausgeber

Vladimir Milojčić (†)

VERLAG PHILIPP VON ZABERN · MAINZ AM RHEIN

VIII, 88 Seiten mit 1 Abbildung, Tafeln 1-73, I-XLV und 16 Beilagen
Gedruckt mit Unterstützung der Philipp von Zabern Stiftung

Manuskript abgeschlossen: 1977

Anschrift der Redaktion: W. Schrickel, Institut für Ur- und Frühgeschichte der Universität Heidelberg, Marstallhof 4

© 1981 Verlag Philipp von Zabern, Mainz
ISBN 3-8053-0375-0
Gesamtherstellung Zaberndruck, Philipp von Zabern, Mainz

IN MEMORIAM

STILPON KYRIAKIDIS   EUSTRATIOS PELEKIDIS

VLADIMIR MILOJČIĆ   DEMETRIOS THEOCHARIS

INHALTSVERZEICHNIS

Vorwort	1
Literatur- und Abkürzungsverzeichnis	3
I. Kapitel: Lage der Fundstelle sowie stratigraphischer Schnitt (1965)	11
II. Kapitel: Zusammenfassende Auswertung des Befundes	25
III. Kapitel: Die neolithische Keramik von Paradimi	27
IV. Kapitel: Der Ergänzungsschnitt. Die frühe Bronzezeit	41
V. Kapitel: Katalog der Funde. Grabung von St. Kyriakidis und E. Pelekidis	43
Verzeichnis zu den Tafeln 1 – 73, I – XLV und zu den Beilagen 1 – 16 mit Konkordanz	73
Verzeichnis zu den Tafeln 1 – 73	73
Verzeichnis zu den Tafeln I – XLV	78
Verzeichnis zu den Beilagen 1 – 16	84

Tafel 1 – 73
Tafel I – XLV
Beilage 1 – 16

VORWORT

Der erste Teil der Arbeit (Kapitel I, II und IV) behandelt einen Versuchsschnitt, den wir 1965 auf der Tumba von Paradimi anlegten. Denn jene, die die Tumba 1929–1930 ausgruben, hinterließen uns bekanntlich, im Gegensatz zu der reichen Ausbeute ihrer Arbeit, außer wenigen, sehr viel später veröffentlichten Zeilen keinerlei stratigraphische Auskünfte. Daß eine derartige Auswertung gleichzeitig mit der Ausgrabung hätte erfolgen sollen, geht aus mehreren schriftlichen Angaben auf Fundkisten und Scherben hervor.

Der dritte Teil der Arbeit (Kapitel V) stellt in Wirklichkeit den den Funden von Paradimi entsprechenden Teil des Inventarbuches des Museums von Thessaloniki dar. Frau Dr. Agni Xenaki-Sakellariou, die ihn zusammengestellt hat, hätte ihn mit aller Bereitwilligkeit und Sorgfalt auch in einen druckfertigen Katalog umgearbeitet, wenn sie Griechenland nicht hätte verlassen müssen. So habe ich ihn, so gut ich konnte, vollendet.

Im Verlaufe der Bearbeitung der stratigraphischen Gegebenheiten des Schnittes hatten wir wiederholt die wunderbare Gelegenheit, mit unserem unvergessenen Freund und Kollegen Prof. Dr. D. R. Theocharis (†), dem besten Kenner auch der Vorgeschichte der nördlichen Gebiete unseres Landes, die Probleme der neolithischen Keramik von Paradimi zu besprechen. So hielten wir es für richtig, ihm offiziell unsere Zusammenarbeit für eine Darstellung und Einordnung des Materials der Kultur von Paradimi anzubieten. Nachdem dieser sich in der Zwischenzeit jedoch in zwei seiner Bücher: Prehistory of Eastern Macedonia and Thrace, Athens Center of Ekistics 9, 1971 und Neolithic Greece (hrsg. von der griechischen Nationalbank, Athen 1973) ausführlicher über Umgebung und Kultur unserer Siedlung geäußert hat, schien es ihm schließlich nicht mehr unbedingt notwendig, sich auch an dieser Stelle wieder mit Paradimi zu beschäftigen.

So ist der zweite Teil der Arbeit (Kapitel III), der die beiden anderen Teile verbindet, das Kapitel über die neolithische Keramik von Paradimi, schließlich mein Werk, wobei ich sehr viel nicht nur Prof. Theocharis (†) verdanke, sondern auch den unvergessenen Kollegen Prof. V. Milojčić (†) und Dr. D. French.

So sehr es auch scheint, wie wenn jeder der beiden Autoren des vorliegenden Buches eine getrennte Verantwortung für seinen Teil hätte, in Wirklichkeit sind wir beide gleichermaßen verantwortlich für die ganze Arbeit. Denn nur bei einer so bewundernswürdigen Zusammenarbeit, für die jene, der diese Zeilen zu schreiben das Vergnügen hat, dem andern zu Dank verpflichtet ist, wird durch eine gegenseitige „Verflechtung" möglich, daß ein Buch erscheint, für das der Schreibende nicht Spezialist ist. Ihn entschuldigt nur sein Interesse für den Ort, für das Voranschreiten der Forschung auch in diesem Gebiet, für das er außer einem gewissen Maß an Sachkundigkeit nichts außer acht gelassen hat, was dazugehört. Er kümmerte sich gleichermaßen um die klassischen wie um die prähistorischen und byzantinischen Reste, bis auch in diesem Gebiet, im griechischen Thrakien, viele jüngere, sachkundige Forscher tätig sind.

Prof. Theocharis (†) verdanken wir nicht nur die Ausführung der Stratigraphie-Zeichnung (Beilage 3), die sich auf meinen stratigraphischen Vergleichen und zeichnerischen Wiedergaben während des Grabungsverlaufs gründet, sondern auch die Profilzeichnungen und Ergänzungen ausgewählter Scherben aus den verschiedenen Schichten der Versuchsschnitte (Beilage 4–12) und hauptsächlich die der Forminventare (Beilage 13–15).

Für die Zeichnungen der Tafeln I–XLV sind wir Dr. J. Eiwanger verpflichtet, der während ihrer Ausführung auch verschiedene sehr bemerkenswerte Vergleiche zog. Die Umzeichnungen besorgte K. Messmer.

Aufrichtigen Dank schulden wir Frl. A. Dousougli, und Frau Dr. E. Hanschmann, die den griechischen Text übersetzten, sowie Frau Prof. W. Schrickel, die den deutschen Text druckfertig machte. Danken möchten wir auch den damaligen Ephoren von Komotini und Thessaloniki und besonders Frl. K. Rhomiopoulou für alle ihre Unterstützung und vor allem für die vielen Photographien der Katalogtafeln, die Abzüge von Negativen des Museums Thessaloniki sind (Tafel 33–73). Viele der Schwarz-Weiß-Bilder dieser Arbeit (Tafel 2–21) wurden von D. Tloupas, Larisa, hergestellt.

Dem großen Interesse und der Sorge des Kollegen Prof. Dr. V. Milojčić (†) der Universität Heidelberg, des unermüdlichen Erforschers der thessalischen Vorgeschichte und unvergessenen Freundes, verdanken wir die für uns großartige Tatsache, daß wir schließlich ein Buch zur Verfügung der Forscher haben, die sich mit der Kultur von Paradimi beschäftigen. Dafür schulden wir ihm herzlichen Dank. Wer hätte voraussehen können, daß wir, statt V. Milojčić unsere Dankbarkeit zu äußern, ihm nun zusammen mit den Ausgräbern von Paradimi und seinem Mitarbeiter in der thessalischen Prähistorie D. Theocharis, das Buch widmen.

Thessaloniki, 1977
G. Bakalakis

LITERATUR- UND ABKÜRZUNGSVERZEICHNIS

Bacova-Kostova, Arch. Sofia. 13, 1, 1971	E. Bacova-Kostova, Preistoričeski Selištni Mogili okolo Sliven = Tells Préhistoriques des environs de Sliven. Archeologija Sofia 13, 1, 1971, 61 ff.
Bakalakis 1955	G. Bakalakis, „Vier Höhlen". Makedonikon Hemerologion 1955, 147 ff.
Bakalakis (1958)	G. Bakalakis, Proanaskaphikes Erevr.es ste Thrake = Feldforschungen in Thrakien (1958)
Bakalakis (1961)	G. Bakalakis, Archeologikes Erevnes ste Thrake = Archäologische Forschungen in Thrakien 1959–1960 (1961). Demosievmata tis Thrakikes Estias Thessalonikes = Veröffentlichungen der Thrakischen Gesellschaft von Saloniki (1961)
Bakalakis, Arch. Deltion 17, 1963	G. Bakalakis, Archeologikai Erevnai en Thrake. Arch. Deltion. 17, B (Chronika) 1961–1962 (1963) 258 ff.
Bittel (1934)	K. Bittel, Prähistorische Forschung in Kleinasien. Istanbuler Forschungen 6 (1934)
Bittel 1942	K. Bittel, Kleinasiatische Studien. Istanbuler Mitteilungen. Heft 5, 1942, 1 ff.
Blegen u. a. (1950)	C. Blegen u. a., Troy vol. I. General Introduction, the First and Second Settlements (1950)
Bognár-Kutzián, Arch. Austriaca 40, 1966	I. Bognár-Kutzián, Das Neolithikum in Ungarn. Arch. Austriaca 40, 1966, 249 ff.
Bon, Études Thasiennes 4, 1957	A.-M. u. A. Bon, Les Timbres Amphoriques de Thasos. Études Thasiennes 4, 1957
Buchholz, JdI. 78, 1963	H. G. Buchholz, Steinerne Dreifuß-Schalen des Ägäischen Kulturkreises und ihre Beziehungen zum Osten. Jahrb. DAI. 78, 1963, 1 ff., 55
Childe, Anatolian Stud. 6, 1956	V. G. Childe, Anatolia and Thrace. Some Bronze Age Relations. Anatolian Stud. 6, 1956, 45 ff.
Deshayes, BCH. 94, 1970 (1971)	J. Deshayes, Rapports sur les travaux de l'école française en 1969. BCH. 94, 1970 (1971) 799 ff.

Detev (1968)	P. Detev, Alluvium (1968) 82
Detev, Annuaire Mus. Plovdiv 6, 1968	P. Detev, Preistoričeskoto selište pri selo Muldava = La localité préhistorique près du village Mouldava. Annuaire du Musée National Arch. Plovdiv 6, 1968, 9 ff.
Ervin, News Letter AJA. 74, 1970	M. Ervin, News Letter from Greece. Am. Journal of Arch. (AJA.) 74, 1970, 261 ff. (Darin: S. 273 f. Bericht über Grabung Renfrew in Sitagroi-Photolivos)
Evans u. Renfrew (1968)	J. D. Evans u. C. Renfrew, Excavations at Saliagos near Antiparos (1968)
Felsch, Klisi Tepe 1973	R. C. S. Felsch, Prähistorische Keramik vom Klisi Tepe, Ostmakedonien. AAA. 6, 1973, 138 ff.
Fraser, JHS. 89, 1969	P. M. Fraser, Archaeology in Greece 1968–1969. Arch. Reports No. 15, for 1968–1969. JHS. 89 (1969) 3 ff. (Darin: S. 25 f. Renfrew-Grabung in Photolivos)
French, Anatolian Stud. 11, 1961	D. H. French, Late Chalcolithic Pottery in North-West Turkey and the Aegean. Anatolian Stud. 11, 1961, 99 ff.
French, PZ. 42, 1964	D. H. French, Prehistoric Pottery from Macedonia and Thrace. Prähist. Zeitschr.(PZ.) 42, 1964, 30 ff.
Furness, PPS. 22, 1956	A. Furness, Some Early Pottery of Samos, Kalimnos and Chios. Proc. Preh. Soc. N.S. (PPS.) 22, 1956, 173 ff.
Galović (1959)	R. Galović, Predionica-Neolitsko Naselje kod Prištine (1959)
Garašanin u. Dehn, Jahrb. RGMZ. 10, 1963 (1965)	M. Garašanin u. W. Dehn, Thrakisch-Makedonische Wohnhügelfunde in der Sammlung des Vorgeschichtlichen Seminars zu Marburg (Lahn). Jahrb. RGZM. 10, 1963 (1965) 1 ff.
Garašanin, Arch. Sofia. 8, 1966	M. Garašanin, Hronologia i Genesis na Neolita u Centralnata i Jugoiztočnata čast na Balkanskija Poluostrov = Chronologie und Entstehung des Neolithikums im zentralen Südost-Balkan. Arch. Sofia. 8, 1, 1966, 16 ff.
Garašanin u. Nestor in: Actes (1969)	M. Garašanin und I. Nestor, In: Actes du Ier Congr. Intern. des Études Balkaniques et Sud-Est Européennes II, Sofia 1966 (1969) 20 f.
Gaul 1948	J. H. Gaul, The Neolithic Period in Bulgaria. Bull. Am. School Prehist. Research (BASPR.) 16, 1948, 3 ff.
Georgiev in: Symp. Prag (1961)	G. I. Georgiev, Kulturgruppen der Jungstein- und Kupferzeit in

	der Ebene von Thrazien (Südbulgarien) In: L'Europe à la Fin de l'Age de la Pierre. Symposium Prag 1959 (1961) 45 ff.
Georgiev u. Merpert, Bull. Inst. Arch. Bulg. 28, 1965	G. I. Georgiev u. N. R. Merpert, Raskopi Mnogoslojnogo Poselenija n s. Ezero bliz g. Nova Zagora v 1963 godi. Bull. Inst. Arch. Bulg. 28, 1965, 129 ff.
Georgiev in: Actes (1969)	G. I. Georgiev, Verbreitung und Entwicklung der Neolithischen Kulturgruppen in Bulgarien. In: Actes du Ier Congr. des Études Balkaniques et Sud-Est Européennes II, Sofia 1966 (1969) 209 ff.
Georgiev in: Studia Balcanica 5 (1971)	G. I. Georgiev, Die Entwicklung der Älteren Prähistorischen Kulturgruppen in Südbulgarien. In: L'Ethnogenèse des Peuples Balkaniques. Studia Balcanica 5. Sympos. Internat. Sofia 1969 (1971) 21 ff.
Georgiev in: Acta Athen (1972)	G. I. Georgiev, Die Gemeinsamkeit der Kulturen Südbulgariens und Nordgriechenlands während des Neolithikums, Äneolithikums und der Frühbronzezeit. In: Acta of the 2nd Intern. Colloq. on Aegean Prehistory 1971, Athen (1972) 115 ff.
Grammenos, Arch. Deltion 30, 1975 (1978)	D. Grammenos, Apo tous proistorikous oikismous tis Anatolikis Makedonias. = Über prähistorische Siedlungen in Ostmakedonien. Arch. Deltion 30, 1975 (1978) 193 ff.
Grundmann, JdI. 68, 1953	K. Grundmann, Figürliche Darstellungen in der Neolithischen Keramik Nord- und Mittelgriechenlands. Jahrb. DAI. 68, 1953 (1954), 1 ff.
Hammond (1972)	N. G. L. Hammond, A History of Macedonia I (1972)
Hauptmann in: Actes (1969)	H. Hauptmann, In: Actes du Ier Congr. Intern. des Études Balkaniques et Sud-Est Européennes II, Sofia 1966 (1969) 227
Hauptmann, Arapi-Magula (1969)	H. Hauptmann u. V. Milojčić, Die Funde der frühen Dimini-Zeit aus der Arapi-Magula, Thessalien. BAM. 9 (1969)
Hauptmann, AA. 1971	H. Hauptmann, Forschungsbericht zur Ägäischen Frühzeit. AA. 1971, 348 ff.
Hellström u. Holmberg, Opusc. Athen. XII, 1978	P. Hellström u. E. J. Holmberg, Excavations at Paradeisos (Klisi Tepe) on the Nestos 1976. A preliminary Report. Opuscula Athen. XII, 1978, 141 ff.
Heurtley (1939)	W. A. Heurtley, Prehistoric Macedonia (1939)
Hood in: Atti (1965)	S. Hood, Excavations at Emporio, Chios 1952–1955. Atti del VI Congr. Internaz. delle Scienze Preist. e Protost. II, Rom 1962 (1965) 224 ff.

Jacobsen, Scientific American 1976	Th. W. Jacobsen, 17 000 Years of Greek Prehistory. Scientific American 234, 6. (Juni) 1976, 76 ff.
Jurgewitch, 1895	V. Jurgewitch, Nadpisi na ručkach i oblomkach amfori čerepic, najdennich v Feodosii v 1894 godi. = Aufschriften auf Henkeln und Bruchstücken von Amphoren und Ziegeln, die in Feodosia 1894 gefunden wurden. Zapiski Imperatorskago Odesskago Obščestva Istorii i Drevnostej = Mem. Soc. l'hist. et les Antiquités d'Odessa 18, 1895, 87.
Kaludova, Arch. Sofia. 8, 1, 1966	J. Kaludova, Tell Kurt-Tepe des environs du Village Ruen, arr. de Plovdiv. Archeologija Sofia. 8, 1, 1966, 52 ff.
Kazarow, PZ. 10, 1918	G. I. Kazarow, Vorgeschichtliches aus Bulgarien. Prähistorische Zeitschrift (PZ.) 10, 1918, 181 ff.
Kosay u. Akok, Belleten 12, 1948	H. Kosay u. M. Akok, Büyük Güllücek Araştirmalari üzerine ilk Rapor = I. Bericht über die Grabungen in Büyük Güllücek. Belleten 12, 1948, 471 ff.
Kyriakidis, Hellenika 17, 1962	St. P. Kyriakidis, Epigraphe epi Neolithikou Ostrakou ek Thrakes = Die Inschrift auf einer Neolithischen Scherbe aus Thrakien. Hellenika 17, 1962, 71 ff.
Lamb (1936)	W. Lamb, Excavations at Thermi in Lesbos (1936)
Lloyd u. Mellaart, Beycesultan I (1962)	S. Lloyd u. J. Mellaart, Beycesultan I. The Chalcolithic and early Bronze Age Levels (1962)
Mellaart, Anatolian Stud. 11, 1961	J. Mellaart, Excavations at Hacilar, Fourth Preliminary Report, 1960. Anatolian Stud. 11, 1961, 39 ff.
Mellaart in: CAH.³ I, 1 (1970)	J. Mellaart, Anatolia before c. 4000 B.C. CAH.³ I, 1 (1970) 323
Mellaart in: CAH.³ I, 2 (1971)	J. Mellaart, Anatolia c. 4000–2300 B.C. CAH.³ I, 2 (1971) 377
Mellaart, Anatolian Stud. 15, 1965	J. Mellaart, Çatal Hüyük West. Anatolian Stud. 15, 1965, 135 ff.
Mellaart, Hacilar (1970)	J. Mellaart, Excavations at Hacilar. Text u. Tafelband (1970)
Michaud, BCH. 94, 1970	J. P. Michaud, Chronique de Fouilles et Découvertes en Grèce en 1968 et 1969. BCH. 94, 1970 (1971) 882 ff.
Mikov (1933)	V. Mikov, Stations et Trouvailles Préhistoriques en Bulgarie (1933)
Mikov, Bull. Soc. Bulg. Géogr. 5, 1937	V. Mikov, Seleštna Mogila do s. Karanovo = Tell préhistorique près du village Karanovo. Bull. Soc. Bulg. Géogr. 5, 1937, 157 ff.

Mikov, Bull. Inst. Arch. Bulg. 13, 1939	V. Mikov, Seleštna Mogila otă Bronsobata Epocha do s. Veselinovo = Tell de l'Époque du Bronze près du Village de Veselinovo. Bull. Inst. Arch. Bulg. 13, 1939, 195 ff.
Mikov, Karanovo 1959	V. Mikov, The Prehistoric Mound of Karanovo. Archaeology. 12,2, 1959, 88 ff.
Mikov, Bull. Inst. Arch Bulg. 29, 1966	V. Mikov, Technika na Keramičnoto Proisvodstvo prez Preistoričeskata Epocha v Bălgarija. = Les Techniques de Production de la Céramique à l'Époque Préhistorique en Bulgarie. Bull. Inst. Arch. Bulg. 29, 1966, 165 ff.
Mikov, Mikhalitsch (1948)	V. Mikov, Predistoričeskoto Selište do s. Michalič, Svilengradsko. = Fouilles du Site Préhistorique près de Mikhalitsch. Raskopi i Proucvaniye = Fouilles et Recherches Mus. Nat. Bulg. Sofia 1 (1948) 7 ff.
Milojčić (1949)	V. Milojčić, Chronologie der Jüngeren Steinzeit Mittel- und Südosteuropas (1949)
Milojčić, Hauptergebnisse (1960)	V. Milojčić, Hauptergebnisse der Deutschen Augrabungen in Thessalien 1953–1958 (1960) = Ergebnisse der Deutschen Ausgrabungen in Thessalien 1953–1958. Jahrb. RGZM. 6, 1959 (1960)
Müller-Karpe, Handb. I (1966); II (1968)	H. Müller-Karpe, Handbuch der Vorgeschichte I (1966); II (1968)
Mylonas (1929)	G. Mylonas, Excavations at Olynthos I. The Neolithic Settlement (1929)
Mylonas u. Bakalakis, Praktika 1938	G. Mylonas u. G. Bakalakis, Anaskaphai Neolithikon Synoikismon Akropotamou ke Polystylou = Ausgrabungen der neolithischen Siedlungen von Akropotamos und Polystylon. Praktika 1938 (1939) 103 ff.
Orthmann (1963)	W. Orthmann, Die Keramik der Frühen Bronzezeit aus Inneranatolien. Istanbuler Forschungen 24 (1963)
Pantos, AAA. VII, 1974, Chronika	R. A. Pantos, I Toumba ke to spilaion para to Akroterion Serreion = Der Tell und die Höhle von Serreion. AAA. Chronika VII, 1, 1974, 76
Pantos, Thrakika Chronika 32, 1975/76	P. A. Pantos, Istorike Topographia tou Nomou Xanthis = Eine historische Topographie des Bezirks Xanthi. Thrakika Chronika 32, 1975/76, 3 ff.

Podzuweit (1979)	Chr. Podzuweit, Trojanische Gefäßformen der Frühbronzezeit in Anatolien, der Ägäis und angrenzenden Gebieten. Heidelberger Akad. d. Wiss. Balkan-Kommission I (1979)
Renfrew, PPS. 35, 1969	C. Renfrew, The Autonomy of the South-East European Copper Age. Proc. Prehist. Soc. N. S. (PPS.) 35, 1969, 12 ff.
Renfrew, PPS. 36, 1970	C. Renfrew, The Tree-Ring Calibration of Radiocarbon: An Archaeological Evaluation. Proc. Prehist. Soc. N.S. (PPS.) 36, 1970, 280 ff.
Renfrew, Sitagroi, 1970	C. Renfrew, The Evidence of Sitagroi. Proc. Prehist. Soc. N.S. (PPS.) 36, 1970, 295 ff.
Renfrew, Sbornik Beograd 6, 1970	C. Renfrew, The Photolivos sequence and Vinča. Sbornik Nar. Muz. Beograd 6, 1970, 47 ff.
Renfrew (1972)	C. Renfrew, The Emergence of Civilization. The Cyclades and the Aegean in the Third Millenium B.C. (1972)
Renfrew in: Actes Beograd (1973)	C. Renfrew, Sitagroi and the independents Invention of Metallurgy in Europe. In: Actes du VIIIe Congr. Intern. des Sciences Préhist. et Protohist. II, Beograd 1971 (1973) 473 ff.
Renfrew u. Gimbutas 1970	C. Renfrew u. M. Gimbutas, Excavations at Photolivos 1968. Arch. Deltion 24 B (Chronika) 2, 1969 (1970) 357 f.
Rhomiopoulou, Laphrouda 1965	A. Rhomiopoulou, Proistorikos Synoikismos Laphroudas (N. Xanthes) = Die Prähistorische Siedlung Laphrouda – Bez. von Xanthe. Arch. Deltion. 20 B (Chronika) 3, 1965 (1968) 461 ff.
Schachermeyr (1955)	F. Schachermeyr, Die Ältesten Kulturen Griechenlands (1955)
Schachermeyr (1976)	F. Schachermeyr, Die Ägäische Frühzeit I. Die vormykenischen Perioden des griechischen Festlandes und der Kykladen. Sitzungsber. Österr. Akad. Wien, Phil.-Hist. Klasse B. 303, I (1976)
Simeonova, Jahrb. RGZM. 15, 1968	H. T. Simeonova, Die Vorgeschichtlichen Funde von Sadovec (Nordbulgarien). Jahrb. RGZM. 15, 1968 (1970) 15 ff.
Sperling, Hesperia 45, 1976	J. W. Sperling, Kum Tepe in the Troad: Trial Excavation 1934. Hesperia 45, 1976, 305 ff.
Theocharis (1967)	D. R. Theocharis, I Auge tis Thessalikes Proistorias = Die Morgenröte der Thessalischen Frühzeit (1967)

Theocharis, Arch. Deltion 25, 1970	D. R. Theocharis, Archaiotites ke Mnemeia Thessalias = Altertümer und Denkmäler Thessaliens. Arch. Deltion 25 B (Chronika) 2, 1970, 271 ff.
Theocharis (1971)	D. R. Theocharis, Prehistory of Eastern Macedonia and Thrace. Athens Center of Ekistics 9 (1971)
Theocharis u. a. (1973)	D. R. Theocharis u. a., Neolithiki Hellas; auch in englisch vorh. Neolithic Greece (1973)
Titov (1969)	V. Titov, Neolit Grecij = Neolithisches Griechenland (1969)
Triantaphyllos, Deltion 26, 1971	D. Triantaphyllos, Proskynitae, Krovyli. Arch. Deltion 26 B (Chronika) 2, 1971 (1975) 429 ff.
Tsimbidis-Pentazos, Praktika 1971	E. Tsimbidis-Pentazos, Archaiologikai Erevnai en Thrake = Archäologische Forschungen in Thrakien. Praktika 1971 (1973) 86 ff.
Vajsová, Slov. Arch. 14, 1966	H. T. Vajsová, Stand der Jungsteinzeitforschung in Bulgarien. Slov. Arch. 14, 1, 1966, 5 ff.
Vasić, Vinča IV (1936)	M. Vasić, Preistoriska Vinča IV (1936)
Vokotopoulou, Deltion 23, 1968	I. Vokotopoulou, Archaiotites ke Mnemeia Epirou. = Altertümer und Denkmäler von Epirus. Arch. Deltion. 23 B (Chronika) 2, 1968 (1969) 286 ff.
Zervos II (1963)	Ch. Zervos, Naissance de la Civilisation en Grèce II (1963)

I. KAPITEL

LAGE DER FUNDSTELLE SOWIE STRATIGRAPHISCHER SCHNITT (1965)

1. Es war die feste Überzeugung aller Fachgelehrten, die die hochinteressanten neolithischen Gefäße aus der Ausgrabung der prähistorischen Siedlung bei Paradimi in Thrakien[1] im Museum von Thessaloniki betrachten konnten, daß ein stratigraphischer Schnitt an einer ungestörten Stelle der Tumba der endgültigen Publikation unbedingt vorangehen müsse. Denn die Professoren Stilpon Kyriakidis und Eustratios Pelekidis, die 1929–1930 im Auftrage der Philosophischen Fakultät der Universität Thessaloniki die Ausgrabung der Siedlung leiteten, haben uns leider keine Tagebücher hinterlassen[2]. Die auf einigen der Scherbenkisten ihrer Grabung noch erhaltene Beschriftung deutet allerdings darauf hin, daß solche Notizbücher wahrscheinlich existiert haben. Im Auftrag der Philosophischen Fakultät und nach Genehmigung des Vorhabens durch das Archäologische Konzilium legten wir also im Jahre 1965 einen neuen Schnitt auf der Tumba von Paradimi an[3].

Vor dem eigentlichen Grabungsbericht seien dem Leser einige Auskünfte über die geographische Lage der Tumba gegeben.

Die Tumba von Paradimi liegt südwestlich von Komotini, ungefähr 5 km von der westlichen Stadtgrenze entfernt. Leichter ist sie von dem Dorf Mesochori her zugänglich. Von dort ist schon ihr nördlicher Abhang sichtbar (Beilage 1)[4]. Sie wurde jedoch nach dem Dorf Paradimi benannt, da Mesochori zur Zeit der Ausgrabung von Kyriakidis und Pelekidis noch unbewohnt war. So erstrecken sich heute die Felder der Einwohner von Paradimi bis zur Südgrenze von Mesochori.

Fährt man von Komotini aus nach Paradimi, biegt man kurz vor dem Dorf nach links ab, um über einen Feldweg zu der Tumba zu gelangen. Die Tumba ist von Paradimi aus schwierig zu erkennen, denn ihre Südwestabhänge sind sehr flach. Von ihrer Höhe aus hat man jedoch in südwestlicher Richtung eine gute Aussicht auf das Dorf.

---

1) So war das Dorf benannt, das an Stelle des alten türkischen Murhan Çiflik von Flüchtlingen neu besiedelt wurde. Παραδημώ (ή) war der Name einer alten byzantinischen Burg im Volero, deren genaue Lage uns noch unbekannt ist: S. P. Kyriakidis, Byzantinische Studien. Epet. Phil. Fak. Univ. Thessaloniki 3 (1934) 308, 361, 468.

2) Vgl. Grabungsberichte: S. P. Kyriakidis. In: Ta pepragmena tes Prytaneias P. Bizoukidou (1931–1932) 33–34; ders., Leukoma, To Panepistimion Thessalonikes 1926–1936 (1937) 20–22 Abb. 18-19; ders., Hellenika 17, 1962, 71.

3) Hauptmann, AA. 1971: darin 380. Die Grabung wurde vom 1.–10. September 1965 mit Hilfe von acht Arbeitern durchgeführt. Der damalige Ephoros A. Vavritsas kam uns mit großem Interesse bei vielen Problemen entgegen, wofür wir uns an dieser Stelle herzlich bedanken. An der Grabung nahmen die damals an der Archäologischen Abteilung der Philosophischen Fakultät Studierenden Eug. Kaloyanni, Ch. Bakirdzis, I. Dzahili, und A. Christidis teil. Die Funde wurden mit Genehmigung des Ephoren nach Thessaloniki zum Studium und später in das Museum zu Komotini transportiert, wo sie heute lagern.

4) Der Plan auf Beilage 1, der einen vereinfachten Auszug aus dem offiziellen Plan des Gebietes von Komotini, Blatt 36[41] I, M.1:5000 (erstellt vom Topographischen Dienst, Direktion B 3, des Ministeriums für Landwirtschaft) darstellt, verdanken wir Herrn Pan. Terzudis, dem Chef des Topographischen Dienstes in Komotini. Die Originalaufnahme stammt vom August 1938, die Ausarbeitung des Planes erfolgte vom Juli 1950 bis Juni 1951 in Zusammenarbeit des Topographischen Dienstes mit dem Landwirtschaftsministerium. Die Zeichnung auf Beilage 2 wurde auf der Basis jenes Planes angefertigt.

Die kürzere Straße von Komotini über Mesochori zur Tumba zieht sich ebenfalls zwischen Feldern hin und verläuft entlang dem Westufer des Flusses Pos Pos, an dem mehrere prähistorische Siedlungen liegen [5]). Ihre Bewohner dürften das – allerdings jetzt schlechte – Flußwasser benutzt haben. Noch heute wird die ganze Umgebung, deren Boden reichlich sandhaltig ist, vom Fluß bewässert. Das alte Flußbett dürfte ehemals näher an der Ostseite der Tumba gelegen haben (Beilage 1).

Von Mesochori aus betrachtet bilden die Hänge der Tumba ein Dreieck (Beilage 2). Steiler ist lediglich ihr Nord-Abhang (Taf. 1,a und Beilage 2,E–F), während sie an der Ostwest-Seite nur leicht abfällt. Im Süden ist der Hügel nicht genau abzugrenzen, da sein Südhang in die benachbarten Felder ausläuft (Beilage 2,A–B).

Der höchste Punkt der Tumba, wo auch unser Hauptschnitt angelegt wurde, liegt knapp 6 m über den Feldern, die den Nordwest-Hang umgeben. Von Norden nach Süden beträgt die Ausdehnung der Tumba etwa 124 m, von Osten nach Westen etwa 179 m. Unser erster und wichtigster Schnitt ist an der höchsten Stelle der Tumba angelegt worden, und zwar als eine südwärts anschließende Erweiterung der Schmalseite des Schnittes von Kyriakidis und Pelekidis (Taf. 1,b; Beilage 2), dessen Ostwest-Abschluß an den dort dicht gewachsenen Büschen erkennbar war. Die Breite des alten Schnittes von ungefähr 7 m wurde also zur Länge unseres Schnittes, dessen Breite am Anfang 1 m und schließlich 1,70 m betrug. Die Grenzen der Langseiten des Schnittes von Kyriakidis und Pelekidis waren bis auf ein 1,0 m langes Stück vor den Ecken b–c nicht mehr deutlich festzustellen, da seine Profile auf ihrer gesamten Länge (ca. 20 m bis zum Nordsaum des Hügels) durch Erosion und Ackerbautätigkeit zerstört worden waren. Die ersten Ausgräber haben den Schutt auf dem Nordhang der Tumba abgelagert, wo er heute noch erkennbar ist. Als Ablagerungsstelle für den Schutt aus unserem Schnitt hat uns die alte Grabungsfläche gedient.

2. Auf der Oberfläche der Tumba wurden neben einer großen Anzahl prähistorischer Scherben auch schwarzgefirnißte Bruchstücke, Henkel von spitzbodigen Amphoren mit den Stempelzeichen ΘΑΣΙΩΝ [6]) sowie viele Flach- und Deckziegelfragmente der hellenistischen Zeit gefunden. In unserem Schnitt dagegen wurden bis in eine Tiefe von einem Meter nur wenige handgemachte Scherben angetroffen. Unter den Funden ist auch eine Schwarzfirnis-Scherbe. Die obersten Ablagerungen waren bis zu einem halben Meter Tiefe völlig und bis zu einem Meter Tiefe teilweise gestört. Aus dieser völlig gestörten Humusschicht (Schicht 1; Beilage 3, Schicht 1) stammen die auf Tafel 2,a (Taf. I,a) in repräsentativer Auswahl abgebildeten Scherben. Die Stücke Tafel 2,a:1–2.8 (Taf. I,a:3) sind monochrom und gehören wohl eher zu Deckeln als zu kleinen Schalen (vgl. die Profilzeichnung Beilage 4,1). Ihr grober Ton ist glimmer- und sandhaltig und von brauner Farbe. Die Gefäßinnenseite ist glattgestrichen, die Außenseite der beiden ersten Scherben ritzverziert, wobei bei Tafel 2,a:2 noch weiße Inkrustation erhalten ist. Die Scherbe Tafel 2,a:8 ist mit zwei parallelen und vier dazwischenliegenden zickzackförmigen Rillen verziert; ihr Durchmesser beträgt ungefähr 14 cm. Vergleichbare Deckel und Deckelfragmente sind aus Paradimi selbst (Taf. 59,1–3; XXXIII, 10–12), wie auch aus dem oberen Stratum der benachbarten prähistorischen Siedlung von Laphrouda, Bez. Xanthi [7]) und aus Krovyli (Taf. 59,4,a–c) bekannt. Das Bruchstück Taf. 2,a:3 sowie verschiedene ähnliche, hier nicht abgebildete Scherben gehören zu tiefen Frühbronzezeit-Schalen mit konvexer Wandung und warzenförmigen Henkeln oder Ösen (vgl. Taf. 3,b:9) [8]).

---

5) Bakalakis (1958) 87 Karte 1.

6) Eines der zwei Fragmente, die im Museum von Komotini aufbewahrt werden, trägt den Stempel: ΘΑΣΙ[ΩΝ] ΧΟΙΡ[ΟΣ]ΜΕ[ΓΩΝ]. Vgl. Bon, Études Thasiennes. 4, 1957. Index S. 529 s. v. Χοῖρος. Daselbst Hinweis auf V. Jurgewitch, Mem. (Zapiski) Soc. pour l'Hist. et les Antiquités d'Odessa 18, 1895, 105 Nr. 72.

7) Rhomiopoulov, Laphrouda 1965, 465 Abb. 3.

8) Vgl. French, Anatolian Stud. 11, 1961, 102, 125 Abb. 5; 105 (group IV) und Abb. 7,37. 41 (aus Paradimi); Lamb (1936) Abb. 26,5a; Taf. XXXIII,1a–b; S. 76 Taf. XXXI,6 (aus Thermi).

Die Scherben Tafel 2,a:4.6 (Taf. I,a:2.4) sind der groben monochromen Keramik mit Fingertupfenverzierung zuzurechnen. Tafel 2,a:5 (Taf. I,a:1) stammt von einem schwarzpolierten Gefäß mit vertikaler Riefelung (vgl. dazu Taf. 2,b:1–4; I,b:1–4 und Taf. 37,2; XI,2), Tafel 2,a:7 (Taf. I,a:5) stellt ein Fragment eines schwarzgefirnißten hellenistischen Kantharos dar. Mit ihnen vergesellschaftet fanden sich zahlreiche große tönerne Spinnwirtel.

Der gestörten Schicht (2) von 0,5 m bis 1,0 m Tiefe (Beilage 3, Schicht 2) entstammen die auf Tafel 3,a (Taf. I,c) in Auswahl vorgelegten Scherben. Die Füße Tafel 3,a:1–2 (Taf. I,c:3–4) gehören zu flachen vierfüßigen Schalen, eine Gefäßform, die für die neolithische Keramik von Paradimi charakteristisch ist (vgl. Taf. 12,b; II,b:13–14), Tafel 3,a:3 (Taf. I,c:5) ist ein Randstück eines doppelkonischen Napfes. Die drei Gefäßfragmente Tafel 3,a:4–6 (Taf. I,c:1–2.6) dagegen zeigen typische Henkelformen der Frühbronzezeit (vgl. Taf. 3,b:5–7 und Taf. 63,5; XXXVIII,4).

In einer Tiefe von 1,30 m bis 1,40 m wurde eine mächtige, Asche und Kohlenreste enthaltende Schicht (3) angetroffen[9], die an der Südostecke des Profils (Ecke b) völlig ungestört erhalten war (Beilage 3, Schicht 3). In dieser Schicht fanden sich die auf Tafel 3,b und 4,a–b zusammengestellten Scherben und Kleinfunde.

Die Keramikfragmente auf Tafel 3,b:2.4.12–14 sind, wie wir später sehen werden, typisch neolithisch und stammen von Knickwandgefäßen (zu Taf. 3,b:12 vgl. Taf. 11,a:1–3), während die Bruchstücke Tafel 3,b:5–7.9 zu Gefäßformen der frühen Bronzezeit gehören. Scherbe Tafel 3,b:3 stellt ein graphitbemaltes Schalenbruchstück dar. Die Reste Tafel 3,b:1.8 dürften von verhältnismäßig großen Tieridolen stammen. Ein ähnliches, jedoch bemaltes Idol ist uns heute aus der Grabung in Photolivos bei Drama bekannt[10]. Die ritz- bzw. einstichverzierten Schalen Tafel 3,b:10–11 dagegen könnten sowohl neolithisch als auch frühbronzezeitlich sein.

Im keramischen Befund dieser Schicht (3) fallen die eigenartigen, auf Tafel 4,a vorgestellten Scherben auf, die im Stil der sogenannten Theiß-Bojan-Keramik ähneln[11]. Von den sechs Fragmenten gehören drei (Taf. 4a:1–3) zusammen zu einem senkrechten Gefäßhals von ungefähr 10 cm Durchmesser, die übrigen drei (Taf. 4,a:4–6) dürften von demselben Gefäß stammen, passen jedoch nicht an. Ein siebentes Fragment aus den früheren Grabungen befindet sich im Museum Komotini ohne Inv.-Nr. (Taf. I,d:1). Der Ton ist grau, grobkörnig und glimmerhaltig, die Oberfläche grob. Die Gefäßlippe (bei Taf. 4,a:1–3) ist mit schräg laufenden Kerblinien verziert, darunter folgen vertikal angeordnete, mit weißer Paste eingelegte Ritzornamente; die Fläche rund um das unbemalte zentrale Ziermotiv trägt pastose rote und gelbe Bemalung. Die gleiche Ornamentik begegnete auf den Scherben Tafel 4,a:4–6; bei letzterer ist die Ausrichtung ungewiß.

Eine tönerne Schleuderkugel (Taf. 4,a:7; vgl. dazu Taf. 6,a:9), zwei Klingen aus Obsidian (Taf. 4,b:1) und Silex (Taf. 4,b:3) und ein Knochenpfriem (Taf. 4,b:2) fanden sich zusammen mit den Scherben von Tafel 4,a.

Gleich unterhalb der Aschenschicht (3) stießen wir auf eine Art „verrotteter" Erde, d. h. eine sandhaltige, ca. 10 cm starke Schwemmschicht. Darunter lag eine Brandschicht (4), die Spuren menschlicher Tätigkeit enthält (Beilage 3, Schicht 4; Tiefe 1,40 m bis 1,50 m). In ihr fanden sich außer wenigen Scherben (Taf. 5,a; I,e) viele Tierknochen sowie Austernschalen und andere Seemuscheln (Taf. 5,b:1–3), deren Inhalt offenbar einen bedeutenden Anteil an der Ernährungsgrundlage der Bewohner

---

9) Es ist bedauerlich, daß die Entnahme von Proben für die C14-Untersuchung mißlungen ist.

10) Renfrew u. Gimbutas 1970, 357 Taf. 364,a; Theocharis u. a. (1973) Abb. 100.

11) Vgl. Garašanin u. Dehn, Jahrb. RGZM. 10, 1963, 19 Abb. 16 (aus Paradimi).

bildeten. Knochenpfrieme (Taf. 6,a:3.5), eine Schleuderkugel aus Ton (Taf. 6,a:9), zwei kleine Steinbeile (Taf. 6,a:4.6), zahlreiche Silexabschläge und zwei schöne Klingen (Taf. 6,a:1–2. 7–8. 10) sowie die Bruchstücke zweier Steingefäße (Taf. 5,b:4–5) vervollständigen das Fundinventar der Schicht 4.

Die meisten Scherben sind grob monochrom, doch fehlen auch schwarzpolierte und graphitbemalte Stücke nicht. Tafel 5,a (Taf. I,e) stellt eine Auswahl der monochromen, verzierten Keramik dar. Die kombinierte plastische und eingestochene Verzierung der im Ton hellbraunen Scherbe (Taf. 5,a:1) könnte vielleicht als Darstellung einer Hand gedeutet werden. Tafel 5,a:2 trägt flache, konzentrisch angeordnete Eindrücke. Tafel 5,a:5 erinnert an die „theißartigen" Scherben von Tafel 4,a. Die Fragmente Tafel 5,a:3.6 (Taf. I,e:1.3) – ersteres mit siebartig durchlochter Wandung (vgl. hierzu Taf. 21,a:1–2; IV,b:1–2 und Taf. 70,7–8; XLIV,1–2), letzteres ritzverziert – sind von grober Machart. Die Stücke Tafel 5,a:4.7 (Taf. I,e:2.4) sind schwarzpoliert und tragen Einstich- bzw. Stempelmuster, sie dürften scharf profilierten Formen mit Vertikalrand zuzuweisen sein.

PARADIMI IV (Der erste Lehmestrichboden)

In der Südostecke (Ecke b) unseres Schnittes wurde in 1,50 m Tiefe ein größeres Stück eines durch Brand gehärteten Lehmestrichbodens (5) aufgedeckt, der zu einer verbrannten Hütte gehören dürfte. Dazu fanden sich sekundär hart gebrannte Teile von Flechtwerk und Lehmbewurf der Hüttenwände (Taf. 6,b:1). Dieser erste Boden von oben (Beilage 3, Schicht 5 und Taf. 6,c:1) ist 4–5 cm dick und weist an zwei Stellen ein Pfostenloch auf (Beilage 4,2). Wir haben ihn nicht abgebaut, sondern versucht, von der Südostecke (b) zur Südwestecke (c) tiefer zu graben, ohne ihn zu zerstören. Hier konnte ungehindert weitergegraben werden, da bis auf einige verstreute Stücke sonst keine Bodenreste in situ erhalten waren. Spuren davon waren allerdings im Grabungsprofil sichtbar. Vom Niveau dieses ersten Lehmestrichbodens und den benachbarten, auf gleicher Tiefe liegenden Flächen des Schnittes stammen die auf den Tafeln 6,b:2; 7,a–9,b (Taf. II,a:1–19) abgebildeten Keramikfragmente. Die Scherben Tafel 7,a–b:5–6 gehören zu charakteristischen Knickwandgefäßen der „red-black-topped"-Gattung mit spitzen Horn- oder Knopfansatzhenkeln, die innerhalb der Feinkeramik von Paradimi einen hohen Prozentsatz ausmachen (zu den Gefäßformen vgl. Taf. 49; Taf. XXIV und die zugehörige Beschreibung im Katalog). Von Schalen mit beidseitiger Graphitbemalung stammen die Scherben Tafel 7,a–b:1–4 (Taf. II,a:2–3.5); 8,a–b (Taf. II,a:4.6–10); 9,a:2.4 (Taf. II,a:14–15), vgl. dazu Taf. 30–31 [12]).

Größeren, außenseitig graphitbemalten Gefäßen sind die Fragmente Tafel 9,a:1.3.5–7; (Taf. II,a:11–13.16–17 vgl. Taf. 31,3; VI,a,3) zuzuweisen, zu einer großen Bandhenkelkanne mit Graphitmalerei gehören wohl die Scherben Tafel 9,b:1–3 (Taf. II,a:19).

Auch dieses Stratum (5) enthielt zahlreiche Muscheln, einen Knochenmeißel (Taf. 10,a) und das Bruchstück eines Tonidoles (Taf. 9,b:4; II,a:18).

Die tierische Ernährungsgrundlage der Bewohner bildeten Rinder, Ziegen, Schafe, Schweine und Muscheln.

Da durch den in situ belassenen Lehmestrichboden (Schicht 5) unser Schnitt im Nordteil zwangsläufig schmaler als 1,0 m wurde, erweiterten wir ihn um 0,70 m, so daß unsere Grabungswand mit der südlichen Profilkante des Schnittes von Kyriakidis und Pelekidis in Berührung kam (Taf. 6,c:3).

---

12) Vgl. auch French, Anatolian Stud. 11, 1961, 103 (group
    I) Abb. 6,4–9 (aus Paradimi).

PARADIMI III C

Unmittelbar unter dem ersten Lehmestrichboden lag ein 5 cm mächtiges Stratum aus gestampfter Erde, das wenige verstreute Bruchstücke grober Keramik enthielt. Darunter, d. h. 0,22 m unter dem ersten Lehmestrichboden bzw. in 1,65 m Tiefe, fanden sich feine schwarzpolierte Scherben der „black-topped"-Gattung; eine repräsentative Auswahl hiervon ist auf Tafel 10,b–12,a (Taf. II,b) abgebildet. Die Schicht 6 bestand nunmehr aus lockerer, aschen- und holzkohlehaltiger Erde (Beilage 3, Schicht 6). Aus einem Streifen reiner Asche stammen zwei dicke „black-topped"-Füße (Taf. 12,b; II,b:13–14) von verschieden großen vierfüßigen Schalen, eine Gefäßform, die in Paradimi als „marque déposée" gelten kann (vgl. Taf. 47,1–4; XXII,3; XXIII,1–2.4).

Von den Scherben dieser Schicht 6 dürfte das große schwarzpolierte Schalen-Randstück Tafel 10,b:1 und Beilage 4,3 zu dem Ständer Tafel 11,a:1 (vgl. Beilage 5,1) gehören, da die Machart dieselbe ist. Die Fragmente Tafel 10,b:2 und 3 stammen von typischen doppelkonischen Gefäßen, das zweite (vgl. auch Beilage 5,2) von einem „klassischen" „red-black-topped"-Napf mit Henkel und Knopfansatz. Bei beiden werden die verschiedenfarbigen Flächen noch zusätzlich durch eine Ritzlinie geschieden (vgl. Taf. 49,4–5; XXIV,1–2 sowie auch Taf. 13,a:2.4–6 [12a]) aus Kokkinochoma-Proskynites in der Sammlung Maroneia). Die Scherbe Tafel 10,b:4 (vgl. auch Beilage 5,3), die von einer geschlossenen Gefäßform[13]) stammt, stellt das einzige schwarz auf rot bemalte Fragment aus unserer Grabung dar. Ein zweites winziges Bruchstück der gleichen „galepsosartigen" Ware, die auch in der Siedlung Photolivos III vorkommt, ist auf der Oberfläche der Tumba gefunden worden. Auch die Grabung von Kyriakidis und Pelekidis brachte nur wenige solcher Scherben zutage (Taf. 32;VI,b). Fragment Tafel 10,b:5 mit schwarzer Außen- und brauner Innenseite, dürfte zu einer Kanne mit Hornhenkel, ähnlich den vollständigen Exemplaren auf Tafel 46; XXI; XXII,1 gehören[14]). Ein Schalenbruchstück (Taf. 10,b:6; Beilage 6,1) mit gehörnter undurchbohrter Knubbe läßt sich auf Grund besser erhaltener Gefäße der alten Grabung gut ergänzen (zur Form vgl. Taf. 52,2; XXVI,1; zur Knubbe Taf. 55,1; XXVIII,3). Rand und Knubbe sind grauschwarz, die Gefäßwandung unter dem Umbruch rotpoliert; die Schale trägt links ein Flickloch. Der Mündungsdurchmesser beträgt ungefähr 24 cm.

Scherbe Tafel 10,b:7 (Beilage 6,2) gehört zu einer kleinen doppelkonischen Flasche, vergleichbar den Gefäßen mit unverzierter Lippe auf Tafel 57,5–7 (Taf. XXXI,1–2). Sie weist am Rand ein kleines Loch auf; ihre Wandung ist zumindest am Oberteil mit eingeritzten Fischgrätenmustern verziert, die breite

---

12a) Zu Taf. 13,a:1.3–4: vgl. Triantaphyllos, Deltion 26B Chronika 1971, 430 Abb. 8,4–5; und Taf. 427,b:5.16. Zu Taf. 13,d:1: vgl. ebd. Abb. 7,1 und Taf. 427,b:1.

13) Vgl. French, Anatolian Stud. 11, 1961, 103 Abb. 6,11.

14) Henkel mit Hornaufsätzen an Gefäßen aus Makedonien: Heurtley (1939) Nr. 105, 157 Abb. 19,a–c; 26,d; 30; Furness, PPS.22, 1956, 204 Anm. 2. Aus Photolivos, Schicht I: Renfrew, Sbornik Beograd 6, 1970, 47 Taf. I, 5–9. Aus Proskynites (Slg. in Maroneia): unsere Tafel 13,a–b. – Zu Henkelformen an Gefäßen des anatolischen Chalkolithikums: Mellaart, Hacilar II (1970) 363 Abb. 111,15–17 und 434 Abb. 153,2 (die Schicht I); ders., Anatolian Stud. 15, 1965, 142 Abb. 6,10 (Early Chalcolithic II); Kosay u. Akok, Belleten 12, 1948, 471–485 Abb. 21,4; 25,5; 37 (aus Alaca Hüyük); 47,7a.9; Orthmann (1963) Taf. 52,12/10; 53,12/13; 54,12/18 (aus Büyük Güllücek: Die beiden Schichten des Chalkolithikums in Büyük Güllücek werden nicht unterschieden: ebd. 144). Zu den neolithischen Henkeln aus Bulgarien vgl. unsere Ausführungen im Kapitel III. Schon Childe hat in seinem Aufsatz: Anatolia and Thrace, Some Bronze Age Relations. Anatolian Stud. 6, 1956, 46, vermutet, daß „there at Büyük Güllücek, and at Alaca Hüyük, are handles with vertical projections as at Kyrillovo and generally in what is now called the Veselinovo culture (Plate I,c). So north-east Anatolia must somehow be brought into the picture". Durch die neuen Funde von Mikhalič und Büyük Güllücek sah er die Evidenz der Beziehungen zwischen Anatolien und Thrakien verstärkt. Zu Henkeln mit Horn- oder Knopfaufsatz aus Thessalien vgl. Milojčić, Hauptergebnisse (1960) Abb. 14,10.13.15; Hauptmann, Arapi-Magula (1969) 116 Taf. B; 11,9; Beilage 4,14; Taf. 17,3–5; Beilage 4,15.21.

Lippe trägt eingeritzte schraffierte Dreiecke. Bereits erwähnt wurde das große, aus zwei Fragmenten zusammengesetzte Unterteil Tafel 11,a:1 (Beilage 5,1) einer flachen Schale mit verhältnismäßig hohem zylindrischem Ständer mit vier länglichen Öffnungen (vgl. dazu Taf. 55,1–2, XXVIII, 3–4)[15]). Der Ton ist fein geschlämmt, unten braunschwarz, oben schwarzpoliert. Die Höhe des Ständers beträgt 21 cm. Dem gleichen Gefäß dürfte das Schalenrandstück Tafel 10,b:1 (Beilage 4,3) angehören (Randdurchmesser ca. 28 cm); die Gesamthöhe der Fußschale müßte etwa 26,5 cm betragen haben.

Von ähnlichen, möglicherweise etwas kleineren Fußschalen stammen die Ständerfragmente Tafel 3,b:12 aus Schicht 3 und Tafel 11,a:2–3 aus Schicht 6. Bei Scherbe Tafel 11,a:2 ist links die Kante des Durchbruchs erhalten. Ihre Außenseite ist rötlich und geglättet, die Innenseite ohne Farbüberzug; die erhaltene Höhe beträgt 6 cm, die Wandstärke 1,8 cm. Bei dem Fragment Tafel 11,a:3 mit beidseitig roter Oberfläche liegt der Ansatz des Durchbruchs rechts. Ein in Größe und Machart vergleichbares Bruchstück eines zylindrischen Ständers ist aus Doriskos bekannt[16]).

Von den restlichen auf Tafel 11,a abgebildeten Scherben stellt Tafel 11,a:4 ein Randstück eines schwarzpolierten Gefäßes dar, Tafel 11,a:5 ein Randstück einer kleinen, vierfüßigen Schale. Tafel 11,a:6 stammt von Rand und Schulter einer roten Knickwandschale und bei Tafel 11,a:7; (Taf. II,b:1) schließlich handelt es sich um den Fuß einer kleinen, vierfüßigen „red-black-topped"-Schale (vgl. Taf. 47,1–4; XXII; 3; XXIII, 1–2.4).

In Schicht 6 fanden sich auch die sechs auf Tafel 11,b abgebildeten Gefäßfragmente. Tafel 11,b:1 stammt von einer großen doppelkonischen Schüssel, an deren Umbruch eine horizontale, geschwungene, undurchlochte Knubbe sitzt. Ihr Ton ist fein geschlämmt, die Innenseite rotbraun, die Außenseite bis zum Henkel rot, darunter schwarz, mäßig poliert und etwas uneben. Der Mündungsdurchmesser beträgt 28–30 cm. Von ähnlicher Machart, jedoch beidseitig braun und nur schlecht geglättet ist das dickwandige Bruchstück Tafel 11,b:2 einer Knickwandschale wie Tafel 15,a:7 (Beilage 7,3) und Tafel 52,2; XXVI,1. Um Fragmente der charakteristischen vierfüßigen Schalen unterschiedlicher Größe handelt es sich bei den Fußbruchstücken Tafel 11,b:3–5 (vgl. Taf. 47, XXII,3; XXIII,1–2.4). Zu einem der typischen doppelkonischen Gefäße schließlich gehört das Wandstück Tafel 11,b:6; sein Ton ist grau, die Oberfläche innen schwarz, außen, unterhalb des nicht mehr erhaltenen Henkels, rot und darüber schwarz poliert. Die Scherbe ist sehr dünnwandig.

Eine Auswahl von impresso- und ritzverzierter Keramik aus Stratum 6 zeigt unsere Tafel 12,a:6–9 (Taf. II,b:5–8), daneben kommen verschiedene schwarzpolierte Gefäßfragmente Tafel 12,a:10–13 (Taf. II,b:9–12) vor. Tafel 12,a:10 (Taf. II,b:9 ist eine Scherbe mit geknickter Wandung, Tafel 12,a:11 (Taf. II,b:10) ein Wandstück mit flacher abgeplatteter Knubbe (vgl. Taf. 52,2–4; XXVI,1–3 und Taf. 6,b:2; II,a:1 mit größerer ovaler Knubbe), Tafel 12,a:12–13 (Taf. II,b:11–12) stellen zwei Randstücke von Gefäßen mit flacher verdickter Lippe dar.

Einige wenige Steingeräte und Muschelschalen vervollständigen das Fundbild der Schicht 6 (Taf. 12,a:1–5).

---

15) Zur Gefäßform vgl. die Basaltschalen aus Palästina; Buchholz, JdI. 78, 1963, 55 Abb. 17. Die Tonschalen aus Anatolien: Orthmann (1963) Taf. 44,11/52 (aus Alaca Hüyük); Taf. 55,13/01 (aus Pazarli), beide Gefäße allerdings ohne Öffnungen. Durchbrochene Ständer sind jedoch aus Inneranatolien ebenfalls belegt: ebd. Taf. 58,14/19 (aus Boğazköy); Taf. 89,31/10 (aus Çerkez Hüyük), letzterer nach unseren Formen zu ergänzen. Zu Schalen mit Ständer ohne Öffnungen aus der äneolithischen Schicht von Alişar vgl. Bittel (1934) 65 Taf. V,2: die Schale erinnert an den Rand klassischer Loutrophoroi. – Mittel- und spätneolithische Schalen mit X-förmigen und rhombischen Öffnungen im Ständer aus der Franchthi-Höhle vgl. Michaud, BCH. 94, 1970, 973 Abb. 178 sowie bei Jacobsen, Scientific American 1976, 85 Abb. b. – Vgl. auch die Ständerschalen ohne Öffnungen bei Evans u. Renfrew (1968) Abb. 31,3–4. Zu Schalen auf Ständerfuß aus Thessalien vgl. Theocharis u. a. (1973) Taf. VIII,4; XIV, unten rechts.

16) Lesefunde in der Sammlung des DAI., Athen.

Die darunterliegende Aschenzone (Beilage 3, Schicht 7) barg viele Muscheln sowie Knochen großer Tiere, darunter Astragale von Ziege (Taf. 14,a:7) und Kalb (Taf. 14,a:9), dazu zahlreiche Geräte, so Silexklingen (Taf. 14,a:8), Steinbeile (Taf. 14,a:2–4), Tonscheiben (Taf. 14,a:1), tönerne Spinnwirtel (Taf. 14,a:5) und Knochenpfrieme (Taf. 14,a:6.10).

Paradimi III b

In Schicht 8 (Beilage 3, Schicht 8; ab −1,80 m Tiefe bzw. 37 cm unter dem ersten Lehmestrichboden bis zum Niveau von −2,00 m) werden die Keramikfunde, Aschenreste und Muscheln allmählich seltener. Eine Auswahl der in −2,00 m Tiefe gefundenen Scherben wird auf Tafel 14,b (Taf. III,a) vorgelegt. Ein Charakteristikum der Keramik dieser Siedlungsphase stellt der Henkel mit Knopfaufsatz Tafel 14,b:6 dar; er ist waagrecht durchbohrt und sitzt über dem verdickten Umbruch (vgl. Beilage 6,3) einer schwarzpolierten konischen Schüssel mit, wahrscheinlich schmaler, einziehender Randzone (vgl. Taf. 51,1; XXV,1). Die Randstücke Tafel 14,b:1–2 (Taf. III,a:1; Beilage 6,4) gehören zu einer graubraunen groben Ware ohne Überzug, bei der der Rand Impressoverzierung trägt; ihre Innenseite ist ziemlich gut geglättet. Die beiden ersten stammen von großen flachen Schalen (vgl. Taf. 68,7–9; XLI,17; XLII,4; Taf. 68,7 mit ähnlicher Randverzierung), Tafel 14,b:3 (Taf. III,a:3) könnte zu einem doppelkonischen Gefäß wie jenem auf Tafel 61,1 (Taf. XXXV,3) gehören, mit dem ihn sein unregelmäßig stichverzierter Rand verbindet. Von einer kleinen ovalen Schale (vgl. Taf. 71,10; XLIV,15) stammt das Fragment Tafel 14,b:4 (Beilage 6,5); seine Oberfläche ist beiderseits hellbraun. Die Scherben Tafel 14,b:5.7 (Taf. III,a:2) sind schwarzpoliert, letztere ist außerdem ritzverziert [17]. Tafel 14,b:8 (Taf. III,a:4) gehört zu einem Henkel ohne Farbüberzug, das rottonige Wandstück Tafel 14,b:9 zu einem dünnwandigen Gefäß mit ritzverzierter Außenseite, dessen Innenseite keinen Überzug zeigt (vgl. dazu Taf. 16,a:2 und Taf. 58,1. XXXI,3) [18].

Schließlich bleibt noch das Fragment Tafel 14,b:10 zu erwähnen (Beilage 6,6); sein Ton ist grauschwarz, die Oberfläche ohne Überzug. Um die durchlochte Standfläche läuft ein geglättetes Band, die Außenseite darüber trägt netzartig dicht aneinandergefügte viereckige Eindrücke. Eine ähnliche Verzierungstechnik begegnet an einigen Scherben aus den Höhlen von Maroneia und Stryme.

Paradimi III a

Unter dem dicken aschenhaltigen Stratum 8 (Beilage 3, Schicht 8) befand sich eine, kräftig mit Sand durchsetzte, 3 bis 5 cm starke Schicht, die sich als fundleer erwies. Sie war anscheinend vom Regenwasser an dieser Stelle abgelagert worden. Darunter lag noch ein Stratum, 9 (Beilage 3, Schicht 9), das in Konsistenz und Dicke der Schicht 8 ähnlich war. Eine Auswahl der darin gefundenen Scherben und Kleinfunde ist auf Tafel 15,a–b abgebildet. Die Scherben Tafel 15,a:1–5.9 (Taf. III,b:1–3.5) sind schwarzpoliert. Tafel 15,a:6 stammt vom Steilrand eines Gefäßes mit rotem Farbüberzug. Die Fragmente Tafel 15,a:2–3.7 gehören zu tiefen, monochromen doppelkonischen Schüsseln verschiedener

---

17) Ähnliches findet sich in der Sammlung von Maroneia.
18) Vergleichbare Stücke liegen in Maroneia.

Farbgebung. Tafel 15,a:2 (Beilage 7,1) ist rotbraun poliert mit „black-topped"-Rand; sein Mündungsdurchmesser beträgt ca. 26 cm (vgl. Taf. 52,2; XXVI,1) [19]. Tafel 15,a:3 (Beilage 7,2) mit undurchbohrter Knubbe ist am Rande grauschwarz, unter dem Umbruch dunkelbraun, sein Randdurchmesser mißt ca. 28 cm (vgl. Taf. 52,2–4; XXVI,1–3 mit geraden und sichelartigen Henkelausschwüngen) [20]. Randstück Tafel 15,a:7 (Beilage 7,3) ist rotbraun und mäßig poliert. Sein senkrechter gerillter Griffvorsprung findet thrakische Parallelen in der Sammlung von Maroneia (Taf. 13,a:2.4). Die drei zusammengehörigen Scherben Tafel 15,a:8 stammen von einem Gefäß mit steiler Wandung; die Außenseite ist grob, wie abgekratzt, die Innenseite mäßig poliert. In –2,50 m Tiefe, d. h. 1,0 m unter dem ersten Lehmboden, wurde der zweite Lehmestrichboden angetroffen (Beilage 3, Schicht 10). Auch er schien sekundär verbrannt zu sein (Taf. 6,c:2).

Die Kulturphase, die uns in den Straten III a–c zwischen dem ersten und dem zweiten Lehmestrichboden entgegentritt (Beilage 3, Schicht 5–10), muß von verhältnismäßig langer Dauer gewesen sein. Jedenfalls ist für sie ein längerer Zeitraum anzunehmen als für die Phase der darunterliegenden Straten, die wir im Folgenden erörtern werden.

Paradimi III (zweiter Lehmestrichboden)

Der zweite Lehmestrichboden (Schicht 10) ist ungefähr 6 cm stark. An der linken Seite erstreckt er sich über die östliche Schnittgrenze hinaus, wo gerade noch ein Pfostenloch erfaßt werden konnte. Dessen Durchmesser beträgt 13 cm, seine Tiefe noch 22 cm. Es reichte damit tiefer als der Hüttenboden. Auf der Bodenfläche (Beilage 3, Schicht 10; Taf. 6,c:2) wurden mehrere Scherben vorgefunden, von denen eine Auswahl auf Tafel 16,a abgebildet ist.

Randstück Tafel 16,a:1 läßt sich auf Grund von Form und Machart sowie mit der weiß inkrustierten Ritzverzierung gut mit einem besser erhaltenen Gefäß Tafel 60,1 (Taf. XXXIV,1) vergleichen. Wegen seiner geringen Größe dürfte es sich um ein Schöpfgefäß handeln. Die rottonige Scherbe Tafel 16,a:2 scheint wegen ihrer grob belassenen Innenseite zu einem geschlossenen Gefäß zu gehören (vgl. Taf. 14,b:9 und Taf. 58,1; XXXI,3). Außen trägt sie ein ineinandergeschachteltes rhombisches, von Winkelbändern eingefaßtes Rillenmuster [21]. Ritzverzierung in Form eines schraffierten Dreiecks begegnet auf dem außenseitig schwarzpolierten Wandstück Tafel 16,a:3, dessen Innenseite braun ist. Um Krughenkel dürfte es sich bei den Fragmenten Tafel 16,a:4.6 handeln. Letzteres, auf beiden Seiten poliert, trägt auf dem Henkel einen hornartigen Aufsatz. Beide finden Vergleichbares in der Sammlung von Maroneia (Taf. 13,b, zu Taf. 16,a:4 vgl. besonders Taf. 13,b:1).

Eine der schönsten „black-topped"-Scherben stellt das aus zwei Bruchstücken zusammengesetzte Schüsselfragment Tafel 16,a:5 dar. Es stammt von einer tiefen Schüssel mit ausladender Wandung, die statt eines Henkels eine waagrechte leistenförmige Knubbe trägt (vgl. dazu Taf. 15,a:3 und Taf. 52,5; XXVI,4). Unter dieser Leiste sitzt rechts ein Flickloch.

---

19) Zu Form u. Profil vgl. French, Anatolian Stud. 11, 1961, 127 Abb. 6,16–17; Milojčić, Hauptergebnisse (1960) Abb. 13,10.

20) Vgl. auch French, Anatolian Stud. 11, 1961, 127 Abb. 6,22: mit sichelförmigem Henkelansatz.

21) Zur Verzierung vgl. die Scherben Nr. 2185 A und 2223 A aus Laphruda im Museum von Kavala; ferner Furness, PPS. 22, 1956 Taf. 16,1–7 (aus Tigani auf Samos); 19,19 (aus Kalymnos). Zu den Motiven vgl.: Georgiev in: Symp. Prag. (1961) Beilage B, unten (aus Karanovo I).

Von den Kleinfunden aus Schicht 10 sei eine tönerne Schleuderkugel auf Tafel 16,a:7 erwähnt.

Daß die Nordgrenze unserer Grabung mit der Südgrenze des Schnittes von Kyriakidis und Pelekidis identisch ist, erweist sich nicht nur darin, daß die Fortsetzung unserer Grabung nach Norden schräge Seitenwände bildet, sondern auch darin, daß eben dort die Erdablagerungen durch einen breiten Spalt getrennt sind. (Taf. 6,c:3, links). Auf der Seite unseres Schnittes war die Erde hart, auf der anderen Seite weich. In dieser weichen Erdmasse fanden sich noch einige Scherben und Kleinfunde, die mit dem Vermerk „von der Fortsetzung des Schnittes" ausgesondert wurden.

Durch diese sich an der linken Seite unserer Grabung entlangziehende Erdspalte, die ein langes in die Tiefe gefallenes Stacheldrahtstück enthielt, ließ sich die südliche Grenze und die Breite des Schnittes von Kyriakidis und Pelekidis feststellen. Sie war etwas größer als die Länge unseres Schnittes. So hat die alte Grabung offenbar die zwei Lehmestrichböden an ihrer Nordseite durchstoßen.

Paradimi II b

Unter dem zweiten Lehmestrichboden folgte zunächst eine ca. 40 cm mächtige Schicht (11), die in −2,90 m Tiefe von einem dicken, aschehaltigen Stratum (12) abgelöst wurde (Beilage 3, Schicht 11–12). In Schicht 11 wurde u. a. ein sehr gut erhaltenes Büffelhorn von 71 cm Länge gefunden (Taf. 16,b).

Eine Auswahl der in dieser Schicht geborgenen Keramik und Kleinfunde wird auf den Tafeln 17 und 18 vorgestellt.

An einem Bodenstück einer vierfüßigen Schale Tafel 17,a:1 läßt sich der zweistufige Prozeß, in dem Schalenfüße anmodelliert wurden, deutlich verfolgen. Zunächst wurde ein dünner zylindrischer Fußkern geformt und fest an die Bodenfläche der Schale angepaßt, um danach, zusammen mit dem Gefäßkörper, durch eine zweite Tonschicht bedeckt zu werden (vgl. Taf. 20,b:3; IV,a:5 und Taf. 47,3; XXIII,2). Der Fuß Tafel 17,a:2 einer weiteren vierfüßigen Schale ist poliert und von kräftigem Rot. Das Fragment Tafel 17,a:3 gehört zu einem dickwandigen einhenkeligen Gefäß von pfannenförmiger Gestalt (Beilage 8,1), vergleichbar den Gefäßen Tafel 54,1–6; XXVII,6–9; XXVIII,1–2. Sein Ton ist braun, die Oberfläche schwarzbraunpoliert; seine Höhe beträgt 9 cm, und der Mündungsdurchmesser liegt bei 24 cm. Somit ist es im Vergleich zu den eben genannten Gefäßen (Höhe 5 cm und 8,2 cm; Durchmesser 17,5 cm) deutlich größer, auch fehlt ihm der Henkelaufsatz. Die Scherbe Tafel 17,a:4 von einem großen doppelkonischen Gefäß (vgl. Taf. 17,b:1–2 und Taf. 33,1; VII,1) und das Stück Tafel 17,a:5, ein schwarzpolierter Krughenkel mit Knopfaufsatz, gehören Formen an, die in den zuvor besprochenen Straten vorkommen (vgl. Taf. 12,a:12–13; II,b:11–12 und Taf. 13,b in der Sammlung Maroneia). Bei Tafel 17,a:6 schließlich handelt es sich um ein dünnes Wandstück guter Qualität mit dem Ansatz der Standfläche. Es stammt von einem doppelkonischen fein polierten Gefäß aus hellem Ton.

Die auf Tafel 17,b:1–5.7–8.11 vorgestellten Scherben stammen von schwarzpolierten doppelkonischen Gefäßen (vgl. Taf. 12,a:12–13.II,b:11–12 und Taf. 33,1; VII,1). Das Fragment Tafel 17,b:6 ist hellpoliert. Die Bruchstücke Tafel 17,b:9–10 gehören zu Knickwandschalen. Letzteres (Beilage 8,2) trägt am Rand eingeritzte, mit weißer Paste inkrustierte Dreiecke (vgl. Taf. 21,b:1; Beilage 10,1). Einen beträchtlichen Anteil der in Stratum 11 gefundenen Keramik bildet die monochrome grobe Ware, die entweder mit Fingertupfen und Fingernageleindrücken oder mit Einstichen verziert ist, welche mittels eines abgeschrägten Gerätes angebracht sind. (Taf. 18,a:1–10). Die Eindrücke sitzen in einer Reihe direkt am Rand des Gefäßes, auf einer Leiste unter dem Rand oder aber am Randumbruch (vgl. Taf. 61,6–7; XXXV,4–5 und zu Taf. 18,a:7 das mit Stichreihen am Randknick verzierte Gefäß auf Taf. 33,2; VII,4).

Schicht 11 war das an Stein- und Knochengeräten reichhaltigste Stratum (Taf. 18,b). Sie erbrachte u. a. ein sehr fein gearbeitetes Knochenartefakt (Taf. 18,b:6; Beilage 8,3) und ein Steingerät mit konischer Bohrung (Taf. 18,b:7; vgl. dazu Taf. 29,a:1).

PARADIMI II a

Unter Schicht 11 trat eine dünne, aschehaltige Schicht 12 zutage, darunter folgte in 3 m Tiefe ein 60 cm mächtiges Stratum 13, das in Dicke und Zusammensetzung Schicht 11 ähnlich war und reichlich Keramik enthielt (Taf. 19,a–b; 20,a; III,c; IV,a:2–4). Nach unten wurde es von einer sandhaltigen Schicht 14 abgelöst (Beilage 3, Schicht 11–13). Von den auf Tafel 19,b (Taf. III,c) abgebildeten Scherben aus diesem Stratum 13 gehören alle, mit Ausnahme der streifig schwarzpolierten Wandstücke auf Tafel 19,b:7.10; III,c:2.7 (vgl. Taf. 44,4–5; XIX,4) zur Gattung der „black-topped"-Ware. Tafel 19,b:5 (Beilage 9,1) stammt von einem „black-topped"-Gefäß mit geriefelter Wandung (vgl. Taf. 49,3–4.7; XXIV,2.4.7). Das Bodenstück Tafel 19,b:8 (Beilage 9,2) mit Resten der Gefäßwandung gehört zu einem Knickwandgefäß mit hellroter Oberfläche und „black-topped"-Rand. Bereits aus den darüberliegenden Strata sind die Krughenkel mit Knopfaufsatz Tafel 19,b:2–4, möglicherweise auch Tafel 19,b:6; III,c:6 (vgl. Taf. 46,2–6; XXI,1.3–5; XXII,1 und Taf. 13,b aus der Sammlung in Maroneia) bekannt. Vergesellschaftet mit den genannten Henkelformen begegnen auch Bandhenkel (Taf. 19,b:9.11), die bisher selten waren.

Die meisten der auf Tafel 19,a vorgestellten Scherben aus Stratum 13 sind den in den oberen Schichten geläufigen monochromen Keramikgattungen zuzuordnen (Taf. 19,a:1 = Beilage 9,3; Taf. 19,a:5; Taf. 19,a:8 = Beilage 9,8). Die Fragmente Tafel 19,a:4 (Beilage 9,6) und Tafel 19,a:6, letzteres vom Rand eines großen Gefäßes (Beilage 9,9), sind schwarzpoliert. Die Bruchstücke Tafel 19,a:3.7 (Beilage 9,5.7) sind vertikal strichpoliert. Die Scherbe Tafel 19,a:8 stammt von einer kleinen „red-topped"-Schale mit brauner Randlippe (Beilage 9,8).

Mit Ausnahme der schwarzpolierten Scherben Tafel 20,a:3–4 (Taf. III,c:4) mit eingeritzter und weiß inkrustierter Verzierung, gehören alle anderen auf Tafel 20,a (Taf. III,c:8–15; IV,a:2–4) abgebildeten Bruchstücke der groben monochromen Ware an. Die Eindrücke sitzen direkt unter dem Rand in der Wandung oder auf einer plastischen Leiste (Taf. 20,a:1–2; III,c:15; IV,a:2; vgl. dazu Taf. 18,a; 61; 62,2.4–5; XXXIV,8–9; XXXV,1–6; XXXVI,3–4.6; XXXVII,1), die wellenförmig um den Gefäßkörper verlaufen kann (Taf. 20,a:11; IV,a:4; vgl. dazu Taf. 21,a:5; IV,b:3).

PARADIMI II

In 3,60 m Tiefe wurden keine erkennbaren Spuren eines Hüttenbodens oder einer ähnlichen Konstruktion angetroffen. Stratum 14 (Beilage 3, Schicht 14) ist jedoch ziemlich dick (12–15 cm), sandhaltig und genügend fest. Daraus läßt sich aber schließen, daß die darunterfolgende Schicht 15, die Aschen- und Wohnreste enthält, etwa von Hüttenböden einst überdeckt und zusammengedrückt wurde. Die relativ große Mächtigkeit von Stratum 14 mag auf Überschwemmungen und andere natürliche Ursachen zurückgeführt werden, jedoch dürfte seine Festigkeit eher durch menschliches Einwirken zu erklären sein. Es barg nur wenige kleine Scherben und Kleinfunde, darunter Reste von charakteristischen, kleinen vierfüßigen Schalen feiner Machart. Daneben fanden sich vier Fußfragmente aus hellrotem Ton (Taf. 20,b:1–4; IV,a:1.5–7) und ein beidseitig schwarzpoliertes Randstück (Taf. 20,b:5). Verschiedene Knochen, Muscheln, Obsidianartefakte und Silexabschläge (Taf. 20,b:6–12) vervollständigen das Fundinventar dieser Schicht.

Paradimi I b

Die beiden Straten 15 (−3,60 bis −3,80 m) und 17 (−3,90 m bis −4,35 m), die durch eine Aschenschicht (Stratum 16) (Beilage 3, Schicht 16) voneinander getrennt werden, entsprechen sich in ihrer Zusammensetzung und in ihrem Inhalt völlig.

Unsere Arbeit wurde an dieser Stelle allmählich schwierig, da die stehengelassenen Lehmestrichböden die Breite des Schnittes auf ca. 70 cm einengten.

Die Strata 15 und 17 bestanden bis zu einer Tiefe von 4,35 m aus zahlreichen Sandschichten. Sie enthielten nur wenige grobe Scherben. Tafel 21,a; IV,b zeigt eine Auswahl der in Schicht 15 gefundenen Keramik. Die Scherben Tafel 21,a:1–2 (Taf. IV,b:1–2) stammen von gerundet konischen „Sieben" wie Tafel 70,7–8 (Taf. XLIV,1–2) mit regelmäßig durchlochter Wandung und größerer zentraler Öffnung (vgl. auch Taf. 5,a:3; I,e:1).

Trotz der durch die Aschenschichten bezeugten – zeitlich allerdings kurzen – Unterbrechungen erscheint der Kulturhorizont ziemlich einheitlich. Dies bestätigen unter anderem die durchlochten großen Scherben, die impressoverzierten Fragmente Tafel 21,a:3–5; IV,b:3–4, zu denen sich Vergleichbares in Schicht 11 (Taf. 18,a), Schicht 13 (Taf. 20,a; III,c:8–15; IV,a:2–4) und Schicht 17 (Taf. 21,b:3–4; IV,c:1.3) findet. Gegenüber der impressoverzierten Ware aus Schicht 17 wirkt die Keramik aus Schicht 15 etwas gröber, vor allem Scherben wie Tafel 21,a:6–7 (Taf. IV,b:5).

Paradimi I a

Die wenigen in Stratum 17 gefundenen Scherben sind dermaßen aufgeweicht und brüchig, als seien sie sekundär durch Wasser an diese Stelle verlagert (Taf. 21,b; IV,c:1.3.5). Die Scherben Tafel 21,b:1.5 tragen weiß inkrustierte Ritzverzierung. Die erste Scherbe[22] besteht aus grobem, rotbraunem Ton, ihre Außenseite ist schlecht geglättet und mit einem rötlichen Überzug versehen, die Innenseite ist braun mit einem geglätteten Streifen am Rand. Ihr Durchmesser beträgt 16,2 cm (Beilage 10,1). Ein vergleichbares Ritzmotiv mit schraffierten hängenden Dreiecken zwischen zwei parallelen Linien begegnet an einem Randstück auf Tafel 22,b:1 (Beilage 10,3). Das schräg gerifte Exemplar Tafel 21,b:2 (Beilage 10,2) stammt von einer vierfüßigen Schale (vgl. Taf. 25,3 aus Proskynites)[23]. Die groben Scherben Tafel 21,b:3–4 (Taf. IV,c:1.3) tragen Impressoverzierung (vgl. Taf. 21,a:3–4; IV,b:3–4).

In der Mitte unseres Schnittes war die Ablagerung fester und von gelblicher Farbe; sie sah wie verwittertes Gestein aus und enthielt nur sehr wenige Scherben.

In der Westecke c (Beilage 2,b–c) fanden sich ebenfalls nur wenige Scherben in harter Erde. Die aufeinanderfolgenden Aschen- und Sandschichten bargen Klingen aus Obsidian und Silex sowie Reste von Hüttenlehm. In einem ziegelhart verbrannten Hüttenlehmbruchstück stak der Fuß einer vierfüßigen Schale, der offenbar mit dem Baumaterial vermischt und dann mit der Hüttenwand zusammen verbrannt war (Taf. 22,a). Im gleichen Stratum fanden sich drei Tonkugeln, die beim Brand des Hauses sekundär gebrannt wurden.

Tafel 22,b (Taf. IV,c:2.4.6–10) zeigt eine Auswahl der Keramik, die entlang der Südwest-Seite (c) unseres Schnittes in Schicht 17 vorgefunden wurde. Unter diesen Stücken bilden die Scherben mit weiß

---

22) Auch abgebildet in Hauptmann, AA. 1971, 380 f. Abb. 69,c, wo das Stück als Lesefund bezeichnet wird.

23) Ein ähnliches Stück aus Doriskos (Lesefund) befindet sich in der Sammlung des DAI., Athen.

inkrustierter Ritzverzierung die Mehrzahl. Die Fragmente Tafel 22,b:1–3.7 (Taf. IV,c:6.8.10; Beilage 10,3) sind mit einem roten Überzug versehen (vgl. Taf. 21,b:1). Sie dürften mit Ausnahme des ersten von kleinen geschlossenen Gefäßen stammen, da ihre Innenseiten nicht poliert sind. Das innen bis auf einen geglätteten Streifen um den Rand gleichfalls grobe Wandstück Tafel 22,b:4 (Taf. IV,c:9) trägt auf seiner schwarzpolierten Außenseite kleine, weiß inkrustierte Vertiefungen. Die Henkelbruchstücke mit Knopfaufsatz Tafel 22,b:5–6 (Taf. IV,c:2.4) stellen typische Formen der schwarzpolierten Ware dar.

Eine besonders weiße Inkrustationszier aus konzentrischen Kreisen (oder Spiralen) und Schachbrettmuster trägt ein Schalenfragment Tafel 22,b:8 (Beilage 10,4)[24]. Seine Außenseite ist schwarz und stellenweise abgeschabt, die Innenseite von Feuchtigkeit zerfressen. Sein Mündungsdurchmesser beträgt 18 cm, sein größter Durchmesser 21,6 cm.

Die Scherbe Tafel 22,b:9 stellt das einzige in der gesamten Schichtenabfolge angetroffene Bodenstück mit Flechtmattenabdrücken dar (vgl. Taf. 59,5; XXXIII,9). Einmalig ist auch das ritzverzierte Fragment Tafel 22,b:10 (Beilage 10,5), das von einem dreieckigen Kultgefäß oder einer Lampe stammen dürfte (erhaltene Höhe 6 cm). Solche dreieckigen Vasen kommen in unserem Gebiet nicht selten vor. Erwähnt seien die Bruchstücke Π 850 (Taf. 58,10–11; XXXIII, 2.6), zwei Beispiele aus Proskynites (Taf. 23,5–6, Slg. von Maroneia) und ein kleineres Gefäß mit spärlicher Ritzverzierung aus Paradimi (Taf. 58,7; XXXII,6)[25]. Ritzverziert ist auch das Fragment Tafel 22,b:11 (Taf. IV,c:7), dessen Gefäßform jedoch nicht erschließbar ist.

Paradimi I

In der Tiefe von −4,35 m wurden weder Scherben noch Aschenreste angetroffen. Vielmehr stieß man nur auf die harte Oberfläche des gewachsenen Bodens. Auf der rechten Seite kamen am Nordrand unseres Schnittes der etwas tiefer liegende Boden und die bis zu 10 cm erhaltenen Wände einer in den gewachsenen Boden eingetieften Grube zum Vorschein (Taf. 23,1–2; Beilage 3, Schicht 17)[26]. Ihre Form ist unregelmäßig elliptisch und mißt 1,15 m zu 0,64 m; die Wandstärke beträgt ca. 2 cm. Die direkt auf ihrem Boden gefundenen Scherben (Taf. 24,a–b) unterscheiden sich kaum von dem in den darüberliegenden Strata angetroffenen Inventar der Paradimi-Kultur. Sie sind daher als charakteristisch für die unterste Schicht anzusehen.

Alle auf Tafel 24,a vorgestellten Scherben sind Randstücke ziemlich großer, schwarzpolierter, vierfüßiger Schalen; sie unterscheiden sich nur in der Randbildung voneinander (Beilage 11,1–3). Fragment Tafel 24,a:1 (Beilage 11,1) stellt mit 1,2 cm mittlerer Randstärke und einem Mündungsdurchmesser von 34 cm das größte Bruchstück dieser Art dar. Sein Ton ist dunkelbraun, die Oberfläche

---

24) Zum Schachbrettmuster vgl. Mikov, Bull. Inst. Arch. Bulg. 13, 1939, 226 Abb. 271: von Dreifußgefäßen. Eine Scherbe von einem Dreifußgefäß mit ähnlicher Verzierung aus Photolivos I befindet sich im Museum von Philippoi. Scherben von Dreifußgefäßen mit eingeritzten und inkrustierten Schachbrettmustern aus einer Tumba bei Diomideia, Bez. Xanthi, vgl. Pantos, Thrakika Chronika 32, 1975/76, 14 Abb. 3–4.

25) Vgl. Georgiev in: Symp. Prag. (1961) Taf. VII,1a–c (Karanovo I); Pantos AAA. VII, 1974, 77 Abb. 3,4.

26) Kyriakidis, Hellenika 17, 1962, 72 erwähnt: „Die Strata ließen sich durch die in verschiedenen Niveau liegenden Herdstellen mit den jeweils bei ihnen angelegten ‚Bothroi' klar unterscheiden". Auf zwei von den vier Lichtbildern, die er in seinen Vorlesungen zeigte, haben wir zwei andere Bothroi erkannt, die in der Form dem unseren ähnlich sind (Taf. 23,3–4). Die auf Grund der alten Dias neuaufgenommenen zwei Abbildungen der Böden (?) oder Herdstellen (?) sind leider nicht deutlich genug, um hier zum Vergleich angeführt werden zu können. Die Lichtbilder gehören dem Seminar für Laographia (Volkskunde) der Universität Thessaloniki.

beidseitig schwarzpoliert; ein Fußansatz ist nicht erhalten (im Gegensatz etwa zu Taf. 25,2–4 aus Proskynites). Ein weiteres Randstück mit schwarzpolierter Außenseite und grauer Innenseite weist einen schräg gerieften Rand auf (Beilage 11,3); sein Mündungsdurchmesser beträgt 31 cm (vgl. Taf. 25,a–b:3).

Wohl von ähnlichen vierfüßigen Schalen stammen auch zwei Füße Tafel 24,b:1–2 mit erhaltenem Ansatz des Schalenbodens. Beide sind im oberen Drittel schwarzpoliert, darunter rot. Ihr Ton ist grob und glimmerhaltig. Die Höhe des ersteren, aus drei Fragmenten zusammengesetzten Fußes beträgt 18 cm, sein Durchmesser am Ansatzpunkt 6,5 cm, unten 2,5 cm. Der Mündungsdurchmesser der Schale dürfte ursprünglich etwa 34,5 cm betragen haben (vgl. Beilage 12,1). Der Umriß des Fußes ist an der nach außen gerichteten Seite etwas ausgebogen (vgl. Taf. 47,1; XXIII,1), so daß er leicht an die „organisch-zoomorphen" Füße der älteren Dreibeingefäße aus Thessalien erinnert[27]). Der zweite, aus zwei Bruchstücken bestehende Fuß[28]) mißt in seiner Höhe noch 12 cm (vgl. wiederum Taf. 47,1; XXIII,1 sowie die ergänzten Beispiele Tafel 47,2–4; XXII,3; XXIII,2.4, ferner Tafel 25–26,a aus Proskynites)[29]). Das Wandstück Tafel 24,b:4 mit erhaltenem Henkel und Knopfaufsatz[30]) stammt von einem doppelkonischen Gefäß mit üblichem Wandknick in Höhe des unteren Henkelansatzes (Beilage 12,2). Seine schwarzpolierte Außenseite ist teilweise abgerieben, die Innenseite verwittert. Der Ton ist dunkelgrau, die Randlippe fehlt, die erhaltene Höhe bis zum Henkelknopf beträgt 12 cm (zur Form vgl. Taf. 13,a:1.3; Taf. 13,b:3 aus der Sammlung in Maroneia[31]). Die Fragmente Tafel 24,b:5.3 (Beilage 12,3–4) gehören der monochromen Ware an. Ersteres ist an Qualität dem zweiten unterlegen, weist jedoch einen schärferen Schulterknick auf. Der Rand ist nicht erhalten. Das aus drei Fragmenten zusammengesetzte Randstück Tafel 24,b:3 stammt von einer großen Knickwandschüssel mit flacher Knubbe am Umbruch (vgl. Taf. 12,a:11; II,b:10). Ihr Ton ist schwarz mit rötlichem Kern, die Außenseite über dem Knick ist rot, darunter schwärzlich. Ihr Mündungsdurchmesser beträgt 27 cm.

---

27) Vgl. das Altärchen im Museum von Volos: Theocharis u. a. (1973) 341 Zeichnung 49b.
28) Abgebildet bei Hauptmann, AA. 1971, 381 Abb. 69,b.
29) Vgl. auch French, Anatolian Stud. 11, 1961, 128 Abb. 7,20–26; Garašanin u. Dehn, Jahrb. RGZM. 10, 1963, 18 Abb. 12–13.
30) Abgebildet auch bei Hauptmann, AA. 1971, 381 Abb. 69,a.
31) Ähnliche Formen begegnen auch in Makri bei Alexandroupolis: Kazarow, PZ. 10, 1918, 181 ff. mit Abb. 1; in Laphrouda: Scherben Inv. Nr. 2179 A und 2186 A im Museum von Kavala und in Sitagroi-Photolivos: Garašanin und Dehn, Jahrb. RGZM. 10, 1963, 16 Abb. 5. Renfrew, Sbornik Beograd 6, 1970, 48 Taf. I,5,8. Aus Paradimi selbst vgl. noch French, Anatolian Stud. 11, 1961, 127 Abb. 6,15. Zu Beispielen aus Thessalien vgl. Milojčić, Hauptergebnisse (1960) Abb. 13,19; 14,14; zu Stücken aus Saliagos vgl. Evans und Renfrew (1968) 40 Abb. 45,8 und Taf. 32,8.

II. KAPITEL

ZUSAMMENFASSENDE AUSWERTUNG DES BEFUNDES

Auf Grund der oben ausführlich dargelegten stratigraphischen Gegebenheiten und der diesbezüglichen Beobachtungen können wir feststellen, daß zumindest an dieser Stelle der Tumba von Paradimi ein älterer neolithischer Horizont fehlt. Die Überprüfung des bei der Ausgrabung von Kyriakidis und Pelekidis gefundenen reichen Materials führt ebenfalls zu der Feststellung, daß eine ältere Stufe auch an der Stelle ihres Schnittes nicht existiert hat. Die Kultur nun, die durch die keramischen Gattungen unseres Schnittes und das reichere, 250 z. T. ergänzte Gefäße umfassende Material aus der Grabung von Kyriakidis und Pelekidis repräsentiert wird, erscheint einheitlich in allen unseren vier Hauptstrata. Da ihre Vorstufen auf der Tumba nicht belegt sind, liegt die Annahme nahe, daß ihre Träger in einem fortgeschrittenen Stadium der Kulturentwicklung von anderswo hierher gekommen sind. Die auf der Tumba von Paradimi erfaßte Kultur ist allerdings verwandt mit dem Kulturgut folgender Siedlungen innerhalb Griechenlands: Makri und Potamos (bei Alexandroupolis), Krovyli und Proskynites (bei Maroneia), Laphrouda und weitere Stationen, auf die wir später zurückkommen werden. Eine Verwandtschaft besteht auch zu den Fundorten der Karanovo II/III – Veselinovo-Kultur in Bulgarien.

Hätte man zwischen dem unteren Lehmestrichboden 10 und der Bodenfläche der Grube in Schicht 17 einen dritten Hütten- oder Bothrosboden festgestellt, wäre die Behauptung möglich, daß die gesamten Ablagerungen von 1,50 m Tiefe an bis zum gewachsenen Boden durch diesen, durch die zwei Lehmböden 5 und 10 und durch die unterste Schicht 17 (wobei der Boden der Vorratsgrube den untersten Wohnhorizont bildet) in vier Schichten von nahezu gleicher Mächtigkeit und damit in vier Siedlungsperioden geteilt würden (Beilage 3). Statt dessen wurde in der Tiefe von −3,60 m das feste Stratum 14 angetroffen. Wäre unser Testschnitt in seiner Zielsetzung und der zur Verfügung stehenden Zeit nicht beschränkt gewesen, wären wir bei einer Ausweitung der Grabungsfläche möglicherweise irgendwo innerhalb dieses Stratums 14 wohl auf einen Hütten- oder Grubenboden gestoßen. Wir erlauben uns deshalb, Schicht 14 in eine vierstufige Gliederung einzubeziehen und können dementsprechend – von unten nach oben – folgende Kulturphasen innerhalb der Besiedlung der Tumba feststellen:

Paradimi I:	Beginn mit dem Niveau des gewachsenen Bodens (Bothros-Horizont, Beilage 3, Schicht 17). Relative Tiefe (unter der Ackeroberfläche) 4,35 m. Zum Forminventar vgl. Beilage 13, I: 1–5.
Paradimi II:	Beginn mit der festen Schicht 14 (Beilage 3, Schicht 14). Relative Tiefe 3,60 m. Zum Forminventar vgl. Beilage 13, II: 1–5.
Paradimi III:	Beginn mit dem zweiten Lehmestrichboden 10 (Beilage 3, Schicht 10). Relative Tiefe 2,50 m. Zum Forminventar vgl. Beilage 14, III: a–b.
Paradimi IV:	Beginn mit dem ersten Lehmestrichboden 5 (Beilage 3, Schicht 5). Relative Tiefe 1,50 m. Zum Forminventar vgl. Beilage 15, IV: 1–6.

Die Phasen Paradimi I bis IV sind eindeutig homogen. Die Stein- und Knochengeräte sind in allen Schichten gleichartig. Die vorherrschenden und auf Grund der Ähnlichkeit in Tonqualität, Ausführung und Verzierung gruppenbildenden Formen stellen die langlebigen vierfüßigen Schalen, die doppelkonischen Knickwandgefäße und die Henkel mit knopf- oder hornförmigem Aufsatz dar. Charakteristische Keramikgattungen bilden die schwarzpolierten oder rötlich-gelblichbraune „black-topped"-Ware, die Impressokeramik und die grobe Ware. Am geringsten ist die Zahl der „galepssoiden" oder „diminoiden" bemalten Gefäße, während Graphitmalerei nur in der obersten, d. h. jüngsten Phase belegt ist (Beilage 3, Schicht 5). Diese graphitverzierte, in verschiedener Ausprägung vorkommende Gattung vertritt – wie auch von anderen Fundorten im nordgriechischen und balkanischen Gebiet bekannt ist – die jüngste Phase des Neolithikums, die wohl als äneolithisch oder chalkolithisch bezeichnet werden kann. Von den vier Hauptschichten I bis IV lassen sich die unteren zwei durch eine Aschenschicht in jeweils zwei Horizonte – a und b – unterteilen. Stratum III wird durch zwei Aschenschichten in die drei Horizonte a bis c gegliedert, was auf eine etwas längere Ablagerungsdauer hinweisen könnte.

Die genaue Dauer jedes Stratums und Horizontes läßt sich nicht berechnen. Es ist jedenfalls sicher, daß die Zerstörungsschichten, die jedes Stratum unterteilen, nicht zugleich einen kulturellen Bruch anzeigen, um so weniger, als ein deutlicher Kulturwechsel nicht einmal innerhalb der Abfolge der vier Straten festzustellen ist. Die Gefäßformen und ihre technische Ausführung bleiben von Paradimi I bis IV durchgehend gleich mit Ausnahme der graphitbemalten Ware, die nur in Paradimi IV vorkommt.

Die neolithische Kultur wird in Paradimi abgelöst von einer frühen Phase der Bronzezeit (Beilage 3, Schicht 3–4). Ihre handgemachte Keramik – zum Forminventar vgl. Beilage 15,V,b:2–8 – steht in allgemeiner Beziehung zu ähnlichen Gruppen der Balkanhalbinsel. Die ritzverzierte und die monochrome Ware aber läßt wohl noch in engerer Beziehung zu der Keramik von Thermi (Mytilene), Troja und anderen thrakischen und kleinasiatischen Siedlungen erkennen. Auf die bronzezeitliche Kultur soll weiter unten eingegangen werden. Die stratigraphischen Gegebenheiten, die wir in unserem Testabschnitt angetroffen haben, stimmen also mit jenen der Grabung von Kyriakidis und Pelekidis überein. Für letztere müssen wir uns leider mit einer kurzen Angabe der Ausgräber zufrieden geben, die jene nebenbei anläßlich der Publikation einer vermutlich mit Schrift versehene Scherbe gegeben haben [32]:

„Es soll erwähnt werden, daß die gesamte Ablagerung vier Meter mächtig ist und aus vier je ca. 1 m starken Strata besteht. Diese Strata ließen sich durch die in verschiedenen Niveaus befindlichen Herdstellen mit den ihnen jeweils beigefügten Bothroi deutlich unterscheiden. Das erste Stratum von oben wurde in ca. 1,50 m Tiefe unter der Ackeroberfläche angetroffen und war von einer Brandschicht bedeckt, die verbrannten Lehmbewurf mit Balkeneindrücken von Hüttenmauern enthielt. Darunter fanden sich in situ einige ziemlich große weitmündige Gefäße, in denen Spuren von verkohlten Samenkörnern unbestimmbarer Art lagen. Alle vier Strata und ebenso die zwischen Ackeroberfläche und gewachsenem Boden gefundenen Gefäße weisen keine Unterschiede auf, sie gehören also derselben Kulturperiode an."

---

32) Kyriakidis, Hellenika 17, 1962, 72. Die betreffende Scherbe befindet sich heute im Museum von Komotini, Inv. Nr. Π 643 K.

III. KAPITEL

DIE NEOLITHISCHE KERAMIK VON PARADIMI

Der zur Herstellung der monochromen Keramik von Paradimi benutzte Ton ist feingeschlämmt, glimmerhaltig und in der Regel gut gebrannt. Die Oberfläche der Gefäße ist sorgfältig geglättet, ein Überzug kommt selten vor. In der Farbe ist der Ton meistens braun oder dunkelgrau bis schwarz. Hellfarbige, rote oder gelbe Gefäße sind sehr selten, ebenso bemalte. Die Gefäße zeigen meist innen und außen zwei verschiedene Farbtöne. Eine besondere, innerhalb der monochromen Ware zahlenmäßig überwiegende Gruppe, bilden die schwarzpolierten Gefäße, deren Wandung oft gerieflt ist. Eine zweite Gruppe umfaßt die feinen „black-topped"-Gefäße, die einen schwarzen oder – seltener – roten Streifen um den Rand tragen, während die Oberfläche unterhalb des Wandknicks gewöhnlich rot („red-black-topped"), seltener gelblich-braun („brown-black-topped") ist. Die graphitbemalten Stücke vertreten eine an Zahl geringe Gefäßgruppe, die lediglich innerhalb des Stratums 4 und über dem oberen Lehmestrichboden 5 (Paradimi IV) zu finden ist.

Das Forminventar (vgl. Beilage 13–15) umfaßt metallisch wirkende konische und doppelkonische bzw. knickwandige fußlose Gefäße: kleine Näpfe mit unterentwickelten oder zu einer knopfartigen Spitze ausgezogenen Henkeln, Schalen mit Hornaufsätzen auf dem Henkel, größere fußlose Schüsseln mit einziehender Wandung und ausschwingenden Henkeln, ferner geschlossene Formen, so Krüge mit Knopfaufsatz und hohem zylindrischem Hals und Henkel, große Knickwandgefäße mit zwei oder vier Henkeln. Eine eigenartige Form, die in allen Phasen der Siedlung vorkommt, ist die flache vierfüßige Schale, die möglicherweise kultischem Zweck diente. Bei den graphitbemalten Gefäßen handelt es sich, bis auf wenige Ausnahmen, so ein Krug mit Bandhenkel (Taf. 9,b:1–3; II,a:19) und ein großes geschlossenes Gefäß (Taf. 31,3; VI,a:3), um Schalen mit beidseitig bemalter Oberfläche.

Die neolithische Keramik der Siedlung von Paradimi, die im ersten Teil dieser Arbeit vom stratigraphischen Gesichtspunkt aus betrachtet wurde und die anhand meist zahlreich vollständig erhaltener Gefäße im Museum in Thessaloniki überblickt werden kann (vgl. den Katalogteil), ist von D. French, ausgehend von einigen Scherben, die er 1959 auf der Oberfläche der Tumba aufgesammelt hatte, eingehend behandelt worden[33]. Ein Teil dieser Scherben liegt jetzt in der Sammlung der Britischen Archäologischen Schule in Athen[34]. Beispiele neolithischer Keramik aus Paradimi veröffentlichten auch F. Schachermeyr[35] und Chr. Zervos[36].

Frenchs Gruppe I, der er die graphitbemalte Ware zuordnet[37], haben wir nur innerhalb der Strata 4 und 5 angetroffen, die der Stufe Paradimi IV entsprechen. Es sind alle von French beschriebenen Formen hier zu finden, „mostly bowls", allerdings auch geschlossene Formen wie der Krug Tafel 9,b:1–3; II,a:19. Ebenso sind alle von ihm angeführten Merkmale vorhanden, „the fabric ... rather coarse, gritty, hard fired, hand-made and smooth burnished", mit der Oberfläche „generally brown though occasionally black" und zuletzt mit dem „fine silvery" Farbton des Graphits, der nach der Politur aufgetragen wurde. French bemerkt: „graphite-painted ware is also present but in no great quantity" und ordnet

---

33) French, Anatolian Stud. 11, 1961, 103 ff. Abb. 6–7.
34) French, PZ. 42, 1964, 30 ff.
35) Schachermeyr (1955) 132 Abb. 32,3.
36) Zervos II (1963) 561 ff. Abb. 504–521.
37) French, Anatolian Stud. 11, 1961, 103 mit Abb. 6,4–9.

diese Gattung zusammen mit der gleichen Ware aus der Stryme-Höhle (In-Deré) als „miscellaneous type 8c" ein[38]). H. Vajsova[39]) versuchte – neben anderen nicht überzeugenden Verbindungen – ohne persönliche Kenntnis dieser Gattung die graphitbemalte Keramik von Stryme (Höhle In-Deré) der Maritza-Kultur zuzuordnen, die jedoch mit ihren impresso- und ritzverzierten Gefäßen[40]) überhaupt keine Entsprechungen in der Keramik unseres Schnittes findet.

Zwar fanden Kyriakidis und Pelekidis in ihrer Grabung einige Scherben, deren Fundumstände uns unbekannt sind und die der impresso- und ritzverzierten Ware der Maritza-Kultur nahestehen dürften (Taf. 26,b:1–3; IV,f:1,4–5), jedoch bilden sie unseres Erachtens doch eher eine Variante der Keramik von Dikili-Taş, mit der sie offensichtlich enger verwandt sind[41]). Lediglich eine dunkelrotbraun auf mittelbraun bemalte Scherbe im Museum Komotini zeigt in ihrem Ornament Beziehung zur Maritza-Graphitmalerei (Taf. VI,b:10)[42]). In diesem Zusammenhang sei erwähnt, daß die graphitbemalte Keramik aus der Stryme-Höhle auch in den jüngst in der Höhle bei Maroneia („Stou koufou to plaji") gefundenen Gefäßen genaue Entsprechungen findet (Taf. 26,b:6)[43]).

Ebenso sind einige graphitbemalte Scherben aus der Grabung von Kyriakidis und Pelekidis – wiederum ohne genaue stratigraphische Angaben – in Form und Muster jenen aus Maroneia und Stryme völlig gleich (vgl. Taf. 26,b:4–5; IV,f:2–3 mit Taf. 26,b:6). Andere dagegen (Taf. 30,b:2–3; 31,4–6; IV,d:2.4; VI,a:2.4–5) lassen sich in Zusammenhang mit der Gumelnitza-Kultur bringen[44]) oder mit der Keramik von Dikili-Taş und anderen Siedlungen wie Dimitra, Lakkovikia und Neon Souli[45]).

Es kommen im griechischen Thrakien in der Tat viele eigenständige Varianten der graphitbemalten Ware nebeneinander vor. Eine von ihnen hat sich in Paradimi entwickelt (Taf. 7–9; 30,a–b:1; 31,1 und II,a:2–19; IV,d:3; V,a–b:1), sie findet bisher nirgendwo ihresgleichen[46]).

Frenchs Gruppe II, die dunkelbraun bis schwarz auf rot bemalte Keramik (black-on-red ware), wird in unserem Schnitt durch ein einziges Bruchstück vertreten, das von einem großen, geschlossenen Gefäß stammt (Taf. 10,b:4). Auch French hat übrigens nur „a handful of sherds" gefunden und eine davon in Zeichnung wiedergegeben[47]). Das Vorhandensein dieser „galepssoiden" Keramikgattung ist – außer ihrem Vorkommen auf der Tumba von Dimitra (bei Angista) – kürzlich auch in der Siedlung Proskynites (bei Maroneia), in Photolivos III[48]) und zuletzt in Arethousa im Gebiet von Volvi-Langadas[49]) festgestellt worden.

---

38) French, PZ. 42, 1964, 38. Vgl. auch Bakalakis (1961) 5 ff. Taf. 1,b–c; Bakalakis, Arch. Deltion 17, 1963, 259 f. Farbtaf. S. 260–261; Taf. 316c–317.

39) Vajsová, Slov. Arch. 14, 1966, 16.

40) ebd. Abb. 3,19–20; 5.

41) Gaul 1948 Taf. 28 (aus Deve Bargan). Ein graphitbemaltes und impressoritzverziertes Randstück aus Paradeisos, vgl. Hellström u. Holmberg, Opusc. Athen. XII, 1978, 146 Abb. 10, bildet eine Parallele zu unserer Scherbe Taf. 26,b:1; IV,f:1.

42) Simeonova, Jahrb. RGZM. 15, 1968, 15 bes. Taf. 16,1a–b.

43) Bakalakis 1955, 147 f.; Tsimbidis, Praktika 1971, 87 f. Taf. 106a.

44) Renfrew, PPS. 36, 1970, 300 Abb. 7 Taf. 37–38: „The finest of the graphite ware is closely comparable to the Maritsa aspect of the Bulgarian Gumelnitsa culture". Genaue Entsprechungen haben wir in Paradimi außer den Scherben Taf. 30,b:2–3; 31,4–6 (Taf. IV,d:2.4; VI,a:2.4–5) nicht. Vgl. Georgiev in: Acta Athen (1972) 123 wo die graphitbemalte Keramik von Stivos und Paradimi mit jener von Karanovo V–VI und der Bojana-Gumelnitza-Kultur gleichzeitig angenommen wird. Aber eine solche Gleichsetzung ist wohl zu spät für Paradimi.

45) Funde im Museum von Kavala.

46) Vgl. Renfrew (1972) 70, wo die graphitbemalte Ware von Sitagroi „very closely resembles finds of the Maritsa and Gumelnitsa cultures" und das Stratum III, das sie enthält, „began during the late neolithic period (well before 3300 B.C. in radiocarbon years) and continued into the final neolithic". Ders. in: Actes Beograd (1973) 475, wo „abundant graphite-decorated pottery" in der Phase III festgestellt wird.

47) French, Anatolian Stud. 11, 1961, 127 Abb. 6,11.

48) Ervin, News Letter. AJA. 74, 1970, 273 f.; Renfrew, Sbornik Beograd 6, 1970, 48 Taf. 3,1.7–8; ders. (1972) 70.

49) Unveröffentlichte Funde in der Privatsammlung von Herrn N. Lialias.

Frenchs Gruppe III, die unbemalte Ware (unpainted ware), ist in allen vier Straten der Paradimi-Kultur belegt und zwar mit allen von French zusammengefaßten Erscheinungen, wie der feinen schwarzpolierten Keramik, der schwarzpolierten Ware mit verschiedenen Farbnuancen – „black-topped" in rot, grau oder gelb – der Riefelung und den kennzeichnenden Gefäßformen, wie beispielsweise vierfüßigen Schalen und doppelkonischen Gefäßen. Die „klassische" Phase dürfte wohl die Schichten 5 bis 10 umfassen, d. h. Paradimi III–IV.

Frenchs Gruppe IV, die ritzverzierte Keramik (incised ware) kommt ebenfalls in allen vier Hauptstraten vor. Dagegen fanden wir Formen, die der neolithischen Keramik völlig fremd sind, ausschließlich in dem gestörten frühbronzezeitlichen Stratum 2, der chalkolithischen Schicht 3 (Beilage 3) und in einem nicht homogenen, gestörten Stratum innerhalb unserer zweiten, kleineren Sondage nordwestlich des großen Schnittes (vgl. dazu die Ausführungen weiter unten [50]).

Das zwingt zu der Annahme, daß zwischen dem Ende der neolithischen und dem Anfang der frühbronzezeitlichen Periode in Paradimi eine Lücke vorhanden sein muß, was auch French bei gemeinsamen Diskussionen über die Problematik der thrakischen Keramik zugegeben hat [51].

Frenchs Gruppe V, die Grobkeramik (coarse ware) ist, wie Gruppe IV, in allen vier Straten von Paradimi vorhanden.

French bemerkt in seinem Aufsatz: „The material from Paradimi presents certain difficulties" [52], ohne diese jedoch genauer zu erläutern. Er fährt fort: „it is clear, that some of the material is identical with Karanovo II" [53] und vergleicht eine vierfüßige Schale von Paradimi [54] mit jener aus Karanovo III [55]. Die Bezeichnung „identical" wäre unseres Erachtens durch die Bemerkung zu ergänzen, daß die formal vergleichbaren Gefäße von Paradimi und besonders die vierfüßigen Schalen qualitativ der Keramik aus Karanovo III sehr überlegen sind. Der äußere Umriß der Füße ist bei unseren Gefäßen leicht gebogen, was, wie schon erwähnt, an die älteren organisch-zoomorphen Füße der thessalischen Dreibeingefäße erinnert, während bei der Keramik von Karanovo III die Schalenfüße als gleichmäßig dicke, nur selten zum unteren Ende sich verjüngende Zylinder gestaltet sind. Diese ausgeglichenen Proportionen führen zu der Feststellung, daß die Gefäße von Paradimi „rank as works of art" (D. Theocharis) sind.

French geht in seiner Arbeit nicht auf einen Zusammenhang zwischen den makedonisch-thrakischen Henkeln mit Hornaufsatz („horn-handles, mainly on Jars") und vergleichbaren Formen aus dem Orient ein. Solche Henkel gibt es jedoch schon in Hacilar I und in der fernen Siedlung von Büyük Güllücek [56], aber auch an einigen Stellen der Troas.

A. Furness hatte zu den Henkeln mit hornartigem Aufsatz schon früher bemerkt, daß „the type is well represented also in restored vessels in Saloniki Museum from an unpublished site, Paradimi, near Komotini in Greek Thrace" [57]. Sie stellte das Vorkommen dieses Henkeltypes in folgenden Stationen in der Ägäis fest: auf Samos [58] in Kalymnos [59] und auf Chios (Agios Galas) [60]. Außerdem sind solche

---

50) Hammond (1972) 238 Anm. 3, nimmt an, daß: „In southern Thrace Akropotamos and Polystylo just east of the Strymon were abandoned at the end of the Neolithic period (PAE 1938, 103 f.), and Paradimi and Dikili Tash further inland suffered the same fate (AS 11, 1961, 103 f.)". Polystylo aber liegt nicht weit von Dikili Taş. Überdies existiert in Paradimi durchaus eine frühbronzezeitliche Besiedlung.

51) Für diese Diskussion sei ihm an dieser Stelle nochmals herzlich gedankt.

52) French, Anatolian Stud. 11, 1961, 114.

53) Karanovo II nach Mikov (vgl. Anm. 55), das nach der Neugliederung von Georgiev in: Symp. Prag (1961) 49 jetzt als Karanovo III bezeichnet wird.

54) French Anatolian Stud. 11, 1961, 128 Abb. 7, 24.

55) Mikov, Karanovo 1959, 93; Georgiev in: Symp. Prag (1961) Taf. XI,1.

56) Vgl. oben Kap. I Anm. 14. Vgl. dazu auch Weinberg, AJA. 51, 1947, 178 f.

57) Furness, PPS. 22, 1956, 204 und Anm. 5.

58) ebd. 179 f., 204 mit Abb. 6, F 74; 7, F 75–76. In Tigani auf Samos sind die knopfförmigen Henkelansätze als Idolköpfe gestaltet! Das muß wohl bedeuten, daß es sich bei unserer Keramik praktisch um Vereinfachungen dieses Grundgedankens handelt.

59) ebd. 204 Taf. 18,6–7.

60) ebd. 198, 204 Abb. 14,10 Taf. 22,2–5. Hood fand Hornhenkel auch in Emporio, vgl. in: Atti (1965) 227.

Henkel auch aus Phaestos, Makedonien und aus Thessalien[61]) bekannt und neuerdings aus der neolithischen Siedlung auf Saliagos[62]) zwischen Paros und Antiparos, aus den näher bei Paradimi gelegenen Stationen Krovyli und Proskynites (Taf. 13), aber auch aus Photolivos I.

G. J. Georgiev lehnt eine Beziehung zwischen den Gefäßen aus Bulgarien und jenen aus dem Orient ab: „Manche Forscher vergleichen ohne Rücksicht auf die stratigraphischen Gegebenheiten und den Charakter dieser Gruppe (Karanovo III – Veselinovo) ganz mechanisch einzelne Elemente aus der Keramik, wie z. B. die für sie typischen Knopfhenkel oder die Henkel von antropomorpher oder zoomorpher Gestalt mit ähnlichen Henkeln der Keramik mit jüngeren Epochen aus Vorderasien und der Ägäis, so etwa aus der Siedlung Büyük Güllücek, die in das Chalkolithikum und die Frühbronzezeit, nicht in das späte Neolithikum datiert"[63]). Es ist jedoch durchaus anzunehmen, daß zukünftig solche Henkel auch in früheren Stufen festgestellt werden. Weder ihre Datierung in das Chalkolithikum noch die Entfernung dürften den Verdacht auf eine, wenngleich auch umgekehrt gerichtete Beziehung ausschließen.

Eine Beziehung zwischen der Keramik der vor der kleinasiatischen Küste liegenden Inseln und jener aus Vorderasien ist ohne weiteres belegt. Weiterer Forschung und Bestätigung bedarf das Verhältnis zwischen Thrakien und Nordkleinasien. Ausgrabungsmäßig ist das thrakische Gebiet noch weitgehend unbekannt. Die profilierten knickwandigen (carinated) Formen in der Keramik von Paradimi setzen jedoch metallene Vorbilder voraus, die mit Recht im Bereich der dem thrakischen Neolithikum vorangehenden anatolischen Bronzezeit gesucht werden, wo bereits eine sehr entwickelte Metallbearbeitung belegt ist[64]).

Den Gefäßformen mit knopf- oder hornförmigen Henkeln in der Keramik der Karanovo III – Veselinovo-Kultur fehlt „die präzise Unterscheidung des oberen von dem unteren Teil" sowie eine klare und ausgewogene Proportionierung. Sie erscheinen eher, so möchte man sagen, wie „ausgeartete Nachbildungen"[65]). Für „provinziell" halten D. und M. Garašanin und V. Milojčić die Gefäßformen von Karanovo III (mündliche Mitteilung).

Außer French, der auf Grund seiner fortlaufenden Beschäftigung mit der Problematik der Keramik von Paradimi als deren bester Kenner gelten dürfte, haben sich auch M. Garašanin und W. Dehn mit diesem Thema befaßt. Anlaß dazu bot die Veröffentlichung einiger Scherben von verschiedenen nordgriechischen prähistorischen Siedlungen, u. a. von Paradimi, die sich in der Sammlung des Vorgeschichtlichen Seminars in Marburg befinden[66]).

Nach den Bemerkungen über Ton, Technik und Gefäßformen der Keramik von Paradimi kommen die Verfasser des Aufsatzes zur Aussonderung einer „Paradimi-Gruppe"[67]). Ihre Gruppe umfaßt

---

61) Milojčić, vgl. oben Anm. 14.
62) Evans u. Renfrew (1968) 83 Taf. 32,7–8. Renfrew, Sitagroi 1970, 299 Abb. 6. Als frühbronzezeitliches Beispiel aus Kum Tepe vgl. jetzt in: Hesperia 45 (1976) 318 Abb. 8,114.
63) Georgiev in: Actes (1969) 217 Anm. 39; ders. in: Studia Balkanica 5 (1971) 31; ders. in: Acta Athen (1972) 120.
64) Vgl. z. B. zu dem doppelkonischen, verzierten Gefäß aus Hacilar Schicht I: Müller-Karpe, Handb. II (1968) Taf. 122,C8, wie auch zu der Scherbe aus Paradimi (unsere Taf. 42,3) folgende Formen aus Beycesultan: Lloyd u. Mellaart, Beycesultan 1 (1962) Taf. 26,1.3: sheet 6, early Bronze 3a shape 32; Mellaart, in: CAH.³I,2 (1971) 377.

65) Vgl. Georgiev in: Symp. Prag (1961) Taf. 11,3–4; Vajsová, Slov. Arch. 14, 1966, 12 Abb. 3,7.9.11–12.14; Müller-Karpe, Handb. II (1968) Taf. 155,D7–8. F1–6; 156,C2–3.6.9; Georgiev in: Actes (1969) 213 nimmt für die schwächer polierten Gefäßformen der Karanovo III – Veselinovo-Kulturen (sie werden am besten vertreten durch die noch unveröffentlichten Funde aus der Siedlung Kazanlak) wie für die Gefäße der Phasen Karanovo I–II hölzerne Vorbilder an!
66) Garašanin u. Dehn, Jahrb. RGZM. 10, 1963, 1 ff. Wann und wie die Scherben aufgesammelt worden sind, ist unbekannt.
67) ebd. Abb. 1–11.

insgesamt fünfzehn Keramikbruchstücke, die bis auf eines aus Alistrati (Photolivos)[68] und ein weiteres aus Mylopotamos bei Drama[69] alle von der Tumba von Paradimi stammen. Entsprechende Scherben – in Form und Gattung vergleichbar – sind aus allen vier Stufen der Paradimi-Kultur in den Siedlungen Paradimi, Krovyli, Proskynites und Laphrouda bekannt. Sie begegnen weiter in den verwandten Fundkomplexen der benachbarten Siedlungen von Mylopotamos und Photolivos. Das unterste Stratum des letzteren Fundorts wurde auf Grund seines keramischen Inhaltes bereits von den Ausgräbern mit der Veselinovo-Kultur und auch mit jener von Paradimi verbunden. Für die Beurteilung von Mylopotamos stehen leider nur einige von French aufgesammelte Scherben zur Verfügung[70].

Unsere Einwände beziehen sich jedoch hauptsächlich auf die von Garašanin und Dehn so benannte Karanovo II (III) – Veselinovo-Gruppe[71]. Von den insgesamt vier in Frage kommenden Bruchstücken stammen bezeichnenderweise drei von Paradimi: zwei Füße von vierfüßigen „Kultschalen"[72] und ein knopfförmiger Henkelaufsatz[73]. Das vierte Fragment, ein weiteres Knopfaufsatzstück[74] wurde in Mylopotamos gefunden.

Auf Grund dieser Einteilung von Garašanin und Dehn werden die typischen Formen der betreffenden Keramik bzw. der Keramik von Paradimi zwei vermutlich unterschiedlichen Gruppen zugewiesen, von denen die eine als „Paradimi-Gruppe", die andere als „Karanovo II/III – Veselinovo-Gruppe" bezeichnet wird. Diese Einteilung ist, wenn auch nicht mit Absicht, doch offensichtlich irreführend. Denn die Gefäßformen beider Gruppen sowie die veröffentlichten Scherben aus Paradimi begegnen in Paradimi in allen Stufen der neolithischen Kultur und zwar in gleicher Anzahl. Dies zeigt sich vor allem an den kennzeichnenden vierfüßigen Schalen, die in allen Kulturphasen bzw. Schichten die Hauptform darstellen. Warum aber sollte das Vorhandensein einiger Merkmale der Keramik von Paradimi – z. B. der Henkel mit knopfförmigem Aufsatz und der vierfüßigen, allerdings qualitativ unterlegenen Schalen – in Karanovo unbedingt zur Aussonderung einer separaten einheimischen Gruppe zwingen? Später nimmt Garašanin eine Verbreitung der Gruppe Karanovo III – Veselinovo bis in das griechische Thrakien an[75].

Gewisse Gemeinsamkeiten zwischen den beiden Kulturen Karanovo II/III – Veselinovo und Paradimi stellten übrigens auch French[76] und Theocharis[77] fest, jedoch nicht im Sinne zweier voneinander getrennter Entwicklungen, wie Garašanin und Dehn es verstehen. Diese scheinen schließlich selbst zu zweifeln, „ob im thrakischen Küstengebiet wirklich mit einer Stufe II/III zu rechnen ist, oder nicht vielmehr nur mit einzelnen Karanovo-Einflüssen (bzw. Importen?) zur Zeit der Paradimi-Gruppe". Und weiter: „Diese Frage könnte nur durch weitere Grabungen mit genauen stratigraphischen Beobachtungen geklärt werden". Ein Beitrag zur Klärung dieses Problems wurde glücklicherweise durch unsere Grabung in Paradimi geleistet. Doch hätte auch ohne diese – fast die Hälfte der im Museum von Thessaloniki ausgestellten alten Funde – bloß durch „einzelne Karanovo-Einflüsse" oder gar „Importe" erklärt werden können? Womit aber wäre in diesem Fall die große Zahl der Paradimi benachbarten Siedlungen mit vergleichbaren Funden zu rechtfertigen?

---

68) ebd. Abb. 5. Es handelt sich um die Tumba von Photolivos, die inzwischen von Renfrew u. Gimbutas ausgegraben ist und dem Dorf Sitagroi, Bez. Drama, eng benachbart ist. – Vgl. dazu Literaturangaben bei Schachermeyr (1976) 157.
69) French, PZ. 42, 1964, 31:4.
70) ebd. 39 Abb. 6, 41; 7,1–20.
71) Garašanin u. Dehn, Jahrb. RGZM. 10, 1963, 4 f., 18 Abb. 12–15.
72) ebd. 18 Abb. 12–13.
73) ebd. 18 Abb. 14.
74) ebd. 18 Abb. 15.
75) Garašanin, Arch. Sofia 8, 1966, 18 Anm. 18. Dazu kurze griechische Zusammenfassung: Deltion für slaw. Lit. 13, 1967, 4 ff.
76) French, Anatolian Stud. 11, 1961, 114.
77) Theocharis (1971) 17.

Es sei hinzugefügt, daß Garašanin kürzlich zu den Ausführungen von Georgiev über die Verbreitung und Entwicklung der neolithischen Kultur-Gruppen in Bulgarien[78] bemerkte: „Die genetische Verbindung Karanovo III (Veselinovo) – Vinča steht über jedem Zweifel, wobei an einen zeitlichen Vorsprung von Karanovo zu denken ist. Dies widerspricht jedoch nicht der anatolischen Herkunft des ganzen Komplexes. Die neuen Funde von Komotini weisen vielleicht auf eine Proto-Veselinovo-Stufe hin"[79].

N. G. L. Hammond fügt Paradimi zwischen Karanovo II und Karanovo III ein[80] und setzt das Ende von Paradimi vor Karanovo IV an[81].

Beim Versuch, zwei separate Gruppen zu unterscheiden, äußern sich Garašanin und Dehn undeutlich, ja widersprüchlich. Sie bezeichnen nämlich ihre Paradimi-Gruppe[82] als „eine lokale Erscheinung des balkanisch-anatolischen Komplexes des jüngeren Neolithikums". Nach eingehender Erörterung der Keramik der Gruppe fügen sie aber hinzu, daß „die Knopfhenkel eine Verbindung zu den entsprechenden Erscheinungen der ostägäischen Inseln schlagen" wobei sie auf die von A. Furness vorgelegten Funde[83] Bezug nehmen. Kurz vor Abfassung des Aufsatzes von Garašanin und Dehn erschien eine Studie von Georgiev über die Kulturgruppen der Jungsteinzeit und der Kupferzeit in der Ebene von Thrakien (Südbulgarien)[84]. Darin nimmt Georgiev an, daß die Karanovo I – Kremikovci-Kultur sich im Rahmen eines weiteren mittelmeerischen Kultur-Komplexes entwickelt hat, dem auch die Kulturen Starčevo I–III in Jugoslawien, Protosesklo in Thessalien und Servia in Makedonien unterzuordnen wären. Dementsprechend müßte nun auch die wichtige Kultur von Nea Nikodemia[85] zu demselben Kreis gerechnet werden. Georgiev bezeichnet die Karanovo I – Kremikovci-Kultur als die „älteste bisher bekannte Kultur in Bulgarien"[86] und fügt hinzu, es bedürfe keiner Reise nach Kleinasien und Ägypten, um dort den Ursprung dieser Kulturen zu entdecken. Weiter fährt er fort[87]: „Es versteht sich von selbst, daß außer den sozusagen lokalen Merkmalen, die in den Kulturen der Balkanhalbinsel der Jungsteinzeit bestanden oder als existierend angenommen werden, die aus den Kulturzentren des südöstlichen Kleinasien her eingedrungenen Neuerungen viel und mannigfaltig sind", und dann, daß: „Der Hauptinhalt der Kultur Karanovo I – Kremikovci... balkan-danubischen Ursprungs ist". Nichtsdestoweniger „wurde diese Kultur durch ihr verwandte und gleichzeitige Kulturen aus dem kleinasiatischen und ägäischen Becken reich befruchtet". Zusammenfassend spricht Georgiev schließlich von einem „balkan-danubisch-kleinasiatischen Kultur-Komplex"! Wollten wir diese Zusammenhänge als richtig ansehen, erhebt sich mit Recht die Frage, ob die kleinasiatischen Elemente nicht etwa über das ägäische Thrakien in die Karanovo II/III-Kultur gelangten; eine umgekehrte Richtung erscheint weniger wahrscheinlich[88].

Die Karanovo II-Kultur stellt nach Georgiev einen späteren Zusatz zu jener von Karanovo I dar und weist Gemeinsamkeiten mit der Starčevo-Turdas-Körös-Kultur auf. Endlich lehnt Georgiev die Ansicht ab, die bulgarische Provinz sei ein Ausläufer der ägäischen Welt gewesen. Er begründet seine Ablehnung mit der Bemerkung, daß „die Entwicklung der Kultur in den bulgarischen Ländern in der Jungsteinzeit (...) gleichzeitig mit dieser in den südlicheren Teilen der Balkanhalbinsel, Mazedonien, Nordgriechenland, kontinentalem Griechenland, verlaufen ist"[89].

---

78) Georgiev in: Actes (1969) 209 ff., 227.
79) ebd. 209 ff., 227.
80) Hammond (1972) 214: Chronologie-Tabelle.
81) ebd. 225 Anm. 7.
82) Garašanin u. Dehn, Jahrb. RGZM. 10, 1963, 3.
83) ebd. 3 mit Anm. 12; Furness, PPS. 22, 1956, 204 Taf. 18,6–7; 22,2–5; 179 Abb. 6,F74; 7,F75–76. Vgl. dazu auch Milojčić, Hauptergebnisse (1960) Abb. 14,10.13.15; Evans u. Renfrew (1968) Taf. 32,7–8.
84) Georgiev in: Symp. Prag (1961) 45 ff. (mit weiterer Literaturangabe).
85) Vgl. dazu die Literaturangaben: Hauptmann, AA. 1971, 376.
86) Georgiev in: Symp. Prag (1961) 91.
87) ebd. 90 ff.
88) Vgl. unsere Ausführungen im gleichen Kapitel weiter unten.
89) Georgiev in Symp. Prag (1961) 93.

Seit der Ausstellung der hervorragenden Gefäße aus der Grabung von Kyriakidis und Pelekidis im Museum von Thessaloniki und bis zum Zeitpunkt unserer Grabung in der Siedlung galt die neolithische Keramik von Paradimi als ein „Unikum" innerhalb des südlich des Rhodopegebirges sich erstreckenden griechischen Gebietes. Deswegen wurde sie später als Entsprechung zu der nördlichen Karanovo III – Veselinovo-Kultur gedeutet. Der heutige Forschungsstand kennt jedoch zahlreiche benachbarte Siedlungen mit völlig identischer Keramik sowie mehrere weiter entfernte Stationen (etwa Photolivos) mit verwandtem Fundmaterial. Die Vorstellung einer einmaligen Erscheinung galt übrigens bislang auch weitgehend für die Karanovo III – Veselinovo-Kultur. Es ist der intensiven Forschungstätigkeit der bulgarischen Archäologen und vor allem jener von G. Georgiev zu verdanken, daß uns heute zahlreiche prähistorische Siedlungen vom Balkan bis zum Rodopegebirge in Südbulgarien bekannt sind [90]).

Im Rahmen des Projektes zum Austausch von Fachprofessoren war es dem Verfasser möglich, im Frühjahr 1971 und im Sommer 1972 anläßlich des Internationalen Kongresses über Thrakien einen eigenen Eindruck von dem reichen bulgarischen Fundmaterial zu gewinnen. So konnte er u. a. folgende Museen besuchen: Sofia (Funde von Karanovo), Sarakinsi (Funde von Čavdar, Ezerovo und anderen Stationen), Plovdiv-Philippoupolis (Funde aus Jassă-Tepe), Kazanlak, Stara-Zagora und Malkata-Beroia (Funde aus Tell-Azmak).

Beim Studium der Keramik aus den oben genannten Siedlungen bei zahlreichen fruchtbaren Diskussionen des Verfassers mit Professor Georgiev in Kazanlak [91]) stellten wir gemeinsam fest, daß zwischen der Keramik von Karanovo III und jener von Paradimi, die allgemein für einander entsprechend gehalten werden, zweifellos manche Ähnlichkeiten, zugleich aber auch viele Unterschiede bestehen. Damit scheint die Ansicht jener Forscher bekräftigt, die die Paradimi-Kultur für eine „Variante" der Gruppe Karanovo III – Veselinovo halten.

Bei dem Versuch, das Verhältnis der beiden Kulturen zueinander zu erhellen, lassen sich verschiedene Wege verfolgen:

1. Eine erste Annahme wäre, daß es sich um zwei parallel nebeneinander herlaufende Gruppen handelt. Dabei könnten wir eine mögliche genetische Beziehung oder gar ihre Ausrichtung nicht bestimmen.

2. Georgiev seinerseits glaubt, diese Ausrichtung erfaßt zu haben: „Das Verbreitungsgebiet der Keramik der Periode Karanovo III – Veselinovo war hauptsächlich Süd-Bulgarien ... Durch Expansion hat sich die Kultur dieser Periode südlich bis zur thrakischen Ägäis-Küste (Paradimi bei Komotini) verbreitet" [92]). Nach Georgievs Annahme sollen sich aus den vierteiligen (kreuzförmigen oder vierblättrigen) Gefäßfüßen der Karanovo II – Kazanlak II-Keramik die späteren vier Füße entwickelt haben. Auf dieselbe Kultur sollen auch die Henkel mit Knopfaufsatz der Keramik von Karanovo III – Veselinovo zurückgehen [93]).

3. Eine dritte, von Georgiev selbstverständlich bestrittene Annahme ist, daß die Keramik von Paradimi und jene von Karanovo III ihren Ursprung nicht in Karanovo I/II, sondern anderswo hat. Dieses „anderswo" müßte einerseits in das nordägäische Neolithikum, andererseits in das anatolisch-westkleinasiatische Küstengebiet gesetzt werden. Freilich sind beide Gebiete ausgrabungsmäßig noch weitgehend

---

90) Georgiev in: Actes (1969) 209 ff.; ders. in: Studia Balkanica 5 (1971) bes. 30 passim.
91) Prof. Georgiev bin ich für seine Führung auf der Tumba von Kazanlak und für die gemeinsame Durchsicht des Fundmaterials aus der Tumba im lokalen Museum zu großem Dank verpflichtet.
92) Georgiev in: Actes (1969) 217 mit Anm. 39; ders. in: Studia Balkanica 5 (1971) 30: „Die Kulturgruppe Karanovo III – Veselinovo ist autochthonen Ursprungs"; ders. in: Acta Athen 1970, 120.
93) Vgl. Text zu Anm. 103 und Abb. 1.

unerforscht und unsere Kenntnisse der letzten, der dritten neolithischen Periode, in welche die Paradimi-Keramik zu datieren ist, noch sehr mangelhaft. Diese Kenntnislücke dürfte jedoch bis zu einem gewissen Grade wettgemacht werden durch die Überlegung, daß die in Frage kommenden Gebiete während der darauffolgenden Frühbronzezeit vielfach miteinander verknüpft zu sein scheinen und vor allem durch die Tatsache, daß Zentralkleinasien bzw. der Nahe Osten allgemein von unübersehbarer, ja erstrangiger Bedeutung für das ältere Neolithikum gewesen sind.

Georgiev selbst erkennt übrigens eine gewisse Verwandtschaft mit West-Vorderasien an, indem in Hacilar VI „analoge Funde entdeckt worden sind – bikonische Gefäße, Gefäße mit Füßchen u. a. ... welche ein Nachweis für die parallele Entwicklung und nicht für eine Priorität der vorderasiatischen (!)[94] Entwicklung sind"[95].

M. Garašanin und I. Nestor bemerken[96], daß „le néolithique récent est représenté par le complex balkano-anatolien à céramique monochrome sombre et à ornements cannelés, dont les groupes les plus importants sont ceux de Karanovo III – Veselinovo, avec la variante de Komotini (Paradimi) en Thrace"[97].

Die dritte der oben aufgeführten Hypothesen, nach denen die Karanovo III-Keramik als genetischer Faktor zur Entstehung der Keramik von Paradimi auszuschließen ist, wird von Milojčić[98], von Theocharis und vom Verfasser selbst befürwortet. Theocharis bezeichnet die Keramik von Paradimi als „no doubt a case of a unique ‚Thracian' we might say, creation"[99]. Diese Ansicht soll auch V. Titov teilen, dessen Aufsatz[100] mir aber nicht unmittelbar zugänglich ist.

Zunächst wollen wir ausführlicher auf die Ansichten Georgievs eingehen. Der Forscher ist der Meinung, daß der hohe, gelegentlich durchbrochene Hohlfuß des kalyxförmigen Bechers[101], der in Karanovo II auftritt, aber auch in Thessalien (Sesklo)[102] bekannt ist, den typologischen Ausgangspunkt darstelle für die Entwicklung des – im Querschnitt vierblattförmigen – Fußes der gleichzeitigen bemalten Becher. Dieser Fuß habe sich im Laufe der Zeit dann in vier quadratische Füße aufgelöst, die sich wiederum in vier getrennte niedrige Zylinderfüße weiterentwickelten und aus diesen wären schließlich die vier hohen Füße der vierfüßigen Schale hervorgegangen (!), der „marque déposée" der Paradimi-Keramik (vgl. Abb. 1)[103]. Mit der vierfüßigen Schale ist im Bereich der Keramik von

---

94) Das Ausrufezeichen ist vom Verfasser gesetzt.

95) Georgiev in: Studia Balkanica 5 (1971) 30. Georgiev verweist diesbezüglich auf Mellaart, Anatolian Stud. 11, 1961 Abb. 24–27 (= Hacilar VI).

96) Garašanin u. Nestor in: Actes (1969) 20.

97) Die Unterstreichung (hier gesperrt wiedergegeben) stammt vom Verfasser. – Vgl. Garašanin u. Nestor in: Actes (1969) 21 ff. über die „théorie autochtoniste" und „migrationiste", wo die Bedeutung des älteren Neolithikums in den Ebenen von Ikonien und Antiochia betont wird. Weiter vgl. Garašanin, ebd. 227: „dies widerspricht jedoch nicht der anatolischen Herkunft des ganzen Komplexes (Karanovo III – Veselinovo – Vinča). Die neuen Funde von Komotini weisen vielleicht auf eine Proto-Veselinovo-Stufe hin".

98) Die Ansicht von V. Milojčić teilen nach mündlicher Mitteilung auch M. und D. Garašanin.

99) Theocharis (1971) 17 f.

100) Vgl. weiter unten Anm. 186.

101) Georgiev in: Actes (1969) 215 Abb. 2.

102) Vgl. Theocharis u. a. (1973) Abb. 41: hoher Becher (teils auch mit konischem Fuß), dessen Wandung vier plastische Rippen trägt. Ein vergleichbarer Hohlfuß ohne Durchbrüche aus Doriskos befindet sich in der Sammlung des DAI, Athen.

103) Die vierfüßige Schale aus Karanovo, Mus. Sofia, Inv. Nr. 3097: vgl. Müller-Karpe, Handb. II (1968) Taf. 156,C9; Mikov, Bull. Soc. Bulg. Géogr. 5, 1937, 168 Abb. 10, mit Gruppen von Rippen und Kanneluren am Rand, ist mit einer Höhe von 15 cm und einem Durchmesser von 14,2 cm flacher als unsere Schalen (vgl. unsere Taf. 47,1–4; 48,1; ihre Füße sind steifer. Mikov, a.a.O. 163 Abb. 4 erwähnt eine „analoge Form" aus Azasi – Köyi (bei Gümulzina), ebenfalls mit gerippten und kanneliertem Rand. Im Museum von Sofia befindet sich ein weiteres ähnliches Gefäß (ohne Inv. Nr.), bei dem die Schalenform sehr entwickelt sein soll, dem jedoch leider die Füße fehlen. Zu den kleinsten, mir bekannten Stücken gehört die Schale im Museum Sofia, Inv. Nr. 3098 (Mikov, a.a.O. 168 Abb. 11b): Unter

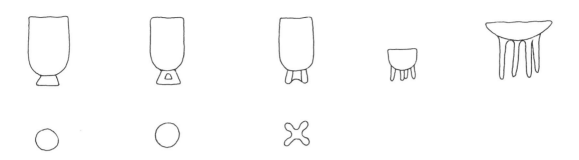

Abb. 1. Entwicklung der Vierfußgefäße nach G. I. Georgiev.

Paradimi auch die tiefe Schale mit hohem Hohlfuß anzutreffen, deren Ständer gelegentlich vier Öffnungen aufweist (unsere Taf. 11,a:1; 55,1–5; XXVIII,3–5; XXIX,1–2; Beilage 5,1). Diese Gefäßform fehlt in der Keramik von Karanovo III – Veselinovo, findet sich aber sehr wohl in Palästina [104]) und in Südgriechenland (Franchthi-Höhle) [105]). Es ließe sich durchaus annehmen, daß, im Gegensatz zu der von Georgiev vorgeschlagenen Entwicklungsrichtung, der im Querschnitt vierblattförmige, kannelierte Fuß der Keramik von Karanovo II eben eine später vollzogene Verschmelzung der vier einzelnen Zylinderfüße darstellt, die in Thessalien z. B. sehr früh auftreten (in der Sesklo-Kultur) [106]). Vor kurzem sind sie auch auf der Insel Agios Petros bei Alonnisos angetroffen worden [107]).

Das keramische Inventar aus den griechisch-thrakischen Fundorten umfaßt übrigens nicht nur zylindrische und quadratische Gefäßfüße, sondern auch keilförmige. Zahlreiche Beispiele dafür lieferten die Siedlungen Potamos und Makri [108]), während Kazanlak, meines Wissens, nur ein einziges Exemplar dieser Art erbracht hat.

Typologie und Entwicklungsgang der Henkel mit horn- oder knopfförmigem Aufsatz wurden bereits oben kurz berührt [109]). Die nähere Betrachtung der nachfolgend aufgeführten Beispiele ist besonders aufschlußreich für die Henkelformen, sie zeigt zugleich den provinziellen Charakter, der die Gefäße der Karanovo III-Kultur im Vergleich zu den doppelkonischen Paradimi-Formen prägte. Es handelt sich um folgende Stücke:

---

der senkrechten Randzone ist der Schalenkörper kanneliert und die Füße sind ergänzt (Rdm. 11,5 cm). Eine ähnliche Schale mit nach außen geknicktem Rand und doppelkonischem Körper befindet sich im Museum von Plovdiv. Ebendort steht noch eine teilweise ergänzte vierfüßige Schale mit kanneliertem Rand und einem Flickloch darunter. Ein weiteres Schalenfragment läßt keine Spuren von Füßen erkennen. Einige Fußreste sowie ein Schalenrandstück sind publiziert: Detev, Annuaire du Musée National Arch. Plovdiv 6, 1968, 44 Abb. 35. Weitere Schalenfüße vom Kurt-Tepe sind veröffentlicht: Kaludova, Arch. Sofia 8,1, 1966, 54 Abb. 6,b–d. Das Museum von Kazanlak besitzt zahlreiche vollständig oder teilweise erhaltene vierfüßige Schalen aus schwarzem Ton mit geglätteter Oberfläche und gelegentlich mit kanneliertem Rand.

Prof. G. I. Georgiev verdanke ich die Information, daß kein stratigraphischer bzw. chronologischer Unterschied zwischen den kannelierten und den unverzierten Randlippen besteht. Zu den vorhandenen Unterschieden zwischen unseren Schalenformen und den verwandten Gefäßen in bulgarischen Sammlungen vgl. unsere Ausführungen in diesem Kapitel, wo der „provinzielle" Charakter der bulgarischen Stücke betont wird.

104) Vgl. oben Anm. 15.
105) ebd.
106) Nach Angabe von Prof. V. Milojčić.
107) Theocharis, Arch. Deltion. 25, 1970, 271 f.
108) Bakalakis (1961) Taf. 1,d; Pantos, AAA. VII, 1974 Chronika 80 Abb. 6 (aus Makri).
109) Unser Kapitel I mit Anm. 14.

Museum Sofia Inv. Nr. 3406 aus Karanovo[110]): ein vierfüßiges Gefäß mit birnenförmigem, nicht knickwandigem Körper und Henkel mit Knopfaufsatz. Die Füße sind kurz und etwas krumm, der Ton gelblich. Der Gefäßkörper trägt außen vier senkrechte Reihen von je fünf Warzen.

Museum Sofia Inv. Nr. 3096[111]): ein Gefäß von ähnlicher Gestalt wie das soeben erwähnte.

Museum Sofia Inv. Nr. 3453[112]): ein Gefäß mit großem, z. T. ergänztem Henkel, beispielsweise für den Henkeltypus.

Im Museum von Plovdiv befinden sich zwei weitere vierfüßige Gefäße mit birnenförmigem Körper[113]), das eine aus grauem, das andere aus gelbem Ton; beide stammen aus Jassă-Tepe. Einem dritten Gefäß – Inv. Nr. I/44 – fehlen die Füße. V. Mikov veröffentlichte schließlich noch ein hydriaförmiges Gefäß mit vier Bandhenkeln, von denen zwei einen eigenartigen Aufsatz tragen[114]), der an der Paradimi-Keramik nirgends begegnet.

Tassen mit Knopfhenkel:
Museum Sofia Inv. Nr. 3760: aus Karanovo. Gefäß innen mit Spatel geglättet; Standfläche außen grob; Ton schwarz und fein geschlämmt.
Museum Sofia Inv. Nr. 3041: aus Veselinovo[115]).
Museum Sofia: aus Grzarovo[116]); mit etwas gekrümmter Standfläche.
Museum Plovdiv: Scherben von Kurt-Tepe, Bez. Plovdiv[117]).
Museum Plovdiv: Knopfhenkel aus Muldava bei Plovdiv[118]).

Knopfhenkel finden sich ebenfalls im Gebiet von Sliven[119]), aber auch weiter nördlich innerhalb jüngerer Ablagerungen[120]). Auf die Bemerkungen von Georgiev zur Form der Becher mit Horn- oder Knopfhenkel in Karanovo II[121]) wäre zu erwidern, daß deren Gestalt keineswegs die doppelkonische Struktur der Krüge von Paradimi vorahnen läßt. Das einzige etwa vergleichbare, nahezu knickwandige Gefäß aus Kazanlak ist ein Zufallsfund aus der Zeit vor der Grabung. Ein zweites, geschlossenes Gefäß im Museum von Kazanlak trägt am unteren Ende des oben abgebrochenen Henkels eine merkwürdige Warze. Georgiev möchte diese Warze damit erklären, daß das Gefäß die Nachahmung eines hölzernen Vorbildes darstelle. Uns erscheint sie viel eher als Imitation eines metallenen Nagelkopfes. Man ginge wohl nicht fehl in der Schlußfolgerung, daß die Henkel mit knopfförmigem Aufsatz metallische Formen nachahmen und somit kleinasiatischen Ursprungs sind[122]), wie dies auch für die doppelkonischen Gefäße angenommen wurde. Dementsprechend scheinen uns die angeblich frühen Henkel an zwei hohen Tassen der Karanovo II-Kultur[123]), die sich weder den Knopf- noch den Hornhenkeln eindeutig zuordnen lassen, kein überzeugendes Argument für die autochthone Entstehung der Form zu

---

110) Mikov, Bull. Inst. Arch. Bulg. 29, 1966, 185 Abb. 15,g; ders., Bull. Soc. Bulg. Géogr. 5, 1937, 168 Abb. 11,a; ders., Karanovo 1959, Abb. S. 93; Müller-Karpe, Handb. II (1968) Taf. 156,C6.
111) Mikov, Bull. Soc. Bulg. Géogr. 5, 1937, 168 Abb. 11,a; Titov (1969) 206 Abb. 80,5; Müller-Karpe, Handb. II (1968) Taf. 155,D7.
112) Mikov, Bull. Soc. Bulg. Géogr. 5, 1937, 166 Abb. 7,3.
113) Georgiev in: Actes (1969) 220 Abb. 9.
114) Mikov, Bull. Soc. Bulg. Géogr. 5, 1937 Abb. 9.
115) Müller-Karpe, Handb. II (1968) Taf. 155, F2–6).
116) ebd. Taf. 156,C2.3.6; Titov (1969) 206 Abb. 80,8.
117) Kaludova, Arch. Sofia 8,1, 1966, 54 Abb. 6,b.d.
118) Detev, Annuaire du Mus. Nat. Arch. Plovdiv 6, 1968, 44 Abb. 35.
119) Bacova-Kostova, Arch. Sofia. 13,1, 1971, 64 Abb. 5a,1–2.
120) Detev (1968) 82 Abb. 21 Taf. 29; Mikov, Bull. Soc. Bulg. Géogr. 5, 1937, 105 Abb. 64: aus Azap-Köyi/Jambeli, wo der ganze Fundkomplex sich in jüngere Zeit datieren läßt.
121) Georgiev in: Actes (1969) 217 ff. mit Abb. 8.
122) Schachermeyr (1955) 132; Hauptmann, in: Actes (1969) 227, wo er sich über die Henkel aus Büyük Güllücek äußert.
123) Georgiev in: Actes (1969) 217, Abb. 7–8.

sein, zumal der „normale Übergang von der Karanovo II- zu der Karanovo III-Kultur" stratigraphisch nicht überzeugend belegt ist.

Obwohl zur Zeit seines Besuches in Kazanlak ein breiter Streifen der Grabungsfläche noch erhalten war, konnte der Verf. die Stratigraphie nicht deutlich beobachten. Außerdem ist bis heute keine stratigraphische Profilzeichnung des Tells veröffentlicht. Auf dem Tell von Karanovo dagegen ermöglichte das Profil des großen Schnittes aufschlußreiche Beobachtungen. Zwar sind hier die Strata I und II durch eine sehr dünne Aschenschicht voneinander getrennt. Viele Forscher, darunter auch der Verf., halten dies jedoch keineswegs für einen überzeugenden Nachweis eines Bruches innerhalb der kulturellen Entwicklung. Vielmehr sehen sie eine qualitative und zeitliche Kontinuität zwischen den Schichten Karanovo I und II. Die Erörterung dieses Problems muß allerdings am Rande unserer Betrachtungen bleiben, da für uns das Verhältnis zwischen den Schichten Karanovo II und III von ungleich größerem Interesse ist.

Zwischen den Strata II und III zieht sich eine durchschnittlich 30 cm mächtige Zerstörungsschicht hin. Sie besteht ausschließlich aus verbrannten Lehmbewurf, verkohlten Balkenstücken und anderen Kohlenresten und entbehrt jeglicher Spuren bzw. Keramikreste, die eine typologische Kontinuität zwischen den beiden Schichten bezeugen könnten [124].

Somit erscheint uns Georgievs Theorie der typologischen Entwicklungsrichtung der Karanovo III-Gefäße oder gar ihrer Abstammung von Formen aus Stratum II sehr zweifelhaft, vor allem deshalb, weil die beiden Schichten stratigraphisch durch diesen dicken Zerstörungshorizont völlig voneinander getrennt werden. Die Trennung ist in diesem Falle um so auffallender, als zwischen Stratum I und II sowie zwischen III und IV jeweils nur eine dünne Aschenschicht liegt. Um zusammenzufassen: Die Existenz einer mächtigen Zerstörungsschicht zwischen Karanovo II und Karanovo III verbietet die Annahme einer stratigraphischen – wie auch einer typologischen – Kontinuität von II zu III [125].

Die Keramik der Karanovo III-Kultur steht also weder typologisch noch stratigraphisch in Beziehung zu jener von Karanovo II. Dagegen findet sie ihre unmittelbare Fortsetzung in den Gefäßformen von Karanovo IV, die wiederum in die Keramiktypen der darauffolgenden Phase übergehen.

Wie uns die Paradimi I-Kultur auf dem gewachsenen Boden bereits in entwickelter Form entgegentritt, so weist auch die über einem mächtigen Zerstörungshorizont aus Architekturresten liegende Karanovo III-Kultur einen fortgeschrittenen Charakter, allerdings mit einer gewissen provinziellen Prägung auf. Weder die zeitliche Dauer dieser Zerstörungsschicht noch ihr Zusammenhang mit den Trägern der Karanovo III-Kultur lassen sich ohne weiteres bestimmen. Aber genau so gut wie man behaupten kann, die Paradimi I-Kultur sei in einem schon entwickelten Zustand von anderswo – nach Georgiev aus dem Gebiet jenseits des Rhodopegebirges – nach Griechisch-Thrakien verpflanzt worden, genau so gut könnte man annehmen, die Karanovo III-Kultur habe sich von Süden nach Norden hin ausgebreitet und dort nach einem verständlicherweise provinziellen Stadium die Karanovo IV-Kultur und deren Folgeerscheinungen hervorgebracht.

Dies gälte dann auch für Kazanlak und andere Siedlungen in Bulgarien sowie für Predionica bei Priština in Jugoslawien, die eine der Karanovo III-Kultur entsprechende Kulturphase aufweisen. Der angeblich „provinzielle" Charakter ihrer Keramik [126] im Vergleich zu den doppelkonischen metallisch wirkenden Formen der Paradimi-Kultur würde diese Annahme bestätigen.

---

124) Mikov, Karanovo 1959, 93 f. Abb. S. 88/89.

125) Mikov, ebd. 94: „The layer we call Karanovo III is the shallowest of all; it is distinguished by the black colour of the earth and by its humidity; ... The material remains have nothing in common with those of Karanovo II".

126) Galović (1959). Die Keramik aus Predionica ist grob, die doppelkonischen Gefäßformen sind nicht so scharf und präzise wie die von Paradimi. Vgl. dazu ebd. Taf. 20,4; 21,4–5; 52,3–4; 57,5. Galović ebd. 17 Anm. 67–70 vergleicht die Keramik mit jener von Vinča IV, mit ähnlichen Formen aus Bulgarien, dem „Ägäischen Makedonien" und Griechenland.

Einen ägäischen Einfluß auf die Keramik der auf Karanovo III folgenden Kulturphasen hat übrigens auch Mikov beobachtet[127]): „sous l'influence de la civilisation égéenne les maîtres potiers fabriquaient des vases les plus divers". Auch Garašanin äußerte neulich die Meinung[128]), daß „die neuen Funde von Komotini vielleicht auf eine Proto-Veselinovo-Stufe hinweisen." Unlängst schrieb C. Renfrew[129]): „The nature of the middle neolithic in north Greece has been clarified by the Excavations at Sitagroi in east Macedonia. The first phase there has resemblance with the Veselinovo Culture of Bulgaria. Paradimi, further east in Thrace, has finds in its earlier levels which may be equated with the first and second phases at Sitagroi, including ‚black-topped' ware. Whether the similarities between the Sitagroi and Bulgarian finds at this time can be explained by Aegean ‚influence' on the Balkans or vice versa, or perhaps Anatolian influence on them both, remains to be established. The middle neolithic of west Anatolia is very little understood. The only well stratified settlement is at Emborio in Chios"[130]).

Den Beweis, inwieweit die einheitliche Gruppe der entwickelten Kultur von Paradimi und weiteren Stationen im ägäischen Thrakien und Ostmakedonien[131]) „sich in die ältesten Erscheinungen des balkanisch-anatolischen Komplexes einreiht"[132]), überlassen wir den Zuständigen, zumal die Erörterung dieses Problems außerhalb des Rahmens unserer Studie liegt. Eines ist u. E. sicher, daß nämlich die Keramik von Paradimi – im Gegensatz zu den fernen Beziehungen zum nördlichen Karanovo II/III – Veselinovo, die sich keinesfalls als genetische, südwärts gerichtete Beziehung erweisen lassen – mit der Keramik vieler unmittelbar benachbarter neolithischer Siedlungen im ägäischen Thrakien und in Ostmakedonien verwandt ist (vgl. Verbreitungskarte Beilage 16). Diese Verwandtschaft umfaßt jeweils alle oder aber nur einige Formen. Bei jeder Siedlung wird deshalb der Grad ihrer Verwandtschaft zu Paradimi angegeben (t = totale, p = partielle Verwandtschaft):

1) Krovyli (Ismaros), (t). Unlängst sind uns noch zwei andere Stellen, Aetokorphi (bei Mesti) und der Südabhang von Aghios Georgios bei Maroneia bekannt geworden, wo graphitbemalte, ritzverzierte und andere Keramik aufgesammelt wurde. Die Gefäßformen sind „carinated". Mit den Scherben zusammen wurden auch Steingeräte gefunden. (Heute Sammlung Maroneia);
2) Proskynites (westlich von Maroneia), (t)[132a]. Die Siedlungen von Krovyli und Proskynites sind vor kurzem entdeckt worden. Eine beispielgebende Auswahl ihrer Keramik findet sich auf unseren Tafeln 13; 25–26,a, abgebildet;
3) Laphrouda, am Ostufer des Vistonis-Sees (t)[133];
4) Yphantes bei Komotini (p)[134];
5) Sostis (p)[135];
6) Makri und Potamos (t)[136];
7) Diomedeia bei Xanthi (t)[136a];
8) Doriskos (t)[137];

---

127) Mikov, Bull. Inst. Arch. Bulg. 29, 1966, 209.
128) Georgiev in: Actes (1969) 227.
129) Renfrew (1972) 65.
130) Vgl. auch Renfrew, Sitagroi 1970, 295 ff.; ders., PPS. 35, 1969, 38 f.: „The Late Neolithic and Chalcolithic cultures of southeast Europe developed, essentially independently of Oriental or Aegean influence, on the sound economic basis (farming and tell settlement) of the First Neolithic".
131) Theocharis (1971) 7 § 29, 16 § 56, 17 ff. § 59 ff.
132) Garašanin u. Dehn, Jahrb. RGZM. 10, 1963, 3.
132a) Triantaphyllos, Deltion 26B Chronika, 1971, 429 ff.
133) Rhomiopoulou, Laphrouda 1965.
134) Unveröffentlicht, Museum Komotini.
135) French, PZ. 42, 1964, 31, unter Nr. 8.
136) Bakalakis (1961) Taf. 1,a.d; Pantos, AAA. Chronika VII, 1974, 76 ff. Abb. 2–6.
136a) Pantos, Thrakika Chronika 32, 1975/76 14 ff. Abb. 2–4.
137) Lesefunde in der Sammlung des DAI., Athen.

9) Klisi-Tepe bei Nestos (p)[138];
10) Polystylon (p)[139];
11) Mylopotamos (p)[140];
12) Photolivos-Sitagroi (p)[141].

Die graphitbemalte Keramik, die in Paradimi erst in der IV. Phase, und zwar nur spärlich auftritt, wurde oben bereits ausführlich erörtert. Wir möchten hier nochmals betonen, daß sich, trotz einiger Entsprechungen in Photolivos III[142]), die ihr am nächsten verwandte Keramik bisher nur in den Höhlen von Stryme und Maroneia fand.

Die erwähnten Siedlungen erstrecken sich in einem langen Streifen durch das ägäische Thrakien südwärts der Gebirge, die es von den innerbalkanischen Gebieten trennen. Garašanin und Dehn sprechen daher von ihm als von einem „räumlich verschiedenen" Gebiet[143]). Die geographische Lage der Siedlungen sowie die streng doppelkonischen, metallisch wirkenden Gefäßformen ihrer Kultur, die jenen von Paradimi entsprechen, weisen deutlich darauf hin, daß man die Bezeichnung „balkanisch-anatolische Komplexe" wohl besser durch den Begriff „ägäisch-thrakische Komplexe" ersetzen sollte. Wir sind der Meinung, daß sich bei der zukünftigen wünschenswerten Erforschung des türkischen Teiles von Thrakien sowie des gegenüberliegenden kleinasiatischen Gebietes wahrscheinlich herausstellen wird, daß es sich praktisch um einen einzigen „thrakisch-anatolischen Komplex" handelt.

Es wird allgemein angenommen, die neolithische Keramik habe sich von Mesopotamien aus zum Mittelmeer hin und die Donau entlang ausgebreitet[144]). Es erscheint durchaus möglich, daß sich mit der Zeit im thessalischen Raum ein weiterer Ursprung des helladischen Neolithikums nachweisen läßt[145]).

Die griechischen neolithischen Gefäße haben wohl ihre Parallelen innerhalb des balkanischen Raumes, „and while they have good parallels in the Balkans, geographical considerations lead one to suppose that the Balkan cultures were derivatives of, rather than ancestral to, cultures of, for example, the North Aegean sea-board. In these circumstances, links between neolithic Macedonia and sites further east are of special interest"[146]). Darin eben liegt die Bedeutung von Paradimi.

Furness bemerkt weiter, daß „the work of Milojčić on the interrelations of the Vinča and the Macedonian neolithic has shown that styles of pottery spread from North Aegean to the Middle Danube area rather than vice versa". Möge es stimmen, daß „It would then seem reasonable to look eastwards to West Anatolia for the origins of the Macedonian neolithic"[147]). Diese Annahme träfe noch viel eher auf das thrakisch-ägäische Neolithikum zu.

Es ist also durchaus überzeugend, daß, wenn auch nicht beide, so doch zumindest einer der beiden wichtigsten Faktoren für die Entstehung der Keramik, sich jenseits des Balkangebietes entwickelte bzw. aus dem Raume der im heutigen Bulgarien blühenden Kulturen des „frühneolithischen mediterranen Komplex" hervorging, wie schon I. Bognár-Kutzián in bezug auf die ungarische Körös-Kultur bemerkte[148]). Auf sie geht nicht nur „die Bestimmung der mediterranen Herkunft der Körös-

---

138) Felsch, Klisi Tepe (1973). Vgl. dazu auch Hellström u. Holmberg, Opusc. Athen. XII, 1978, 141 ff. und Karte Abb. 1.
139) Mylonas u. Bakalakis, Praktika 1938, 109 ff.; Grammenos, Deltion 30, 1975, 193 ff. Abb. 7.
140) French, PZ. 42, 1964, 31, unter Nr. 2.
141) French, ebd. 31, unter Nr. 6. Für den Verwandtschaftsgrad der Keramik von Photolivos I–II zu jener von Paradimi: Renfrew, Sbornik Beograd 6, 1970, 48 ff. Taf. I; ders. (1972) 65.

142) Renfrew (1972) 70; zur graphitbemalten Keramik von Sitagroi/Photolivos vgl. auch Renfrew, Sitagroi 1970, 298, 300 mit Abb. 7 (301) u. Taf. 37–38).
143) Garašanin u. Dehn, Jahrb. RGZM. 10, 1963, 4.
144) Furness, PPS. 22, 1956, 173.
145) Theocharis (1967) 3 und passim.
146) Furness, PPS. 22, 1956, 174.
147) ebd. 204.
148) Bognár-Kutzián, Arch. Austriaca 40, 1966, 250.

Kultur" zurück, sondern sie wagte darüber hinaus auch die Voraussage: „Heute wird auch bereits die Herkunft der Bandkeramik in dieser Richtung (der mediterranen) gesucht, ja man glaubt sogar, mit mehr oder weniger Berechtigung, das Herkunftsgebiet oder wenigstens den entscheidenden Entwicklungsfaktor fast aller neolithischen Kulturen des Karpathen-Beckens im mediterranen Raum suchen zu dürfen".

IV. KAPITEL

DER ERGÄNZUNGSSCHNITT. DIE FRÜHE BRONZEZEIT

Gleich zu Anfang dieser Studie wurde die Angabe gemacht, daß unser erster und wichtigster Schnitt an der höchsten Stelle der Tumba von Paradimi angelegt wurde. Diesen ersten Schnitt wollen wir zunächst näher betrachten.

Die in der Hauptgrabung angetroffene Ablagerungsschicht, die von der Ackeroberfläche bis zu einer Tiefe von 1,3 m, d. h. bis zu der ungestörten Aschenschicht 3 (Beilage 3, Schicht 3) reichte, ergab kein zufriedenstellendes Bild der direkt auf die neolithische Kultur folgenden Frühbronzezeit dieser Tumba. Die Anlage eines kleinen Ergänzungsschnittes (Länge 5,0 m; Breite 1,7 m) am nordwestlichen Ende des ersten Schnittes und quer zu dessen Längsachse (Beilage 2,E G) erwies sich als um so notwendiger, als hier ein beinahe vollständig erhaltenes, mit „Stichmuster" versehenes frühbronzezeitliches Gefäß ans Licht kam (Taf. 27). Es lag zusammen mit anderen groben Scherben in der lockeren Erdschicht in 2,4 m Tiefe unter dem obersten Profilpunkt und zwar an der Seite c des Schnittes in 1,5 m Entfernung von der Ecke c, wo eine tiefreichende Spalte die benachbarte Grenze der Grabung von Kyriakidis und Pelekidis anzeigte. Es ist anzunehmen, daß dieses Gefäß zu einem ehemals höher liegenden Stratum gehört, etwa zu Schicht 2 oder 3, und daß es mit der Zeit bei der Einebnung der Oberfläche an der Grenze des Schnittes von Kyriakidis und Pelekidis aus dem Profil in die Fläche abgerutscht ist.

Bei dem Gefäß (Taf. 27) handelt es sich um eine halbkugelige Schale mit flachem Boden, leicht einziehendem Rand und zwei geschweiften Röhrenhenkeln, von denen einer erhalten ist. Der Ton ist braun und nicht sehr gut gebrannt; seine Oberfläche ist flüchtig geglättet und von braun-schwarzer Farbe. Der in der Mitte zwischen den Henkeln steiler ansteigende Rand dürfte auf zwei diametral angesetzte Dreieckhöcker hindeuten (vgl. Taf. 64,6–7; XXXIX,6–7), ein allerdings sekundäres Merkmal dieser Form (vgl. Taf. 64,5; XXXIX,4)[149]. Um den Rand läuft eine doppelte Reihe weiß inkrustierter Einkerbungen. Der Gefäßkörper trägt außen in regelmäßigen Abständen vier senkrechte, aus drei Reihen gleichartiger Einkerbungen gebildete Streifen[150].

Auch bei dem kleinen Ergänzungsschnitt waren die Ablagerungen bis zu einer Tiefe von 1,3 m gestört und bestanden aus lößhaltiger Erde. Es fanden sich darin Scherben aus verschiedenen Phasen der neolithischen Paradimi-Kultur, vergesellschaftet mit wenigen „black-topped"-Fragmenten, einigen Scherben historischer Zeitstellung und wenigen Feuersteinklingen. Zwischen 1,3 m und 2,0 m Tiefe stieß man auf eine Brandschicht, die Asche, verbrannte Lehmstücke und grobtonige Scherben mit Röhrenhenkeln enthielt, wie sie von manchen anderen Fundstellen, aber auch von Pythion bekannt sind (Taf. 28,1.4; Beilage 15,Vb:3; vgl. Taf. 64,8a–b,XXXIX,8–9)[151].

---

149) Vgl. aus Thermi: Lamb (1936) Abb. 28,3, Class B; Taf. XVI,1. Ferner aus Mikhalitsch: Childe, Anatolian Stud. 6, 1956, 45 ff. u. Taf. I(b); aus Troja: Bittel (1934) Taf. 11,3; Blegen u. a. (1950) Taf. 244; 246; aus Kum Tepe: Sperling, Hesperia 45, 1976, 330 Taf. 74, 408–410; aus Emporio: Renfrew (1972) 72 Abb. 5,2. 5.VIII–14.II.

150) Zu Verzierung und Henkelform vgl. unsere Beilage 15, Vb:3–6: Triantaphyllos, Deltion 26B Chronika 1971, 433 Abb. 8,2–3. Zur Verzierung vgl. ferner das viereckige Gefäß auf unserer Taf. 34,1; VIII,1. Entgegen der Äußerung von Podzuweit (1979) 98 Anm. 911: vgl. seine Taf. 1,1 E Ib; 1,2 E II aus Troja.

151) Bakalakis (1961) 27 Taf. 1a; French, Anatolian Stud. 11, 1961, 128 Abb. 7,37.

In einer Tiefe von 1,85 m fanden sich ein Steinkratzer (Taf. 29,a:1; vgl. dazu Taf. 18,b:7), eine Feuersteinklinge (Taf. 29,a:2) und ein Bärenzahn (Taf. 29,a:3). Bei dem steinernen Idolköpfchen Tafel 29,a:4 handelt es sich um einen Lesefund. In ungefähr 2,0 m Tiefe wurden Scherben angetroffen, die in Machart und Verzierung dem Gefäß auf Tafel 27 vergleichbar sind (Beilage 15,Vb:4–5). Die Schicht zwischen 2,0 und 2,7 m Tiefe barg verschiedene ritzverzierte Scherben sowie das Halsbruchstück eines Tonidols (Taf. 29,b:1–4; IV,e:1). Gleich darunter erstreckte sich eine reine Sandschicht bis zu −3,5 m, die nur wenige Scherben, unter anderem ein großes Randstück einer Schüssel („black-topped"?) enthielt.

Baureste oder gar eine eindeutige Trennschicht wurden nirgends festgestellt. Es ist daher anzunehmen, daß die oben ausführlich erläuterten Ablagerungen die Reste eines gestörten bzw. abgerutschten frühbronzezeitlichen Stratums darstellen. Das könnte auch für die Schichten 3 und 4 des Hauptschnittes (Beilage 3, Schicht 3–4) zutreffen. Im Ergänzungsschnitt beginnt unter diesen Ablagerungen in einer Tiefe von 2,7 m die Phase IV der neolithischen Paradimi-Kultur (vgl. oben).

Von den auf Tafel 28 vorgestellten Scherben lassen sich die Henkel Tafel 28:1.4 grundsätzlich der Röhrenhenkelform zuordnen, die an einem fast vollständig erhaltenem Gefäß auf Tafel 27 und den mitgefundenen Scherben auf Beilage 15,Vb:3–6 belegt ist (vgl. dazu Taf. 64,8a–b; XXXIX,8–9)[152]. Der Bandhenkel Tafel 28,2 (Fundtiefe 1,85 m) dürfte von einem unverzierten Gefäß stammen (vgl. Taf. 64,5–6; XXXIX,4.6).

Die Fragmente Tafel 28,3–6 ähneln in Tonbehandlung und -qualität dem Gefäß auf Tafel 27, sind jedoch nicht mit „Stichmuster", sondern mit weiß inkrustierten Ritzlinien verziert[153].

Die Scherben Tafel 28,6 und Tafel 29,b:1–3 (Fundtiefe 2,7 m) gehören zu großen steilwandigen Schüsseln mit Ritz- oder Einstichverzierung. Die weiße Inkrustationsmasse ist nur an wenigen Stellen erhalten[154].

Das Schüsselrandstück Tafel 29,b:1 (Beilage 15,Vb:2) ist außen schwarzbraun und leicht poliert; die bräunliche Innenseite trägt unter dem Rand ein aus vier parallelen Ritzlinien bestehendes Winkelband, darunter ein geritztes X-Motiv, dessen obere und untere Winkel mit je sieben senkrechten eingeritzten Strichen schraffiert sind. Die abgeplattete Lippe ist mit dicht gereihten Einstichen versehen[155].

Das Randstück Tafel 29,b:2 stammt von einer Schüssel gleicher Form und ist aus hellerem Ton gearbeitet. Auf der Innenseite läuft um den Rand ein von zwei waagrechten Ritzlinien begrenztes Stichband. Von ihm gehen geritzte Zickzacklinien senkrecht nach unten, deren Innenfläche wiederum mit Einstichen gefüllt ist (vgl. Taf. 37,4–6a–b)[156]. Randstück Tafel 29,b:3 schließlich gehört zu einer kleinen Schüssel. Nach Ton- und Verzierungsart steht es der Scherbe Tafel 29,b:1 nahe.

Das tönerne Idolfragment Tafel 29,b:4; IV,e:1 fand sich in einer Tiefe von 2,7 m. Seine erhaltene Länge beträgt 5 cm.

---

152) Vgl. weitere Beispiele aus Python, Photolivos und Amphipolis (Mus. Kavala, Inv. Nr. 2129 A und 2132 A).
153) Vgl. Lamb (1936) Taf. 15,1–2.
154) Mikov, Bull. Soc. Bulg. Géogr. 5, 1937, 163 Abb. 4.
155) Vgl. Lamb (1936) Taf. 15,1–2; Georgiev u. Merpert, Bull. Inst. Arch. Bulg. 28, 1965, 149 Abb. 22–23.
156) Vgl. French, Anatolian Stud. 11, 1961, 128 Abb. 7,32; Childe, Anatolian Stud. 6, 1956 Taf. II; dazu unsere Taf. 3,b:10–11.

V. KAPITEL

KATALOG DER FUNDE

(Grabung von St. Kyriakidis und E. Pelekidis)

Die Beschreibung der Funde von Paradimi im nachstehenden Katalog stammt größtenteils von Frau Dr. Agni Xenaki-Sakellariou, die im Jahre 1963 das Fundmaterial der alten Ausgrabung als separate Gruppe inventarisierte. In diesem Sinne ist auch der jeweils vor die Inventarnummer gefügte Buchstabe Π für Π(αραδημή) = Paradimi zu verstehen. Die Inventarisierung erfolgte jedoch ohne Berücksichtigung der von D. French durchgeführten Einteilung der Keramik in fünf Gruppen, die auch wir im ersten Teil dieser Arbeit übernommen haben. Es war daher nicht möglich, bei der Beschreibung der Keramik im Katalog die Reihenfolge der Inventarnummern beizubehalten. Es hätte andererseits auch keinen Sinn, die Funde laufend mit neuen Nummern zu versehen, zumal schon Frau Sakellariou den ursprünglichen Inventarnummern eine zweite beigefügt hat, die Nummer des Kataloges der Neuerwerbungen des Museums Thessaloniki. Die Nennung der ersten Nummer erschien uns in unserem Katalog überflüssig, sie könnte auch leicht zu Mißverständnissen führen. Auch die im Inventarbuch vorhandenen stratigraphischen Angaben wurden leider in unserem Katalog nicht mit einbezogen. Als Beispiele für noch sichtbare Fundangaben auf Scherben vgl. Tafel 32,4; 60,9:a–b; 71,1.4.

Die im nachstehenden Katalog veröffentlichten Gefäße bzw. Gefäßbruchstücke sind wie die aus dem Testschnitt stammenden Fragmente handgefertigt.

Eine größere Zahl von ergänzten Gefäßen, die jahrelang in den Magazinen des Museums Thessaloniki lagerten, wurde später in das neuerrichtete Museum von Komotini überführt. Diese Gefäße tragen im Gegensatz zu den in Thessaloniki ausgestellten den Buchstaben K (= Komotini).

Hinzuzufügen ist noch, daß im Museum von Thessaloniki mehrere Kisten mit Scherben aus der Grabung von Kyriakidis und Pelekidis lagerten, die wohl einer sorgfältigen Durchsicht wert wären, zumal sich von vielen Bruchstücken mit Sicherheit Gefäßform und Verzierungsmotiv gewinnen ließen. Sei es also der Initiative und dem Fleiß nachfolgender Forscher überlassen, diesen Beitrag zu leisten! Auch diese Funde sind inzwischen nach Komotini gebracht worden.

Die an dieser Stelle veröffentlichten Gefäße bzw. Gefäßbruchstücke stellen nur eine geringe Auswahl aus dem vorhandenen reichen Material dar. Dies trifft besonders auf die graphitbemalte Keramik zu. Von dieser Gattung warten zahlreiche Scherben, darunter auch viele Schüsselfragmente (Taf. 30,b–31,2; IV,d; V,b; VI,a:1), auf ihre Restaurierung, die den Formen- und Motivschatz dieser Gruppe zweifellos bereichern wird.

Im Katalog sind die Funde in folgender Reihenfolge behandelt:

Gruppe I–II:	Bemalte Keramik
Gruppe I:	Die graphitbemalte Keramik
Gruppe II:	A. Keramik mit schwarzer Bemalung auf rotem Grund B. Keramik mit schokoladenfarbener Bemalung auf hellem Grund

Gruppe III:	Unbemalte Keramik
	A. Feine schwarzpolierte Ware
	   1. Doppelkonische Näpfe – 2. Verschiedene Gefäßformen – 3. Schalen – 4. Einhenkelige Tassen – 5. Miniaturgefäße
	B. Monochrome und partiell schwarzpolierte Ware in verschiedenen Farbnuancen.
	   1. Knickwandgefäße – 2. Krüge – 3. Vierfüßige Schalen – 4. Hochhalsige Knickwandtöpfe – 5. Schüsseln: a. Konische Knickwandschüssel mit einziehendem Hals bzw. Rand; mit senkrechtem Hals bzw. Rand; b. Flache, einhenkelige Trichterschüssel; c. Schüssel mit niedriger, senkrechter Wandung und Zylinderfuß; mit Zylinderfuß mit vierfacher Öffnung; mit hohem Zylinderfuß – 6. Einhenkelige Tassen

Gruppe IV:	Ritzverzierte Keramik 1. Doppelkonische Gefäße: a. Mit aufgesetztem Zylinderhals; b. Mit konkav geschweiftem Oberteil – 2. Birnenförmiges Gefäß mit enger Halsöffnung – 3. Verschiedene weitmundige Formen – 4. Gefäßdeckel – 5. Schöpfgefäße – 6. Andere Gefäßformen
Gruppe V:	Grobkeramik 1. Doppelkonische Terrinen – 2. Bauchige Töpfe mit gerundetem Knubben- oder warzenverziertem Wandumbruch – 3. Kesselförmige Gefäße mit gewölbter Wandung – 4. Schüsseln: a. Halbkugelige Schüssel: mit durchbohrten Griffen; mit hochgezogenen Bandhenkeln; mit Ausguß; b. Trichterschüssel von hoher und flacher tellerartiger Form – 5. Fußschüssel – 6. Vierfüßige Gefäße – 7. Teller – 8. Bauchige, enghalsige Gefäße – 9. Henkelkannen – 10. Askoskanne – 11. Einhenkeliges Trinkgefäß – 12. Schöpfgefäße – 13. Gefäßdeckel (?) – 14. Miniaturgefäße
Kleinfunde	Steingefäße Tonidole Stein-, Knochen- und Eberzahn- sowie Tongeräte

GRUPPE I–II: BEMALTE KERAMIK

Gruppe I: Die graphitbemalte Keramik

Π 97 (Taf. 30,a:1; V,a:1)
Tiefe steilwandige Schale mit leicht einziehendem Rand und flachem Boden; aus wenigen Bruchstücken zusammengesetzt und ergänzt. Oberfläche aschenbraun mit Graphitbemalung. Die Innenseite des Randes trägt ein Band aus sich wiederholenden Gruppen hängender Bögen. Die Innenfläche der Schale ist mit Bogenmustern und ungleichmäßig strichgefüllten Zwickeln verziert. Die Außenseite trägt eine ähnliche, leicht variierte Ornamentkomposition
H. 11,5 cm; Rdm. 33,5 cm [157])

Π 99 K (Taf. 31,1; V,b:1)
Tiefe, nahezu halbkugelige Schale mit abgerundetem (ergänztem!) Boden und leicht einziehendem Rand; aus mehreren Stücken zusammengesetzt und ergänzt. Die schwarze Oberfläche trägt beidseits graphitbemalte Bänder aus schrägen Linien
H. 9,0 cm; Rdm. 23,0 cm.

Π 818 (Taf. 30,b:1–4; IV,d:1–4)
Diese Inventarnummer umfaßt mehrere Bruchstücke schwarz- oder braunpolierter graphitbemalter Schalen, die zusammen in einer Vitrine des Museums von Thessaloniki ausgestellt sind. Die auf Taf. 30,b:1–3; IV,d:2–4, vorgelegten Randstücke sind innen mit Spirallinien, außen mit schrägen Linien, Dreiecken und Bögen verziert. Das Profil der Scherbe Taf. 30,b:1; IV,d:3 ist jenem der Schalen Π 97 und Π 99 K (Taf. V,b:1) vergleichbar, während die Bruchstücke Taf. 30,b:2–3; IV,d:2.4 einen Wandknick aufweisen [158]). Bei dem auf Taf. 30,b:4; IV,d:1 abgebildeten Stück handelt es sich um das Bodenfragment einer ähnlichen Schale. Es trägt auf der Innenseite drei ineinander liegende Dreiecke mit einer Kreisfüllung
Bdm. 7 cm

Ohne Inv. Nr. (Taf. 31,2; VI,a:1)
Randstück einer Schale mit plastischer Knubbe. Die dunkelbraune Oberfläche trägt außen Gruppen von schrägen Doppellinien. Auch innen zeigen sich Spuren von Bemalung, jedoch ist das Muster nicht erkennbar
Erh. L. 9 cm

Π 173 (Taf. 31,3; VI,a:3)
Henkelloses Gefäß mit flachem Boden und geschweift doppelkonischem Körper. Der untere steilwandige Teil mündet in eine einziehende Schulter, auf der ein konkav gewölbtes Oberteil folgt [159]). Am Schulterknick sitzt eine Knubbe. Die braunschwarz polierte Oberfläche ist mit drei verschieden breiten horizontalen Zonen aus S-Spiralen und Spiralkompositionen in Graphitmalerei verziert. Das Gefäß ist zu zwei Dritteln ergänzt
H. 15,2 cm; Schulter-Dm. 14,8 cm.

Π 818 (Taf. 31,4.6; VI,a:2.5 ohne Inv. Nr. Taf. 31,5; VI,a:4)
Drei Bruchstücke von geschlossenen Gefäßen von derselben Form wie Π 173. Die ersten beiden Scherben tragen eine Verzierung aus alternierenden linearen und wellenförmigen Bändern; an der Wandung von Taf. 31,5; VI,a:4 sitzt eine Knubbe. Scherbe Taf. 31,6; VI,a:5 ist mit Spiralen und Horizontallinien verziert.
Erh. L. von Taf. 31,4 ist 7 cm, von Taf. 31,5 ist 12 cm und von Taf. 31,6 ist 10 cm

Ohne Inv. Nr. (Taf. 26,b:4–5; IV,f:2–3
Zwei Scherben, Wandstücke mit Bandhenkel von einem Becher. Die Oberfläche ist schwarz poliert und graphitbemalt, bei Taf. 26,b:4 mit schrägen, bei Taf. 26,b:5 mit horizontalen und schrägen Linien [160])
Erh. L. 6 bzw. 7 cm

Gruppe II: A. Keramik mit schwarzer Bemalung auf rotem Grund

Π 815 (Taf. 32,1–2; VI,b:1.3)
Zwei Scherben von Gefäßschultern, die außen auf roter Oberfläche einfache schwarzgemalte Linien tragen
Erh. L. 5,5 bzw. 5 cm [161])

---

157) Vgl. unsere Taf. 7,a–8,b; II,a:2–10; vgl. auch French, Anatolian Stud. 11, 1961 Abb. 6,5–6.
158) Vgl. Renfrew, Proc. Preh. Soc. 36, 1970, 302 Abb. 7 (Sitagroi phase III).
159) Zur Form vgl. Evans u. Renfrew (1968) Taf. XVIII; hier Π 206: Taf. 43,3; XIX,3.
160) Zur Gattung vgl. unsere Ausführung im Kapitel III.
161) Vgl. dazu unsere Taf. 10,b:4; Beilage 4,3.

Π 816 (Taf. 32,3; VI,b:7)
Randstück eines offenen Gefäßes. Die rote Außenseite trägt eine schwarze Spirale, die schwarzbemalte Innenseite Graphitbemalung
Erh. L. 7 cm

Museum Komotini Inv. Nr. 1918 und 1921 (Taf. VI,b:4–6.8)
Unter dieser Inv.-Nr. werden vier Scherben aufbewahrt, die schwarzbraune Bemalung auf rotem Grund zeigen. Alle Stücke sind beidseitig bemalt, bei Taf. VI,b:4 ist die Oberfläche auf der Außenseite so stark abgerieben, daß die Bemalung kaum mehr zu erkennen ist. Alle 4 Scherben gehören offenen steilwandigen Gefäßen an. Taf. VI,b:5 zeigt einen Henkelansatz rundovalen Querschnitts. Die Bemalung ist teils linear, teils kurvolinear spiralig. Die Oberfläche ist fein poliert, der Ton rotorange, der Brand hart

Museum Komotini, ohne Inv. Nr. (Taf. VI,b:10)
Randstück einer großen Schale mit beidseitig dunkelrotbrauner Bemalung auf mittelbraunem Grund. Die Verzierung setzt sich aus Horizontalstreifen und getreppten „Augenmustern" zusammen. Die Scherbe ist fein poliert, im Ton graubraun und im Brand hart

Π 817 (Taf. 31,7; VI,a:6)
Schalenfragment ähnlich Π 97 mit gelber, nicht ganz polierter Oberfläche; innen Bandverzierung aus konzentrischen Bögen, außen Halbbögen zwischen vertikalen und horizontalen Linien. Auf der Außenwandung Ansatz einer Knubbe
Rdm. 35 cm

Ohne Inv. Nr. (Taf. 32,4, VI,b:9)
Schalenbruchstück wie Π 817; Oberfläche außen ziegelfarben, nicht geglättet, innen gelbrot poliert mit schwarzen Flecken. Bandverzierung aus konzentrischen Bögen in dunkler Bemalung
Rdm. 40 cm

Gruppe II: B. Keramik mit schokoladebrauner Bemalung auf hellem Grund

Π 814 (Taf. 32,5,VI,b:2)
Die grauschwarze Oberfläche trägt Spuren roter Bemalung. Der Randansatz ist durch eine Reihe weiß inkrustierter Stiche und eine umlaufende Ritzlinie betont

GRUPPE III: UNBEMALTE KERAMIK

Gruppe III: A. Feine schwarzpolierte Keramik

1. Doppelkonische Näpfe

Π 6 K (Taf. 33,1; VII,1)
Die Oberfläche ist glänzend schwarzgrau poliert. Der Wandknick sitzt etwa in der Mitte des Gefäßes, die Wandung des Oberteils ist leicht konkav geschweift
Ergänzt. H. 12 cm; Rdm. 14,5 cm–15,5 cm.

Π 8 K (Taf. 33,2; VII,4)
Die Oberfläche variiert von schwarzbraun bis schwarz und ist poliert. Dem Rand entlang läuft eine Reihe von Einstichen, während der Bauchknick mit einer umlaufenden Reihe kurzer, eingeritzter Striche verziert ist
Ergänzt. H. 9,8 cm; Rdm. 13 cm.

Π 10 K (Taf. 33,3; VII,2)
Die Oberfläche ist schwarz, unten in rötlich übergehend
Ergänzt. H. 9,2 cm; Rdm. 12,5 cm

Π 12 K (Taf. 33,4; VII,3)
Die Oberfläche ist braunpoliert, stellenweise schwarz gefleckt. Längs des Randes eine umlaufende Doppelreihe von Einstichen. Oberhalb des Wandknicks sitzen zwei diskusförmige, barbotineverzierte Aufsätze
Ergänzt. H. 13,5 cm; Rdm. 15,3 cm [162])

Π 15 K (Taf. 33,5; VII,5)
Die Oberfläche ist schwarzbraun poliert
Ergänzt. H. 8,5 cm; Rdm. 9,5 cm

Π 202 K (Taf. 33,6; VII,8)
Aus drei Rand- und Wandstücken ergänzter Napf.

---

162) Vgl. Renfrew, PPS. 36, 1970, 298 f. Abb. 6,2.

An einer Scherbe ist ein kleiner über dem Bauchknick sitzender Bandhenkel erhalten. Die Oberfläche ist grauschwarz poliert
Ergänzte H. 22,5 cm; Dm. am Bauchknick 33,5 cm

Π 140 K (Taf. 33,7; VII,9)
Kleiner Napf von etwas gedrungener Form mit leicht gewölbten Wandungen und entsprechend stark hervorgehobenem Bauchknick, auf dem eine flache Knubbe sitzt. Die etwas verdickte Lippe ist leicht nach außen gezogen. Die Oberfläche ist grau poliert
Ergänzt. H. 7,5 cm; Rdm. 7 cm

2. Verschiedene Gefäßformen

Π 154 (Taf. 33,8; VII,7)
Napf doppelkonischer Form mit weich gerundetem Bauchknick. Unter dem Rand sitzt eine flache Knubbe. Die Oberfläche ist rotbraun poliert
Ergänzt. H. 10 cm; Rdm. 9,8 cm

Π 164 K (Taf. 33,9; VII,6)
Ovales (?) knickwandiges Gefäß mit steilem konischen Unterteil. Oberteil und Mündung sind ergänzt. Die Oberfläche ist rot poliert mit schwarzen Flecken
Ergänzte H. 6,7 cm; Rdm. ca. 12 cm × 9,6 cm

Π 163 (Taf. 34,1; VIII,1)
Rechteckiges Gefäß mit vierkantigem, im Profil leicht abgerundetem Körper; Oberteil ergänzt. Die Oberfläche ist schwarz poliert und mit Doppelreihen von weiß inkrustierten, mit der Spitze nach unten gerichteten Einstichen verziert
Ergänzte H. 12,6 cm; ergänzte Länge der Mündungsseiten 14,5 cm bzw. 12 cm. Frühbronzezeit [163])

Π 161 K (Taf. 34,2; VIII,2)
Doppelkonisches Gefäß mit weiter Öffnung. Am Rand und Bauchknick sind Ansatzspuren eines senkrechten Bandhenkels erhalten. Das Gefäß wurde als zweihenkelige Form ergänzt. Die Oberfläche ist schwarz poliert mit braunroten Stellen
H. 9,5 cm; Rdm. 11,5 cm

Π 170 K (Taf. 34,3; VIII,6)
Halbkugelige, gedrungene Schüssel mit ausbiegender abgerundeter Lippe. Der Bauchknick wird durch zwei impressoverzierte Knubben betont. Die Oberfläche ist ziegelfarben, stellenweise schwarz gebrannt und poliert. Das Gefäß ist aus vier Wand- und Bodenstücken zusammengesetzt und ergänzt
H. 8,5 cm; Rdm. 15 cm

Π 175 K (Taf. 34,4; VIII,3)
Bauchiges Gefäß mit flachem Boden, gedrungenem Körper und niedrigem Zylinderhals. Auf der Schulter sitzt ein kleiner senkrechter Spitzhenkel. Die Oberfläche ist schwarz poliert. Das Gefäß ist auf der Basis zweier Bruchstücke ergänzt
H. 17 cm; Rdm. 18 cm

Π 186 K (Taf. 34,5; VIII,4)
Geschlossenes, doppelkonisches Gefäß mit abgesetztem Zylinderhals und leicht ausbiegender Lippe. Am Bauchknick sitzen in gleichmäßigen Abständen vier Knubben. Die Oberfläche ist schwarz poliert. Das Gefäß ist aus zahlreichen Bruchstücken zusammengesetzt und ergänzt. Der Boden ist nicht erhalten
Ergänzte H. 16,2 cm; Dm. am Bauchknick 19 cm

Π 201 K (Taf. 34,6; VIII,7)
Schüssel von gedrückt halbkugeliger Form mit leicht ausbiegendem Rand. Auf der Schulter sitzen zwei (einer ergänzt) vertikale, ringförmig ausgezogene Stabhenkel. Die Oberfläche ist rot mit schwarzen Brandflecken und poliert. Das Gefäß ist auf der Basis zweier Scherben ergänzt
Ergänzte H. 20 cm; Rdm. 30 cm

Π 220 (Taf. 34,7; VIII,5)
Konischer Napf mit steiler, gegen den Rand zu stärker ausladender Wandung. Der Rand ist uneben. Unmittelbar unter dem Rand sitzt eine Knubbe mit doppelter senkrechter Durchbohrung; diametral ist in Mitte der Gefäßhöhe eine vertikal durchlochte Öse angebracht. Die Oberfläche ist graubraun poliert mit schwarzen Flecken. Ein Großteil des Gefäßes ist ergänzt
H. 13 cm; Rdm. 25 cm

Π 195 (Taf. 35,1; IX,4)
Großes, geschlossenes, doppelkonisches Gefäß mit ergänztem Zylinderhals. Die Schulter trägt sechs große Hohlbuckel. Unterteil ergänzt. Die Oberfläche ist schwarz poliert
Ergänzte H. 38 cm; Dm. am Bauchknick 39 cm. Frühbronzezeit

---

163) Zur Form vgl. Mellaart, CAH.³ I,1 (1970) 323: „Square bowls or sub-rectangular", in „early chalcolithic pottery of Hacilar". Im Museum Sofia befindet sich ein ähnliches Gefäß mit Wellenlippe und weiß inkrustierter Einstichverzierung aus Tell Mečkur (Reg. Plovdiv), vgl. Mikov (1933) 79 Abb. 39.

3. Schalen

Π 95 K (Taf. 35,2; IX,1)
Flache Schale mit scharf geknickter Wandung, die über dem Umbruch stark einzieht. Die schmale obere Zone ist mit schrägen Rillen verziert. Die Oberfläche ist schwarzpoliert
Ergänzte H. 7,2 cm; Rdm. 26,5 cm

Π 208 K (Taf. 35,3; IX,3)
Tiefe halbkugelige Schüssel mit einziehender Randzone. Die Oberfläche ist schwarzbraun poliert. Ein Viertel des Gefäßes ist erhalten, der Rest ergänzt
H. 12,5 cm; Rdm. 19,5 cm. Frühbronzezeit?[164])

Π 222 K (Taf. 35,4; IX,2)
Steilwandige Schale mit einziehendem Rand und flachem Boden. Die Oberfläche ist schwarzgrau poliert
Ergänzte H. 7,8 cm; Rdm. 26 cm

Π 23 (Taf. 36,1; X,1)
Schale mit gerader, ausladender Wandung und flachem Boden. Die Oberfläche ist grauschwarz und leicht poliert
Ergänzt. H. 5 cm; Rdm. 13,3 cm

Π 31 (Taf. 36,2; X,2)
Schale mit geschweift ausladender Wandung. Die Oberfläche ist rötlich und trägt Politurspuren. Das Gefäß ist zum größten Teil ergänzt
H. 3 cm; Rdm. 10,5 cm

Π 127 (Taf. 36,3; X,3)
Schale mit gerader ausladender Wandung. Die Oberfläche ist innen schwarz poliert, außen dunkelgrau und vertikal geriefelt. Größere Teile des Gefäßes sind ergänzt
H. 4,4 cm; Rdm. 9,7 cm

Π 216 K (Taf. 36,4; X,4)
Tiefe Schale mit flachem Boden, gerader, ausladender Wandung und gerundeter Lippe. Die Oberfläche ist innen grau, außen graubraun. Das Gefäß ist zu vier Fünfteln ergänzt
H. 7 cm; Rdm. 19 cm

Π 217 (Taf. 36,5; X,5)
Tiefe Schale mit flachem Boden, steiler gerader Wandung und verdickter, nach außen gezogener breiter Lippe. Die Oberfläche ist innen grau, außen schwarz, stellenweise rötlich
Ergänzt. H. 9 cm; Rdm. 25 cm

Π 218 K (Taf. 36,6; X,6)
Ähnliche steilwandige Schale mit uneben abgeschnittenem Rand. Die Oberfläche ist innen grau und außen rot mit schwarzen Flecken
Ergänzt. H. 9 cm; Rdm. 25 cm

Π 219 (Taf. 36,7; X,7)
Tiefe Schale mit gerader, steiler Wandung. Oberfläche braun
Ergänzt. H. 9,5 cm; Rdm. 13 cm

4. Einhenkelige Tassen

Π 41 K (Taf. 36,8; X,8)
Tasse mit eiförmigem Körper und flachem überstehendem Henkel ovalen Querschnitts (teils ergänzt). Die Oberfläche ist grauschwarz. Das Gefäß ist aus zwei Fragmenten zusammengesetzt und ergänzt
H. 8,3 cm; H. mit Henkel 9,8 cm; Rdm. 10,5 cm

Π 44 (Taf. 36,9; X,9)
Tasse mit abgerundetem Boden, ausladender Wandung und einem an Rand und Boden ansetzenden überstehenden Stabhenkel von ovalem Querschnitt (ergänzt). Die Oberfläche ist schwarzgrau
H. 4,8 cm; Rdm. 7 cm

Π 45 K (Taf. 36,10; X,10)
Tasse mit leicht abgerundeter Standfläche und im untersten Teil ausladender, dann umknickender und senkrecht aufsteigender gerader Wandung. Oberständig ergänzter Stabhenkel, der am Boden endet. Die Oberfläche ist rötlichgrau
Ergänzt. H. mit Henkel 7,5 cm; Rdm. 6,5 cm

Π 46 K (Taf. 36,11; X,11)
Tasse mit eiförmigem Körper, kleiner gerader Standfläche und an Rand und Gefäßmitte ansetzendem, überstehendem senkrechten Stabhenkel (ergänzt). Die Oberfläche ist schwarzgrau
Ergänzt. H. 4,5 cm; H. mit Henkel 6,2 cm; Rdm. 6 cm

Π 47 K (Taf. 36,12; X,12)
Flachbodige Tasse mit ausladender, in der Gefäßmitte

---

164) Vgl. Renfrew, PPS. 36, 1970, 302 f. Abb. 8, unten (Sitagroi Vb = „earlier levels of the early bronze age at Troy") und Taf. 41, links unten (Sitagroi Va).

leicht geschweifter Wandung und unregelmäßig geformtem Rand, an dem die beiden Ansätze eines randständigen, steil hochgezogenen, querstehenden Stabhenkels sitzen (teilweise ergänzt). Die Oberfläche ist schwarz, stellenweise graugelb
H. 8,5 cm; Rdm. 6 cm

Π 48 K (Taf. 37,1; XI,1)
Tasse mit fast zylindrischem, gegen den flachen Boden hin einziehendem Körper. An Rand und Bauchmitte setzt ein hochgezogener senkrechter Stabhenkel an (z. T. ergänzt). Die Oberfläche ist grauschwarz
Ergänzt. H. mit Henkel 8,8 cm; Rdm. 7,5 cm

Π 49 (Taf. 37,2; XI,2)
Tasse mit halbkugeligem Körper und hochgezogenem, an Gefäßunterteil und Randzone ansetzendem Stabhenkel (teilweise ergänzt). Unter einer glatten Randzone trägt die grauschwarzpolierte Oberfläche vertikale Kanneluren. Der erhaltene untere Henkelansatz ist mit langovalen Eindrücken versehen
H. mit Henkel 7,2 cm; Rdm. 7 cm. Frühbronzezeit[165]

Π 50 K (Taf. 37,3)
Tasse mit eiförmigem, unten spitzrundem Körper und an Rand und Boden ansetzendem, leicht überstehendem Stabhenkel (ergänzt). Die Oberfläche ist grauschwarz
H. mit Henkel 5 cm; Rdm. 6 cm

Π 112 K (Taf. 37,4; XI,3)
Große, im Profil S-förmige Tasse mit bauchigem, unten abgerundetem Körper und leicht ausladendem Rand. An der größten Bauchweite und am Rand setzt ein leicht überstehender Bandhenkel an. Die Oberfläche ist schwarzpoliert. Um den Bauch läuft in Höhe des größten Durchmessers eine waagrechte Ritzlinie. Darüber formt eine doppelte Linie von weiß inkrustierten Einstichen stehende, bis unter den Rand reichende Dreiecke. Das Gefäß ist bis auf den Henkel und ein kleines Wandstück ergänzt
Ergänzte H. 11 cm. Frühbronzezeit[166]

Π 113 (Taf. 37,5; XI,5)
Tasse mit bauchigem, nach oben und unten allmählich einziehendem Körper, flachem Boden und an Bauch und Rand ansetzendem Henkel (ergänzt). Die schwarzpolierte Oberfläche trägt unter der glatten Randzone ein hängendes punktgefülltes, weiß inkrustiertes Dreieckband
H. 9 cm; Rdm. 9,8 cm. Frühbronzezeit[167]

Π 114 K (Taf. 37,7; XI,4)
Tasse von gleicher Form wie Π 112 K; zum größten Teil ergänzt. Die Oberfläche ist grau
Ergänzte H. 10,2 cm

Π 139 (Taf. 37,8; XI,6)
Tasse mit S-förmig profiliertem Körper, flachem Boden und einem Bandhenkel, der am Bauch ansetzt, hoch über die Mündung emporsteigt und mit scharfem Schwung zur äußeren Randseite geführt ist. Gegenüber dem unteren Henkelansatz sitzt am Bauch ein hornförmiger plastischer Aufsatz. Die Oberfläche ist meist schwarzgrau, stellenweise ziegelfarben. Das Gefäß ist zum Teil ergänzt
H. mit Henkel 9,2 cm; Rdm. 7,4 cm. Frühbronzezeit[168]

5. Miniaturgefäße

Π 40 (Taf. 37,9; XI,8)
Vierfüßiges Altärchen, von dem nur ein Bruchstück mit Schalenrand und einem Fußansatz erhalten ist. Die Oberfläche ist schwarz. Die flach eingetiefte Schale besitzt stellenweise eine breite Randzone und wird von vier dreieckig profilierten und leicht schräggestellten Füßen getragen
Ergänzte H. ca. 5,3 cm; ergänzte Seitenlänge der Schale 5 cm

Π 138 (Taf. 37,10; XI,7)
Wannenförmiges, dreieckiges Fußgefäß, das mit einer kurzen geraden und zwei längeren konvexen Seiten ergänzt ist. Das Gefäß besitzt drei leicht ausgestellte Füße (zwei ergänzt, der erhaltene dritte ist sekundär abgeschliffen). Die Oberfläche ist rotbraun. Erhalten ist ein Teil der Wandung mit Fußansatz
Erh. H. 3,8 cm; Schalenseiten 9,2 u. 12,2 cm

Π 141 (Taf. 37,11; XI,9)
Doppelkonisches Miniaturgefäß mit niedrigem ausladendem Unterteil und hohem, schwach einziehendem Oberteil. Der Rand ist uneben. Die Oberfläche ist schwarz, stellenweise gelbgrau. Vollständig erhalten
H. 3 cm; Rdm. 3,3 cm

---

165) Vgl. dazu unsere Taf. 2,a:5; 2,b; I,a:1; I,b:1–4.
166) Vgl. dazu Tasse Π 113 (Taf. 37,5; XI,5).
167) Das Gefäß ist abgebildet bei Zervos II (1963) Abb. 517. Vgl. dazu die Bruchstücke ohne Inv. Nr.: Taf. 37, 6a–b aus demselben Fund.
168) Die Tasse ist abgebildet bei Zervos Abb. 516,a. Vgl. Renfrew, Sitagroi 1970, 302 Taf. 41, oben (Sitagroi IV).

Gruppe III: B. Monochrome und partiell schwarzpolierte Ware in verschiedenen Farbnuancen

1. Knickwandgefäße

Π 51 K (Taf. 38,1; XII,1)
Großes Knickwandgefäß mit konischem Unterteil und zylindrischem Oberteil. Am Umbruch sitzen zwei kleine senkrechte Bandhenkel. Die leicht verdickte Lippe wird durch eine Reihe kurzer, dicht gesetzter, eingeritzter Stiche betont. Eine ebensolche Reihe schmückt den Bauchumbruch in Höhe der beiden Henkel. Die Oberfläche ist rotbraun. Das Gefäß ist aus zahlreichen Bruchstücken zusammengesetzt und ergänzt
H. 34 cm; Rdm. 13,5 cm; Dm. am Umbruch 31,5 cm [169])

Π 192 (Taf. 38,2; XIII,2)
Großes, geschlossenes Gefäß mit konischem Unterteil, geknickter Schulter und abgesetztem niedrigem Zylinderhals. Auf der Schulter sitzen zwei senkrechte Bandhenkel, die außen vertikal kanneliert sind und oben einen Knopfaufsatz tragen. Die Oberfläche ist rotbraun geglättet
Ergänzt. H. 52 cm; Dm am Umbruch 50 cm [170])

Π 193 (Taf. 38,4; XII,2)
Großes Gefäß mit konischem Unterteil, geknicktem Bauchumbruch und hohem Zylinderhals mit weiter Mündung. Auf der Schulter sitzen vier kleine senkrechte Henkel. Die Oberfläche ist braun mit schwarzen Flecken
Ergänzt. H. 58 cm; Rdm. 41–45 cm [171])

Π 237 (Taf. 39,1; XIII,1)
Großes Vorratsgefäß, das größte dieser Gruppe überhaupt. Der etwas unterhalb der mittleren Gefäßhöhe umlaufende Bauchknick teilt das Gefäß in ein konisches Unterteil und ein hohes, zylindrisches, weitmundiges Oberteil. An Knick und Schulter setzen vier kleine senkrechte Henkel an. Um die Lippe läuft eine plastische mit zwei Reihen aus weiß inkrustierten Einstichen verzierte Leiste. Eine zweite Leiste mit Fingertupfenverzierung verläuft oberhalb des Umbruchs durch die Henkelösen. Die Oberfläche ist rotbraun, stellenweise grau

Ergänzt. H. 67 cm; Rdm. 54 cm; Dm. am Bauchknick 66 cm [172])

Π 238 K (Taf. 39,2; XIV,1)
Großes Gefäß mit konischem Unterteil, doppelt geknickter Schulter und abgesetztem Zylinderhals. Auf der Schulter sitzen zwei senkrechte Henkel (einer ergänzt). Die Oberfläche ist rotbraun
Ergänzt. H. 63,5 cm; Rdm. 43 cm

Π 242 K (Taf. 39,3; XIV,2)
Großes Gefäß mit konischem Unterteil, geknickter Schulter und konkav geschweiftem Hals. Auf der Schulter sitzen zwei senkrechte Henkel (einer erhalten). Die Oberfläche ist rotbraun, schwarz gefleckt
Ergänzt. H. 49,5 cm; Rdm. 33–35 cm

Π 247 K (Taf. 40,1; XV,1)
Gefäß mit konischem Unterteil, geknickter einziehender Schulter und hohem, zum Rand hin leicht ausladendem Hals. An der Schulter sitzen zwei senkrechte Henkel. Die Oberfläche ist rotbraun, schwarz gefleckt
Ergänzt. H. 51 cm; Buchdm. 49 cm

Π 248 (Taf. 40,2; XVII,1)
Knickwandgefäß mit konischem geschweiftem Unterteil, geknickter Schulter und weitmundigem Zylinderhals. An der Schulter sitzen zwei senkrechte Henkel, darüber verläuft eine flache unregelmäßige Rille. Die Oberfläche ist rot poliert
Ergänzt. H. 45 cm; Rdm. 42 cm

Π 243 (Taf. 40,3; XV,2)
Großes Gefäß mit konischem Unterteil, doppelt geknickter Schulter und weitmundigem Zylinderhals. Auf der Schulter sitzen zwei senkrechte Henkel. Die Oberfläche ist schwarz, stellenweise rotbraun. Unter dem Rand befinden sich zwei Flicklöcher
Ergänzt. H. 49 cm; Rdm. 45,5–46,5 cm

Π 246 (Taf. 40,4; XVI,1)
Gefäß mit konischem Unterteil und geknickter Schulter, die einziehend in einen hohen Zylinderhals übergeht. An Umbruch und Schulter setzen zwei senkrechte Henkel mit abgeflachtem Knopfaufsatz an. Zwischen den Henkeln befinden sich am Bauchknick zwei diskusförmige flache Knubben. Die Farbe der Oberfläche variiert von braun zu schwarz
H. 55 cm; Bauchdm. 47 cm

---

169) Vgl. Renfrew, Sitagroi 1970, 299 Abb. 6, links unten.
170) Zu den Henkeln vgl. Π 821, drei Bruchstücke mit doppeltem Knopfaufsatz Taf. 38,3a–c; XII,3–5. Die Oberfläche aller drei Scherben ist schwarz.
171) Vgl. dazu ein Gefäß aus Laphrouda im Museum Kavala: Hauptmann, AA. 1971, 380 Abb. 68; vgl. Renfrew, Sitagroi 1970, 299 Abb. 6, links unten.
172) Vgl. Π 193; Taf. 38,4; XII,2.

Π 245 (Taf. 40,5; XVI,2)
Doppelkonisches Gefäß mit hohem Oberteil. In Höhe des Bauchknicks sitzen zwei kleine senkrechte Henkel mit flachem Knopfaufsatz. Die gut geglättete Oberfläche ist rotbraun
H. 46 cm; Rdm. 25 cm

Π 249 (Taf. 40,6; XVI,3)
Gefäß derselben Form wie Π 247 K. Der Hals ist fast zylindrisch mit weiter Mündung. An der doppelt geknickten Schulter sitzen zwei senkrechte Henkel mit Knopfaufsatz. Unter dem Rand befinden sich zwei Flicklöcher. Die Oberfläche ist rot, stellenweise schwarz gebrannt
Ergänzt. H. 55 cm; Rdm. 40 cm [173]

Π 205 (Taf. 41,1; XVII,3)
Knickwandgefäß mit konischem, in Höhe und Neigung der Wandung schiefem Unterteil und über dem Bauchknick leicht einziehendem, in einen fast zylindrischen Hals mündenden Oberteil. Unmittelbar über dem Umbruch sitzen zwei senkrechte Henkel. Die polierte Oberfläche ist rotbraun
Ergänzt. H. 27,5 cm; Rdm. 22,5 cm

Π 200 K (Taf. 41,2)
Doppelkonisches Gefäß mit leicht einziehendem weitmundigem Oberteil. Über dem Bauchknick sitzen zwei senkrechte Henkel, dazwischen zwei kurze abgeflachte Knubben. Oberfläche graubraun
Ergänzt. H. 25 cm; Bauchdm. 34 cm

Π 234 (Taf. 41,3; XVIII,1)
Doppelkonisches Gefäß. Der abgesetzte Zylinderhals ist an seiner Basis mit einer umlaufenden Fingertupfenleiste verziert. Die Wandung des Unterteils ist konkav geschweift. An Umbruch und Schulter setzen zwei senkrechte Henkel an. Die Oberfläche ist rot, stellenweise grau
Ergänzt. H. 42,5 cm; Rdm. 23 cm

Π 241 K (Taf. 41,4; XVII,2)
Gefäß von strenger doppelkonischer Form mit (ergänztem) Zylinderhals und zwei senkrechten Henkeln mit abgeplatteten Knopfaufsätzen. Unter dem Halsansatz ist auf der Schulter wie auch auf dem Bauchknick je eine kleine flache Knubbe erhalten. Die Oberfläche ist rot
Ergänzt. H. 35 cm; Bauchdm. 33 cm

Π 194 K (Taf. 41,5; XVIII,3)
Hohes geschlossenes Gefäß ohne Henkel. Auf ein steiles, konisches Unterteil folgt eine einziehende, stark gewölbte Schulter, darauf ein enger, abgesetzter Zylinderhals. Um den Halsansatz läuft eine plastische, mit schrägen Kerben verzierte Leiste. Die Oberfläche ist braun, bis auf einige schwarz verbrannte Stücke
Ergänzt. H. 37,5 cm; Bauchdm. 35 cm

Π 236 K (Taf. 41,6; XVIII,2)
Doppelkonisches Gefäß, das in Aufbau und Halsverzierung dem Gefäß Π 234 (Taf. 41,3; XVIII,1) gleicht, jedoch henkellos ist. Der fehlende Hals wurde entsprechend ergänzt. Die Schulter ist mit schuppenförmig angeordneten konzentrischen Bögen von Fingerverstrich verziert. Die Oberfläche ist rotbraun, mehrere Scherben sind sekundär schwarz verbrannt
Ergänzt. H. 40,5 cm; Bauchdm. 43 cm [174]

Π 736 (Taf. 42,1–3; XVIII,4.6–7)
Drei Wandstücke von großen Gefäßen mit figürlicher plastischer Verzierung. Zwei Scherben von rötlicher Oberfläche Taf. 42,1–2 (Taf. XVIII,6–7) tragen eine zum Teil erhaltene anthropomorphe Darstellung mit erhobenen Armen. Auf der zweiten ist der Kopf betont und besser zu erkennen. Beiden Darstellungen fehlt der untere Teil [175]. Die dritte Scherbe ist grau (Taf. 42,3; XVIII,4). Sie trägt zwei senkrechte, paral-

---

173) Das Gefäß findet sich abgebildet bei Zervos II (1963) Abb. 511 und bei Titov (1969) Abb. 80,7.
174) Das Gefäß ist abgebildet bei Zervos ebd. Abb. 520.
175) Vgl. den plastischen anthropomorphen Aufsatz an der Schulterzone des Gefäßes Π 189 K (Taf. 63,7; XXXVIII,6). Für plastische und gemalte Menschendarstellungen auf Gefäßwandungen im Orient und Donaugebiet vgl. Schachermeyr (1955) 90 Abb. 16; Müller-Karpe, Handb. II (1968) Taf. 172,1; 183, B 1; 185, A 1; 200, E 1–2. – Die Darstellung einer plastischen Figur mit komplizierterem unteren Teil habe ich an einem Gefäß aus Kazanlak (Schicht Karanovo I–II) gesehen. Eine einfachere, in Relief ausgeführte figürliche Darstellung trägt ein Gefäß, das im Museum von Malkata-Bercia ausgestellt ist. – Zu gemalten Menschendarstellungen auf der neolithischen Keramik Thessaliens vgl. Grundmann, JdI. 68, 1953, 29 Abb. 33; Hauptmann, Arapi-Magula (1969) 35 Beilage 2,68; Theocharis u. a. (1973) 297 Taf. XVIII, 1–3. – Zu eingeritzten Menschendarstellungen aus Dikili-Taş vgl. Deshayes, BCH. 94, 1970, 803 Abb. 12: „un personnage aux bras levés" und „un motif en M encadré de spirales qui est censé représenter un visage humain".

lele Leisten, die in zwei gegenläufigen Spiralhaken enden[176])
Taf. 42,1: erh. L. 6 cm; Taf. 42,2: erh. L. 9 cm[177]); Taf. 42,3: erh. L. 15 cm

Π 737 (Taf. 42,4; XVIII,5)
Bruchstück eines Idoles (?), das durch eine Mittelfurche in zwei ringförmig endende symmetrische Hälften gegliedert ist. Wahrscheinlich handelt es sich hierbei um die stark schematisierte Umbildung des Doppelspiralhakenmotives (vgl. Taf. 42,3; XVIII,4). Die Oberfläche ist rötlich
Erh. H. 4 cm

Π 171 K (Taf. 43,1; XIX,1)
Henkelloses Knickwand-Gefäß mit konischem Unterteil, stark einziehender Schulter und abgesetztem, ergänztem Hals. Die Schulter trägt Rillenverzierung, das Unterteil sechs senkrechte, in Abkratztechnik ausgeführte Streifen. (Grundlage einer flächigen Inkrustation?). Die Oberfläche ist graubraun
Ergänzt. H. 14 cm; Rdm. 8 cm

Π 235 K (Taf. 43,2; XIX,2)
Hals eines weitmundigen Gefäßes mit steiler, zum Rand hin leicht ausladender Wandung. Aus mehreren Scherben zusammengesetzt. Die Oberfläche ist außen grauschwarz, innen braun
Erh. H. 13,5 cm; Rdm. 33,5 cm.

Π 206 (Taf. 43,3; XIX,3)
Henkelloses Knickwand-Gefäß mit konischem Unterteil und hohem, über dem Bauchknick geschweift einziehendem, sonst beinahe zylindrischem Oberteil. Unter dem Rand sitzen zwei Lochpaare. Die geglättete Oberfläche ist rotbraun, stellenweise grau. Das Gefäß ist in mehreren Teilen fast vollständig erhalten
H. 25,3 cm; Bauchdm. 19,5 cm[178])

2. Krüge

Π 52 K (44,1; XX,1)
Doppelkonischer Krug mit engem Zylinderhals und einem senkrechten, an Halsknick und Randzone ansetzendem Henkel. Die Oberfläche ist rot, schwarzgrau gefleckt
Ergänzt. H. 34 cm; Rdm. 13,5 cm.

Π 53 K (Taf. 44,2; XX,3)
Krug wie Π 52 K (Taf. 44,1; XX,1). Das Gefäß ist zum großen Teil ergänzt. Der Hals trägt einpolierte Kannelur. Die Lippe biegt leicht aus. Die Oberfläche ist schwarz, unter dem Rand graugelblich
Ergänzt. H. 34 cm; Rdm. 14,5 cm

Π 54 K (Taf. 44,3; XIX,5)
Doppelkonischer Krug mit ergänztem Hals und Unterteil. Die Oberfläche ist schwarz. Auf der Schulter einpolierte Kannelur
H. 30,5 cm; Rdm. 14 cm

Π 55 K (Taf. 44,4; XIX,4)
Doppelkonischer Krug mit Zylinderhals und senkrechtem, an Hals und Schulter ansetzendem Henkel. Schulter- und Halszone tragen senkrechte sowie leicht schräge Politurstreifen. Die Oberfläche ist braunrot, stellenweise grau
Ergänzt. H. 27 cm; Rdm. 11 cm

Π 56 K (Taf. 44,5)
Doppelkonischer Krug derselben Form wie die oben genannten Krüge. Hals und Henkel sind ergänzt. Die Oberfläche ist oben schwarz, unter dem Bauchknick rot („black-topped") und trägt streifige Politurspuren
H. 27,5 cm; Rdm. 11,1 cm

Π 57 K (Taf. 44,6; XIX,6)
Doppelkonischer Krug ähnlicher Gestalt mit leicht gewölbter Schulter. Hals, Henkel und Standfläche sind ergänzt. Die Oberfläche ist graugelb, am Unterteil etwas dunkler
H. 25,4 cm; Rdm. 13,5 cm

Π 58 (Taf. 45,1; XX,4)
Krug mit scharf profiliertem doppelkonischem Körper und abgesetztem Zylinderhals. Die Wandung des Unterteils ist leicht konkav geschweift. Die Oberfläche im oberen Teil rotpoliert, unter dem Bauchknick etwas gelblich
Ergänzt. H. 22,1 cm; Rdm. 8,5 cm

Π 59 (Taf. 45,2; XX,5)
Doppelkonischer Krug. Die Oberfläche ist über dem Bauchknick schwarz, darunter rot („black-topped") und trägt Politurspuren
Ergänzt. H. 20 cm; Rdm. 9 cm; Bauchdm. 18,5 cm

---

176) Vgl. Lloyd u. Mellaart, Beycesultan I (1962) Taf. 26,1.3; Mikov, Bull. Inst. Arch. Bulg. 29, 1966, 192 Abb. 17,d: hier formen die über die gesamte Höhe des bauchigen Gefäßes gespannten Leisten an beiden Enden zwei gegenläufige Spiralhaken.

177) Abgebildet bei Theocharis u. a. (1973) Abb. 204.

178) Das Gefäß ist abgebildet bei Zervos II (1963) Abb. 512. – Zur Form vgl. Evans u. Renfrew (1968) Taf. 18b. Vgl. auch unsere Taf. 31,3; VI,a:3 (Π 173).

Π 60 (Taf. 45,3; XX,7)
Doppelkonischer Krug mit konkav geschweiftem Unterteil. Hals und Henkel sind ergänzt. Die Oberfläche ist oberhalb des Bauchknicks schwarz, darunter rot („black-topped") und trägt Politurspuren
H. 18 cm; Rdm. 7,7 cm

Π 61 K (Taf. 45,4; XX,6)
Doppelkonischer Krug wie Π 60, allerdings mit senkrechtem an der Schulter sitzendem (ergänztem) Henkel. Der Hals ist ergänzt. Die Oberfläche ist gelbbraun, schwarz gefleckt
H. 17,5 cm; Rdm. 8 cm

Π 63 K (Taf. 45,5; XX,2)
Doppelkonischer Krug mit hohem Schulterteil. Die Oberfläche ist rotbraun stellenweise schwarz
Ergänzt. H. 32 cm; Rdm. 12,3 cm

Π 65 K (Taf. 45,6)
Gedrungen doppelkonischer Krug mit senkrechtem, am Bauchknick und am Hals ansetzendem Henkel. Hals und Henkel sind ergänzt. Die Oberfläche ist graugelb, stellenweise rot und schwarz
H. 9,8 cm; Rdm. 6 cm

Π 66 K (Taf. 46,1; XXI,2)
Doppelkonischer Krug mit abgesetztem Zylinderhals. Auf der Schulter sitzt ein senkrechter Henkel mit Knopfaufsatz (ergänzt). Die Oberfläche ist schwarz
Ergänzt. H. 30 cm; Rdm. 11,5 cm [179]

Π 67 (Taf. 46,2; XXII,1)
Doppelkonischer Krug, ähnlich dem vorigen. Die Oberfläche ist schwarz, am Rande grau bis graugelb
Ergänzt. H. 29 cm; Rdm. 11,8 cm [180]

Π 69 K (Taf. 46,4; XXI,1)
Doppelkonischer Krug ähnlicher Form mit abgerundeter Hals-Schulterpartie. Die Oberfläche ist schwarz bis grau
Ergänzt. H. 23,2 cm; Rdm. 10 cm

Π 70 K (Taf. 46,6; XXI,5)
Doppelkonischer Krug ähnlicher Form. Der Henkel trägt einen Hornaufsatz. Die polierte Oberfläche ist schwarz bis grau. Hals und Boden sind ergänzt
H. 23,2 cm; Rdm. 10 cm

Π 68 (Taf. 46,3; XXI,3)
Doppelkonischer Krug ähnlicher Form, jedoch mit absatzlos aus der geschweiften Schulter aufsteigendem Zylinderhals. Am Bauchknick und am Übergang von der Schulter zum Hals setzt ein Henkel mit Knopfaufsatz an. Die Oberfläche ist über dem Umbruch schwarz, darunter graugelb („black-topped")
Ergänzt. H. 17 cm; Rdm. 9 cm [181]

Π 71 (Taf. 46,5; XXI,4)
Doppelkonischer Krug der geläufigen Form mit deutlich von der Schulter abgesetztem engem Hals. Der Henkel trägt einen Knopfaufsatz. Die Oberfläche ist gelbbraun geglättet
Ergänzt. H. 27,5 cm; Rdm. 12 cm [182]

3. Vierfüßige Schalen

Π 36 (Taf. 47,1; 48,1; XXIII,1)
Flache Schale, mit vier hohen, zylindrischen, nach unten sich verjüngenden Füßen. Die Oberfläche der Schale ist schwarz, die der Füße rot („black-topped")
Ergänzt. H. 23,5 cm; Rdm. 26 cm [183]

Π 35 (Taf. 47,2; XXII,3)
Ähnliche Schale wie Π 36, jedoch ist nur ein Teil des Randes mit zwei Fußansätzen erhalten. Die Oberfläche ist innen graubraun, außen schwarz und grob geglättet
Ergänzt. H. 16,5 cm; Rdm. 25,5 cm

Π 187 (Taf. 47,3; XXIII,2)
Vergleichbare Schale mit vier erhaltenen Fußansätzen. Der zweistufige Prozeß der Hestellung läßt sich hier gut verfolgen. Die Oberfläche der Schale ist schwarzbraun, die der Füße rot. Die Schalenmündung ist ergänzt, die Füße sind sekundär abgeschliffen
Erh. H. 8,5 cm; Rdm. 33 cm [184]

---

179) Der Knopfaufsatz auf dem Henkel ist nach Π 67 (Taf. 46,2; XXII,1) ergänzt.
180) Der obere Abschluß der erhaltenen Knopfaufsätze ist: pilzförmig Π 67; zylinderförmig Π 68 und Π 71; spitzförmig Π 70 K. Für weitere Unterschiede vgl. auch Taf. 10,b:5; 13,b–d; 16,a:4–6; 17,a:5; 19,b:2–4; außerdem Renfrew, Sitagroi 1970, 299 Abb. 6.
181) Das Gefäß ist abgebildet bei Zervos II (1963) Abb. 521.
182) Der Krug ist abgebildet bei Theocharis u. a. (1973) Abb. 66.
183) Vgl. unsere Taf. 11,a:7; 11,b:3–5; II,b:1–4 und Taf. 12,b; II,b:13–14. Zur Form vgl. Renfrew, PPS. 35, 1969,20 Abb. 4,1; ders., Sitagroi 1970, 299 Abb. 6, oben (Sitagroi I); ders., Sbornik Beograd 6, 1970, 47 Taf. I,1.
184) Vgl. unsere Taf. 17,a:1; 20,b:3; 25,b:2.4.

Π 188 K (Taf. 47,4; XXIII,4)
Flache Schale mit drei Zylinderfüßen, von denen zwei im Ansatz und der dritte im oberen Teil erhalten sind. Die Oberfläche ist grauschwarz, am Fuße ziegelfarben. Kalotte ergänzt
Rdm. 29 cm

Π 38 (Taf. 47,5; XXIII,3)
Tiefe, zweihenkelige Schale mit abgesetztem Rand und vier hohen Füßen. Das Gefäß ist auf Grund eines erhaltenen gehenkelten Randbruchstückes mit Fußansatz ergänzt worden. Die Oberfläche ist schwarz
Ergänzte H. 15 cm; Rdm. 14 cm

Π 37 K (Taf. 47,6; XXII,2)
Bruchstück einer Schale wie Π 38, überwiegend ergänzt. Die Oberfläche ist rotbraun
Ergänzte H. 14 cm; Rdm. 16,5 cm

4. Hochhalsige Knickwandnäpfe

Π 115 K (Taf. 49,1)
Tiefer Napf mit geknickter Schulter und konkav geschweiftem Hals. Am Bauchknick sitzen zwei senkrechte Knopfaufsätze. Die Oberfläche ist braun, stellenweise schwarzgrau
Ergänzt. H. 19,5 cm; Rdm. 17,5 cm

Π 116 K (Taf. 49,2; XXIV,7)
Napf mit konkav geschweiftem Hals und geknickter Schulter, die durch einen zweiten, leicht abgerundeten Knick betont wird. Am Knick haben sich Spuren eines Aufsatzes erhalten. Die grobpolierte Oberfläche variiert im Farbton von graugelb bis graurot
Ergänzt. H. 12,2 cm; Rdm. 17 cm

Π 819 (Vgl. Beilage 9,1)
Das Stück ist in der Scherbenvitrine von Thessaloniki des Museums ausgestellt. Bruchstück eines Gefäßes wie Π 116 K. Die Oberfläche ist „black-topped"
H. 7 cm

Π 117 (Taf. 49,3; XXIV,4)
Napf mit doppelt geknickter Schulterzone und hohem steilem Hals. An der Schulter sitzt ein kleiner, senkrechter Aufsatz. Die Oberfläche ist gelbrot
Ergänzt. H. 9,5 cm; Rdm. 12 cm

Π 118 (Taf. 49,4; 50,1; XXIV,2)
Napf mit einfach geknickter Schulter und hohem, steilem Hals. Am Bauchknick sitzen, diametral angeordnet, zwei senkrechte, spitz zulaufende Aufsätze mit angedeuteter horizontaler Durchbohrung. Die Oberfläche des Halses trägt senkrechte einpolierte Zickzacklinien. Die Oberfläche ist oben schwarz, unten gelbrot („black-topped"). Die verschiedenfarbigen Flächen sind noch zusätzlich durch eine Ritzlinie geschieden
Ergänzt. H. 12,2 cm; Rdm. 15 cm [185]

Π 119 (Taf. 49,5; 50,2; XXIV,1)
Napf gleicher Form wie Π 118. Am Bauchknick sitzen, diametral angeordnet, zwei lappenförmige Aufsätze mit angedeuteter horizontaler Durchbohrung. Die Außenseite des zylindrischen Halses ist senkrecht gerieffelt. Die Oberfläche ist unten ziegelfarben, oben durch eine Ritzlinie abgetrennt, schwarz
Ergänzt. H. 11,4 cm; Rdm. 12,5 cm

Π 120 K (Taf. 49,6; XXIV,5)
Napf wie Π 119, jedoch mit doppelt geknickter Schulter. Auf der Schulter sitzen diametral zwei Aufsätze (einer ergänzt). Die Oberfläche ist rot
Ergänzt. H. 9,5 cm; Rdm. 15 cm

Π 121 K (Taf. 49,7; XXIV,3)
Napf gleicher Form wie Π 120 K, aber mit höherem Zylinderhals. Der auf der Schulter sitzende Höckeraufsatz weist seitlich ein schmales schlitzartiges Loch auf. Das Gefäß ist zum größten Teil ergänzt. Die Oberfläche ist am Hals außen schwarz, am Bauch hellbraun mit roten Flecken und auf der Innenseite hellbraun
Ergänzte H. 12,5 cm; Rdm. 15 cm

Π 704 (Taf. XXIV,6)
Napf von gleicher Form wie Π 121 K. Oberhalb des Wandknicks sowie auf dem Höckeraufsatz verläuft eine Ritzlinie. Die Oberfläche ist rot
Ergänzt. H. 17 cm; Rdm. 18 cm

Π 231 K (Taf. 51,1; XXV,1)
Tiefer Napf mit doppeltem Wandknick und hohem Trichterhals. Die auf der Schulter diametral angesetzten kleinen Stabhenkel tragen einen abgeplatteten Höckeraufsatz („trigger handle"). Die gut geglättete

---

[185] Das Gefäß ist abgebildet: Zervos II (1963) Abb. 508; Theocharis u. a. (1973) Abb. 63. Vgl. unsere Taf. 10,b:2–3.

Oberfläche ist braunrot, schwarz gefleckt
Ergänzt. H. 33,5 cm; Rdm. 35,5 cm

Π 190 (Taf. 51,2; XXV,2)
Mit der oben behandelten Napfform verwandtes doppelkonisches Gefäß mit niedriger Schulterzone, hohem Zylinderhals und leicht ausladendem Rand. Auf der Schulter sitzen diametral zwei kleine senkrechte, ringförmig ausgezogene Henkel. Die Oberfläche ist am Hals geriefelt und schwarz, sie geht zur Standfläche hin in rote Farbtöne über. Die Schulter ist stichverziert
Ergänzt. H. 11,5 cm; Rdm. 10 cm

5. Schüsseln

a. Konische Knickwandschüssel
Mit einziehendem Hals bzw. Rand

Π 178 (Taf. 51,3; XXV,5)
Tiefe Knickwandschüssel mit steil einziehender Randzone, an der ein kleiner leicht überstehender Ringhenkel mit Knopfbekrönung sitzt. Die polierte Oberfläche ist schwarz und rot
Ergänzt. H. 13,5 cm; Rdm. 29 cm

Π 223 (Taf. 51,4; XXV,4)
Schüssel mit stark gewölbtem Unterteil und leicht S-förmig geschweiftem Oberteil, an dem ein weit ausgezogener, gedrungener senkrechter Henkel mit betontem Knopfaufsatz sitzt. Ergänzt. Oberfläche rot, Randzone „black-topped" und schräg geriefelt
H. 7,9 cm; Rdm. 17,5 cm [186])

Π 226 K (Taf. 51,5; XXV,3)
Schüssel mit konkav geschweiftem Unterteil, hoch angesetztem Wandknick und schmaler einziehender Randzone. An dieser sitzt ein senkrechter Henkel mit Knopfaufsatz (ergänzt). Das Gefäß ist auf Grund eines erhaltenen Randstückes ergänzt. Die Oberfläche ist grauschwarz
Ergänzt. H. 9 cm; Rdm. 17,5 cm

Π 96 (Taf. 48,2; 52,1; XXIII,5)
Konische Knickwandschüssel mit schmaler einziehender Randzone, an der in diametraler Anordnung zwei senkrechte Griffzapfen mit waagrechter Durchbohrung und dickem, hohem, stabförmigem Aufsatz sitzen. Die Oberfläche des oberen Teiles ist schwarz, die des unteren rötlich („black-topped")
H. 9,5 cm; Rdm. 28,8 cm

Π 101 (Taf. 52,2; XXVI,1)
Konische Schüssel mit hoch angesetztem Wandknick und einziehendem Rand. An der Randzone sitzen, wenig voneinander entfernt, zwei senkrechte flache Knubben. Die Oberfläche ist grau, ziegelrot gefleckt
Ergänzt. H. 13,3 cm; Rdm. 26 cm

Π 102 K (Taf. 52,3; XXVI,2)
Konische Knickwandschüssel mit einziehender konkav gewölbter Randzone. Die Lippe trägt an einer Stelle eine flache Knubbe. Die Oberfläche ist außen graubraun, innen grau
Ergänzte H. 8 cm; Rdm. 24 cm

Π 103 K (Taf. 52,4; XXVI,3)
Knickwandschüssel ähnlicher Form wie Π 102 mit leicht konkav geschweiftem Unterteil, schmaler senkrechter Halszone und ausbiegender Lippe. In der Randzone sitzt eine Doppelknubbe. Das Gefäß wurde anhand eines großen Randstückes ergänzt. Die Oberfläche ist rötlichbraun
Ergänzte H. 10,5 cm; Rdm. 27 cm

Π 108 (Taf. 52,5; XXVI,4)
Konische Schüssel mit hoch angesetztem Wandknick und schmalem einziehendem Rand. Am Wandknick sitzt ein waagrechter, eckiger Grifflappen. Die Oberfläche ist innen rot, außen rotpoliert
Ergänzt. H. 9,2 cm; Rdm. 25 cm

Π 820. Unter dieser Inventar-Nummer sind zwei größere Gefäßbruchstücke eingeordnet: Randstück Taf. 56,2a; XXX,1 und Scherbe Taf. 56,2b; XXX,2.
Das Randstück gehört zu einer konischen Schüssel mit hoch angesetztem Wandknick, einziehendem Rand und breitem Bandhenkel. Die Oberfläche ist beiderseits schwarzpoliert, außen zudem geriefelt und mit einem schrägen Band tiefer Einstiche verziert
Erh. L. 13 cm
Die Scherbe stammt, da innen nicht poliert, möglicherweise von einem geschlossenen Gefäß. Die Außenseite ist „red-black topped" und in der Machart dem Randstück sehr verwandt
Erh. L. 14 cm

---

186) Die Schüssel ist abgebildet bei Zervos ebd. Abb. 515; nach diesem auch bei Titov (1969) Abb. 80,6; eine kurze Zusammenfassung des russischen Textes von Titov auf griechisch in: Deltion f. Slaw. Lit. (Thessaloniki) Z, 2–7, 1970, 117 ff.

Π 179 K (Taf. 53,1; XXVI,5)
Konische Schüssel mit hoch sitzendem Wandknick und einziehender Randzone. Die Oberfläche ist innen braun, außen am Rand schwarz, nach der Standfläche hin braunrot („black topped"). Auf der Schulter schräge Politurriefen. Das Gefäß ist zu zwei Dritteln ergänzt
H. 14,5 cm; Rdm. 33,4 cm

Π 180 K (Taf. 53,2; XXVI,6)
Schüssel ähnlicher Form wie Π 179 K, mit einer senkrechten Knubbe am Rand. Die Oberfläche ist bis auf ein sekundär schwarz verbranntes Randstück ziegelrot
Ergänzt. H. 17,8 cm; Rdm. 38–39 cm

Π 177 K (Taf. 53,3; XXVII,1)
Trichterschüssel mit leicht ausbiegendem Rand. Die Oberfläche ist braun
Ergänzt. H. 15 cm; Rdm. 34 cm [187])

Mit senkrechtem Hals bzw. Rand

Π 105 K (Taf. 53,4; XXVII,4)
Konische Schüssel mit niedrigem, senkrechtem Hals. Das Gefäß ist zum größten Teil ergänzt. Die Oberfläche ist außen rot, innen schwarz
Ergänzte H. 7 cm; Rdm. 20,3 cm

Π 106 K (Taf. 53,5; XXVII,3)
Schüssel ähnlicher Form wie Π 105 K mit etwas breiterem Hals. Die Oberfläche ist außen rötlich, innen grau
Ergänzte H. 7 cm; Rdm. 19,4 cm

Π 104 K (Taf. 53,6; XXVII,2)
Schüssel ähnlicher Form wie Π 106 K mit konischem, leicht konkav geschweiftem Unterteil und leicht ausbiegendem Hals. Die Oberfläche trägt außen einen roten, innen einen grauschwarzen Überzug
Ergänzte H. 7,8 cm; Rdm. 23,5 cm

Mit der oben besprochenen Form verwandt ist die niedrige knickwandige Schüssel:
Π 162 K (Taf. 53,7; XXVII,5)
Der etwa in halber Höhe sitzende, kräftig hervorspringende scharfe Wandknick teilt den Gefäßkörper in zwei stark konkav gewölbte Hälften, wobei die obere etwas mehr betont ist. Die Oberfläche ist über dem Umbruch grauschwarz, darunter graugelb („black topped")
Ergänzte H. 6 cm; Rdm. 14,7 cm

b. Flache, einhenkelige Trichterschüssel

Π 209 (Taf. 54,1; XXVII,6)
Pfannenförmige Schüssel mit flachem Boden und leicht ausladender Wandung. Der vom Rand zum Boden reichende leicht überstehende Stabhenkel ist mit einem Höcker bekrönt („trigger handle"). Die Oberfläche ist innen schwarz, ebenso außen am Rand, darunter und am Boden braunrot
Ergänzt. H. 5 cm; gr. Rdm. 19 cm

Π 213 K (Taf. 54,2; XXVII,7)
Schüssel, in Form und Farbgebung Π 209 ähnlich. Henkel und Teil der Wandung ergänzt
H. 5 cm; Rdm. 17,5 cm

Π 212 (Taf. 54,3; XXVII,8)
Trichterschüssel mit vom Rand bis zum Boden reichendem, in seiner oberen Hälfte sehr massiv gebildetem Knopfhenkel. Die polierte Oberfläche ist rötlich.
Ergänzt. H. 7 cm; Rdm. 18,5 cm

Π 211 K (Taf. 54,4; XXVII,9)
Trichterschüssel mit senkrechtem Stabhenkel, der einen zylindrischen Aufsatz trägt („trigger handle"). Die Oberfläche ist innen braun, außen braunrot, schwarz gefleckt
Ergänzt. H. 8,2 cm; Rdm. 24 cm

Π 210 K (Taf. 54,5; XXVIII,1)
Trichterschüssel mit senkrechtem, vom Boden bis knapp unter den Rand reichendem Stabhenkel. Die Oberfläche ist hellrot, braun gefleckt
Ergänzt. H. 7 cm; Rdm. 20,5 cm [188])

Π 214 K (Taf. 54,6; XXVIII,2)
Trichterschüssel mit senkrechtem, von Rand bis zum Boden reichendem Stabhenkel. Die Oberfläche ist innen grau, ebenso am Rand, darunter braunrot
Ergänzt. H. 9 cm; Rdm. 28 cm

---

187) Das Gefäß: Deshayes, BCH. 94, 1970, 803 Abb. 14 ist von einfacherer Form und „black topped"; vgl. dazu unsere Taf. 36,4–7; X, 4–7.
188) Vgl. unsere Taf. 17,a:3 und Beilage 8,1.

c. Schüsseln mit niedriger, senkrechter Wandung und Zylinderfuß

Mit Zylinderfuß mit vierfacher Öffnung

Π 109 (Taf. 55,1; XXVIII,3)
Flache Knickwandschüssel mit kräftig einziehendem Oberteil und leicht ausbiegender Lippe auf sekundär abgeschliffenem Zylinderfuß mit vierfacher Öffnung. Am Umbruch sitzt ein leicht über den Rand reichender knopfbekrönter Griffzapfen. Die Oberfläche ist innen braunbeige und außen rot mit schwarzen Flecken
Ergänzt. H. 5,5 cm bis 6,5 cm; Rdm. 15 cm

Π 110 (Taf. 55,2; XXVIII,4)
Tiefere Schüssel mit abgesetztem einziehendem Rand und betonter Lippe. Der hohe Zylinderfuß weist vier symmetrische, längliche Öffnungen auf. Die Oberfläche ist rotbraun. Kalotte und Fuß sind zum großen Teil ergänzt
Ergänzt. H. 19 cm; Rdm. 23,5 cm[189])

Π 92 K (Taf. 55,4; XXVIII,5)
Schüssel ähnlicher Form mit spitz zulaufendem Höckergriff. Große Teile der Schüssel sind ergänzt, der Fuß ist zweifellos zu niedrig. Die Oberfläche ist braunrot, die Schulter trägt flache schräge Riefelung
H. 8,7 cm; Rdm. 26,5 cm

Π 93 (Taf. 55,3; XXIX,1)
Knickwandige Schüssel ähnlicher Form mit einziehendem Rand, Höckergriff und niedrigem ergänztem Zylinderfuß. Die Oberfläche ist grauschwarz, gegen den Boden hin in braune Töne übergehend
Ergänzt. H. 9,7 cm; Rdm. 29 cm

Π 94 (Taf. 55,5; XXIX,2)
Knickwandschale mit flachem Körper und sekundär abgeschliffenem Fuß, an dem die oberen Ansätze der Durchbrüche sichtbar sind. Auf der Schulter flache schräge Rillen. Die polierte Oberfläche ist außen braunrötlich, innen grau
Ergänzt. H. 10,5 cm; Rdm. 31 cm

Mit hohem Zylinderfuß

Π 224 (Taf. 55,6; XXIX,3)
Schale mit tellerförmigem Körper und niedriger Vertikalwandung auf hohem Zylinderhohlfuß. Auf der Außenwandung sitzt ein senkrechter Grifflappen. Die Oberfläche ist braunrot
Ergänzt. H. 10 cm; Rdm. 20 cm

Π 225 (Taf. 56,1; XXIX,6)
Das Gefäß stellt einen mit den oben vorgestellten Schüsseln verwandten, jedoch schwierig einzuordnenden Gefäßtypus dar. Der Gefäßkörper setzte sich zusammen aus einer Knickwandschüssel mit einziehendem Rand als Oberteil, und einem konischen, steilwandigen Unterteil. Am Schüsselrand sitzt ein kleiner senkrechter Knopfhenkel. Die Randzone trägt flache schräge Rillen. Das Gefäß ist bis auf kleine Beschädigungen am Rand vollständig erhalten. Die Oberfläche ist innen grau, auf der Außenseite oben grauschwarz und unten rötlich („black topped")
H. 14 cm; Rdm. 19,5 cm[190])

6. Einhenkelige Tassen

Π 42 K (Taf. 55,7; XXIX,4)
Fast zylindrische Tasse, zur Standfläche hin allmählich einziehendes Unterteil mit leicht überstehendem, senkrechten Stabhenkel. Die Oberfläche ist gelblichgrau. Der Henkel und Teile des Randes sind ergänzt
H. mit Henkel 7,2 cm; Rdm. 7,5 cm

Π 43 (Taf. 55,8; XXIX,5)
Fast halbkugelige Tasse mit abgeflachtem Boden und senkrechtem Stabhenkel (ergänzt). Die Oberfläche ist schwarz
H. 4,3 cm; Rdm. 7,5 cm[191])

---

189) Vgl. unsere Taf. 11,a:1–3; Beilage 5,1 sowie Π 109, unsere Taf. 55,1; XXVIII,3. – Ein Bruchstück eines ähnlichen Gefäßes aus Doriskos befindet sich in der Sammlung des DAI., Athen.

190) Das Gefäß ist abgebildet bei Zervos II (1963) Abb. 518 und danach bei Titov (1969) Abb. 80,4. Vgl. auch French, Anatolian Stud. 11, 1961, 128 Abb. 7,46.

191) Zur Form vgl. unsere Taf. 36,8–12; 37,1–2; X,8–12; XI,1–2.

GRUPPE IV: RITZVERZIERTE KERAMIK

1. Doppelkonische Gefäße
a. Mit aufgesetztem Zylinderhals

Π 198 (Taf. 57,1; XXX,5)
Gefäß mit doppelkonischem Körper, Zylinderhals und ausbiegender Lippe. Hals und Oberteil tragen Ritzverzierung. Vom Hals bis zum Bauchknick laufen, diametral angeordnet, zwei breite, mit parallelen Zickzacklinien gefüllte Bänder. Die von den Bändern metopenartig eingerahmten Flächen tragen gegenständige Reihen von hängenden und stehenden schraffierten Dreiecken. Die Lippe wird außen durch eine umlaufende Ritzlinie betont. Zwei dicht nebeneinander gebohrte Löcher unter der Lippe dürften zur Befestigung eines Deckels gedient haben. Die Oberfläche ist rot, schwarz gefleckt. Das Gefäß ist aus zahlreichen Bruchstücken zusammengesetzt und ergänzt
H. 32,5 cm; Rdm. 13 cm [192]

Ohne Inv. Nr. (Taf. 57,2)
Teil von Hals und Schulter eines Gefäßes, das in Form und Verzierung dem Gefäß Π 198 sehr ähnlich gewesen sein muß. Das Gefäßfragment ist aus mehreren Bruchstücken zusammengesetzt. Die Tonoberfläche ist braun, schwarz gefleckt
Erh. H. 14 cm; Dm. der Halszone 15 cm

Ohne Inv. Nr. (Taf. 57,3a)
Randstück eines Zylinderhalses mit schräg nach innen abgeschnittener Lippe. Die Außenseite trägt lange, hängende, fischgrätartig schraffierte Dreiecke. Unter der Lippe sitzen zwei Löcher wie bei Π 198. Die Oberfläche ist glänzend schwarz
Erh. H. 8 cm

Ohne Inv. Nr. (Taf. 57,3b)
Randstück eines ähnlichen Zylinderhalses, der als Verzierung kurze vom Rand hängende und lange, stehende schraffierte Dreiecke trägt. Die Oberfläche ist innen und außen grauschwarz und geglättet
Erh. H. 8,5 cm [193]

Ohne Inv. Nr., K (Taf. XXX,3)
Bruchstück vom Hals eines engmundigen Gefäßes. Der Rand ist scharf einwärts geknickt, an einer Stelle ist die vordere Kante schräg durchbohrt. Daneben sind Spuren eines randständigen Henkels erhalten. Die Mündung ist in sehr feiner Ritzung alternierend mit Gruppen paralleler Zickzacklinien und schraffierten Dreiecken, die Wandung des Halses mit Gruppen horizontaler und vertikaler paralleler Zickzacklinien verziert. Die Oberfläche ist schwarzpoliert
Rdm. ca. 2,5 cm

b. Mit konkav geschweiftem Oberteil und engem Hals

Π 74 (Taf. 57,5; XXXI,1)
Doppelkonisches Gefäß mit hohem Oberteil (zwei Drittel der Gesamthöhe), leicht ausbiegender Halsrandpartie und verdickter, abgeplatteter Lippe mit kleiner Mündungsöffnung. Die exzentrisch vorspringende Lippenplatte trägt ein kleines Loch. Eine waagrechte und acht senkrechte Ritzlinien teilen die Halsfläche in 16 regelmäßige Abschnitte, die abwechselnd mit parallelen Winkellinien gefüllt sind. Die Tonoberfläche ist rot. Das Gefäß ist ergänzt
H. 15 cm [194]

Ohne Inv. Nr. (Taf. 57,6; XXX,4)
Halsstück eines Gefäßes, das in Form und Verzierung dem Gefäß Π 75 sehr ähnlich gewesen sein muß. Der Ton ist rot, die Oberfläche rötlich, außen geglättet, innen grob abgestrichen
Erh. H. 6 cm; Bogen 10 cm

Π 75 (Taf. 57,7; XXXI,2)
Ein gut erhaltenes Beispiel der oben (Π 74) beschriebenen Gefäßform, das auch die gleichen Ziermotive aufweist. Die Oberfläche ist gelblich
Ergänzt. H. 16 cm [195]

---

[192] Das Gefäß ist abgebildet bei Zervos II (1963) Abb. 510.
[193] Vergleichbare Scherben stammen aus der Siedlung Kokkinochoma (Proskynites) und befinden sich in der Sammlung von Maroneia: unsere Taf. 57,4a–b; Triantaphyllos, Deltion 26B Chronika, 1971, 430 Abb. 6,3 und Taf. 427,c:2.7. Scherbe a: braun, poliert, H. 5 cm. Scherbe b: rot, poliert, H. 6 cm. Auf beiden Seiten ist noch weiße Inkrustation erhalten.
[194] Das Gefäß ist abgebildet bei Zervos ebd. Abb. 513. Vgl. dazu Π 75 und das Bruchstück Taf. 57,6; XXX,4.
[195] Für Π 74 und Π 75 vgl. unsere Taf. 10,b:7 und Beilage 6,2.

2. Birnenförmiges Gefäß mit enger Halsöffnung

Π 191 (Taf. 58,1; XXXI,3)
Großes birnenförmiges Gefäß mit enger Halsöffnung und leicht betonter, abgerundeter Lippe. Die Oberfläche ist graubraun. Der in der Mitte stark gewölbte Gefäßbauch wird von einer breiten Zone großer, laufender Rillen-Spiralen geschmückt, die oben von einem ähnlichen schmalen Spiralband, unten von einem einfachen Leiterband begleitet werden. Den Rand ziert ein schmales Band aus alternierend hängenden und stehenden Halbbögen. Die Rückseite ist unverziert, lediglich das untere Leiterband läuft um das ganze Gefäß. Das Gefäß ist aus zahlreichen Bruchstücken zusammengesetzt und ergänzt
H. 71,5 cm; gr. Dm. 54,5 cm [196])

3. Verschiedene weitmundige Gefäßformen

Π 204 (Taf. 58,2; XXXII,1)
Eiförmiges Gefäß mit zwei Zwillingsgriffzapfen am Oberteil. In Höhe dieser Griffzapfen sowie etwas tiefer am Bauch trägt das Gefäß zwei girlandenförmige plastische Kerbleisten. Die Oberfläche ist schwarzbraun gefleckt. Ein Großteil des Gefäßes ist ergänzt
Ergänzte H. 28,5 cm; Rdm. 25,5 cm. Frühbronzezeit?

Π 111 (Taf. 58,3; XXXII,4)
Kleine Schüssel mit leicht S-förmig geschweifter Wandung und flachem Boden, die von vier niedrigen, nach unten sich verjüngenden Zylinderfüßchen getragen wird. Die Außenseite ist unter Aussparung einer schmalen Randzone mit weitangelegten schraffierten Bändern verziert, die mäandroide Motive bilden. Die Oberfläche ist schwarz und etwas grob. Die Füße sowie ein Großteil des Randes sind ergänzt
H. 11,2 cm; Rdm. 17,5 cm

Π 107 K (Taf. 58,4; XXXII,2)
Konische Schüssel mit hoch angesetzter, kräftiger Wandwölbung und einziehendem Rand. Die etwas grob behandelte braune Tonoberfläche ist am Rand mit hängenden, waagrecht schraffierten Dreiecken verziert. Das Gefäß ist anhand dreier Randstücke ergänzt
Ergänzt. H. 8 cm; Rdm. 16,5 cm

Π 122 (Taf. 58,5; XXXII,3)
Henkellose, fast kugelige Schale mit flachem Boden und leicht einziehendem Rand. Das Gefäß trägt außen ein breites Band großer, laufender Spiralen. Die Lippe ist fein gekerbt. Die Oberfläche ist braun
Ergänzt. H. 6,4 cm; Rdm. 11 cm

Ohne Inv. Nr. (Taf. 58,6)
Bodenstück eines dickwandigen, offenen Gefäßes. Die Innenseite ist mit Bändern aus Winkelstrichen und Dreiecken verziert. Die Oberfläche ist braun
Bdm. 6 cm [197])

Π 853 (Taf. 59,5; XXXIII,9)
Bodenstück eines dickwandigen Gefäßes mit dem Abdruck von Strohflechtwerk auf der Unterseite
Erh. Größe 6 × 8 cm [198])

Ohne Inv. Nr. (Taf. 59,6–7; XXXIII,14–15)
Zwei Bodenstücke größerer Gefäße. Der Ton ist braun. Auf der Unterseite der Böden sind Kreuzschraffuren – Nachahmungen von Strohflechtwerk – einpoliert, deren verdichtete Oberfläche einen rötlichen Farbton angenommen hat.

Ohne Inv. Nr. K (Taf. XXXIII,7)
Wandscherbe eines bauchigen Gefäßes mit Ansatz eines Henkels (?). Über dem größten Durchmesser Horizontallinie aus vier Reihen parallel eingedrückter Cardiummuster. Über dem Bauch ein schräg angebrachtes, hirtenstabähnliches Muster in gleicher Technik
Gr. Dm. ca. 28 cm

4. Gefäßdeckel

Π 79 (Taf. 59,1; XXXIII,11)
Runder gewölbter Gefäßdeckel mit reicher Verzierung: ein unverzierter Mittelstreifen teilt die Außenfläche in zwei Halbkreise, in denen gegenständige Reihen von schraffierten Dreiecken je ein unverziertes Winkelband aussparen. An beiden Enden des Mittelstreifens befindet sich ein Löcherpaar zur Befestigung des Deckels. Oberfläche rot poliert
Ergänzt. Dm. 11,2 cm [199])

---

196) Vgl. dazu die Scherben auf unseren Taf. 14,b:9 und 16,a:2. Dazu mehrere Fragmente im Museum Komotini.
197) Vgl. dazu die Fragmente Nr. 2223 A und 2185 A aus Laphrouda im Museum von Kavala.
198) Vgl. unsere Tafel 22,b:9; Theocharis u. a. (1973) Abb. 115; Mikov (1933) 40 Abb. 12; ders., Bull. Inst. Arch. Bulg. 29, 1966, 175 Abb. 7–9.
199) Vgl. unsere Taf. 2,a:1–2; 8; Ia:3, Rhomiopoulou, Laphrouda 1965, 465 Zeichnung 3.

Π 80 (Taf. 59,2; XXXIII,10)
Gefäßdeckel ähnlich Π 79 von leicht konvexem Profil. Zwei gekreuzte, rechtwinkelig schraffierte Bänder – das eine davon auf einer flachen Leiste angebracht – teilen die Außenseite in Viertelkreise, die mit dreifachen Winkellinien verziert sind. Ein Paar der Befestigungslöcher ist erhalten. Die Oberfläche ist grau
Ergänzt. Dm. 11,2 cm

Π 81 (Taf. 59,3; XXXIII,12)
Gefäßdeckel ähnlicher Form und Profilierung wie Π 80 mit etwas ausbiegendem abgeflachtem Randsaum. Die beiden Paare von Befestigungslöchern sind nahe der Deckelmitte angebracht. Die flüchtig ausgeführte Ritzverzierung besteht in einem schraffierten Mittelband und in elliptischen Mustern als Flächenfüllung. Der Deckel ist zur Hälfte ergänzt. Die Oberfläche ist schwarz
Dm. 8,7 cm [200])

Inv. Nr. 1922 K (Taf. XXXIII,13)
Gefäßdeckel aus Paradimi, der ebenfalls ritzverziert ist
Dm. 7,3 cm

5. Schöpfgefäße

Π 87 (Taf. 60,1; XXXIV,1)
Schöpfgefäß, dessen Körper wie eine konische Schüssel mit Wandknick und einziehendem, geradem Rand gestaltet ist, an deren Umbruch ein waagrechter (abgebrochener) Griff ansetzt. Die graue, gelblichbraun gefleckte Oberfläche trägt außen am Rand zickzackförmig angelegte Winkelstriche, am Bauch ein umlaufendes Winkelband und am Boden ein kreuzförmiges Motiv. Die weiße Inkrustationsmasse hat sich stellenweise erhalten. Das Gefäß ist bis auf den Griff ergänzt [201])
H. 4,8 cm; Rdm. 8,2 cm [202])

Π 824 (Taf. 60,2)
Bruchstück eines Π 87 vergleichbaren, etwas größeren Schöpfgefäßes. Die Oberfläche ist rötlichbraun poliert und außen mit Zickzacklinien verziert, deren weiße Inkrustation gut erhalten ist
Rdm. ca. 12 cm

Π 82 K (Taf. 60,3; XXXIV,3)
Schöpfgefäß mit gleicher geknickter Wandung wie Π 87, am Rand ansetzender Griff. Das Gefäß ist anhand eines Randstückes mit Griffansatz ergänzt. Die Oberfläche ist ziegelrot und unverziert
H. ca. 6,8 cm; Rdm. 12 cm

Π 85 (Taf. 60,4; XXXIV,4)
Ähnliches Schöpfgefäß wie Π 82 gröberer Formgebung und Tonbehandlung. Der Rand ist mit flüchtig geritzten, schrägen Linien verziert. Der unterhalb des Wandknicks angebrachte Griff ist abgebrochen und ergänzt. Die Oberfläche ist grau und grob verstrichen
H. 4,2 cm; Rdm. 10 cm

Π 86 (Taf. 60,5; XXXIV,5)
Schöpfgefäß von gleicher Form wie Π 87. Die graubraune leicht polierte Oberfläche trägt außen am Rand und auf dem erhaltenen Teil des Griffes eingeritzte Winkel- und Rautenmuster. Das Gefäß ist anhand eines Randbruchstückes mit einem Teil des Griffes ergänzt
Ergänzte H. 5 cm; Rdm. 11 cm

Π 88 K (Taf. 60,6; XXXIV,6)
Griff und Randstück eines Schöpfgefäßes. Der leicht kantige Griff ist etwas dicker als üblich und mit eingeritzten Zickzacklinien verziert (Vgl. Taf. 60,8a–b)
Grifflänge 8 cm

Π 229 K (Taf. 60,7; XXXIV,2)
Kurzer Henkel und Randstück eines Schöpfgefäßes. Der Henkel trägt als Verzierung flüchtig eingeritzte N-Motive und schräge Striche im Rapport. Die Oberfläche ist grau und grob verstrichen
Grifflänge 5 cm

6. Andere Gefäßformen

Π 77 (Taf. 58,7; XXXII,6)
Kleine, flache, dreieckige Schale auf drei massiven, aus den Wandungskanten herauswachsenden (abgebrochenen) Füßchen. Auf der grauschwarzen Oberfläche sind Spuren eines schwarzen, stellenweise roten Überzuges erhalten. Die Außenseite ist unterhalb des Randes mit hängenden, doppelt geritzten Winkeln verziert. Das Gefäß ist bis auf zwei Randstücke und die Füße vollständig erhalten
H. 2,8 cm; Seiten-L. 8 cm [203])

---

200) Vgl. Π 79, Π 80 und ähnliche Deckelfragmente aus Krovyli in der Sammlung von Maroneia, unsere Taf. 59,4:a–c; Triantaphyllos, Deltion 26B Chronika, 1971, 430 Abb. 6,3 und Taf. 427,c:3.
201) Vgl. den eher kurzen Henkel mit jenem Tafel 60,8a–b

(Sammlung von Maroneia), erh. L. 4 cm: Triantaphyllos a.a.O. 429 ff. Taf. 427,d:6.
202) Der Schöpfer ist abgebildet bei Zervos II (1963) Abb. 514.
203) Das Gefäß ist abgebildet bei Zervos ebd. Abb. 516 b.

Π 850 (Taf. 58,10–11; XXXIII,2.6)
Zwei Bruchstücke von eckigen Gefäßen, etwa dreieckige Lampen oder Altärchen. Oberfläche braun. Taf. 58,10 ist mit eingeritzten Zickzacklinien und U-Motiven verziert. Taf. 58,11 trägt als Verzierung eingeritzte schräge Linien und Bögen
Erh. H. 8 cm und 5,5 cm

Π 850 (Taf. 58,12; XXXIII,4)
Fuß eines Gefäßes mit abgerundeten Ecken. Oberfläche braun. Er trägt geriefelte Linien und kleine konzentrische Kreise. – Möglicherweise vom selben Gefäß stammt eine Scherbe ohne Inv. Nr. im Museum Komotini (Taf. XXXIII,5). Auf dieser ist zusätzlich rosarote pastose Bemalung erhalten

Π 851 (Taf. 58,13; XXXIII,8)
Tonfuß mit Ritzverzierung in Form von Gruppen gleichartiger Zeichen (Buchstaben?). Oberfläche rotbraun. Standfläche – Dm. 3 cm – ist unverziert, die obere Fläche – Dm. 4 cm – trägt ein Leiterband. An der Seite fehlt ein Stück. Es könnte sich daher um den Fuß eines dreieckigen Gefäßes handeln
H. 6 cm

Π 39 (Taf. 58,8; XXXII,5)
Kleine viereckige Schale mit fast senkrechten Wänden, abgerundeten Ecken und vier Zylinderfüßchen. Die graubraune Oberfläche ist außen mit drei ineinander geschachtelten Π-förmigen Strichen verziert, die mit Reihen langovaler Einstiche gefüllt sind
H. der Schale 4,7 cm; ergänzte Seiten-L. 10,8 cm. Frühbronzezeit?[204])

Π 824 (Taf. 58,9; XXXIII,1)
Bruchstück eines möglicherweise ähnlichen Gefäßes wie Π 39, das ebenfalls mit Π-förmigen Strichen verziert und bei dem die weiße Inkrustationsmasse gut erhalten ist. Die Oberfläche ist rötlich poliert
Erh. L. 4 cm

Π 824 (Taf. 58,14; XXXIII,3)
Großes Fragment einer frühbronzezeitlichen Schale mit Röhrenhenkel. Der Henkel trägt reiche Ritzverzierung in Form von Vertikallinien und Zickzacklinien
Erh. H. 10 cm

Ohne Inv. Nr. (Taf. 60,9a–b; XXXIV,7)
Unterteil eines kelchförmigen Gefäßes auf sechsfach durchbrochenem Zylinderfuß, der weitgehend fehlt; frühbronzezeitlich. Die steil ausschwingende Wandung ist mit einer beiderseits von Einstichen begleiteten Zickzacklinie verziert, während die Fußstege senkrechte, von Einstichen gerahmte Linien tragen. Die Oberfläche ist außen braun, unpoliert, innen schwarz und strichgeglättet
Gr. erh. H. 7 cm[205])

Π 823 (Taf. 26,b:1–2; IV,f:1.5) und Π 824 (Taf. 26,b:3; IV,f:4)
Die drei impresso- oder ritzverzierten Gefäßfragmente gehören zu den wenigen Scherben, die sich mit der Keramik der Marica-Kultur vergleichen ließen. Die ersten zwei Stücke sind außen, das dritte auf der Innenseite verziert
Erh. L. 5 cm; 3,5 cm; 4 cm

GRUPPE V: GROBKERAMIK

1. Doppelkonische Terrinen

Π 1 K (Taf. 61,1; XXXV,3)
Doppelkonische Terrine mit einer Reihe tiefer Einstiche unter der Lippe („beading") und vier fingertupfenverzierten plastischen Aufsätzen am Bauchknick. Die Oberfläche ist braun, grau gefleckt. Vgl. Π 5, Π 11 und Π 17[206])
Ergänzt. H. 19,5 cm; Rdm. 20,3 cm

Π 2 K (Taf. 61,2; XXXIV,9)
Doppelkonische Terrine mit Reihen tiefer Einstiche am Rand und Bauchknick und zwei fingertupfenverzierten plastischen Aufsätzen an der Wandung unter dem Knick. Die Oberfläche ist braunschwarz gefleckt
Ergänzt. H. 20 cm; Rdm. 16 cm

Π 3 K (Taf. 61,3; XXXIV,8)
Doppelkonische Terrine mit einer Reihe von Finger-

---

204) Zum Motiv der Π-förmigen Striche vgl. Π 824 (Taf. 58,9; XXXIII,1.
205) Zur Form vgl. Michaud, BCH. 94, 1970, 973 Abb. 178.

206) Das Gefäß ist abgebildet bei Zervos ebd. Abb. 505. Vgl. Renfrew, PPS. 36, 1970, 298 f. mit Abb. 6,2; ders., Sbornik Beograd 6, 1970, 48 Taf. I,2.10–11.

tupfeneindrücken am Bauchknick. Die Oberfläche ist rotbraun, grau gefleckt
Ergänzt. H. 16 cm; Rdm. 14,5 cm

Π 4 K (Taf. 61,4; XXXV,1)
Terrine, deren streng doppelkonische Form durch den leicht gewölbten Umbruch etwas gemildert ist. Die Lippe trägt kleine, flüchtig eingeritzte Striche. Die Oberfläche ist graubraun und uneben
Ergänzt. H. 14,2 cm; Rdm. 16,5 cm [207]

Π 5 K (Taf. 61,5; XXXV,2)
Doppelkonische Terrine mit tiefen, tropfenförmigen Einstichen unter der Lippe und vier diametral angeordneten, groben, plastischen und fingertupfenverzierten Aufsätzen am Bauchknick. Vgl. Π 1, Π 11 und Π 17
H. 14,2 cm; Rdm. 16,5 cm

Π 7 (Taf. 61,6; XXXV,4)
Doppelkonische Terrine mit umlaufender Fingertupfenleiste am Rand und zwei ähnlich verzierten, flachen runden Aufsätzen am Bauchknick. Die Oberfläche ist braunrötlich
Ergänzt. H. 13,5 cm; Rdm. 12,5 cm [208]

Π 9 (Taf. 61,7; XXXV,5)
Doppelkonische Terrine mit einer Randverzierung in Form gereihter, tiefer Einstiche und sichelförmiger Eindrücke und vier diametral am Bauchknick angeordneten alternierenden Gruppen tiefer Einstiche und sichelförmiger Eindrücke. Die Oberfläche ist graubraun
Ergänzt. H. 11,5 cm; Rdm. 10,5 cm [209]

Π 11 (Taf. 61,8; XXXV,6)
Gedrückt doppelkonische Terrine mit plastischer Tupfenleiste am Rand und drei (ursprünglich vier) fingertupfenverzierten Aufsätzen am abgerundeten Bauchumbruch. Die unregelmäßige Oberfläche ist schwarz, ziegelrot gefleckt. Vgl. Π 1, Π 5 und Π 17 [210]
H. 9,5 cm; Rdm. 12,5 cm

Π 13 K (Taf. 62,1; XXXVI,1)
Steilwandige Terrine ohne Verzierung. Die Oberfläche ist rötlich
Ergänzt. H. 9 cm; Rdm. 10,8 cm

Π 14 K (Taf. 62,2; XXXVI,4)
Doppelkonische Terrine mit umlaufender Stichverzierung („beading") unterhalb des Randes. Die Oberfläche ist braunschwarz
Ergänzt. H. 16,5 cm; Rdm. 17,5 cm

Π 16 K (Taf. 62,3; XXXVI,2)
Unverzierte doppelkonische Terrine. Die Oberfläche ist braunrötlich und gut geglättet
Ergänzt. H. 18,5 cm; Rdm. 19 cm

Π 17 (Taf. 62,4; XXXVII,1)
Doppelkonische Terrine mit einer Reihe sichelförmiger Einstiche unter dem Rand und vier diametral angeordneten, groben plastischen, fingertupfenverzierten Aufsätzen am Bauchknick. Die Oberfläche ist braunrot bis braunschwarz und trägt einen Überzug, der an einigen Stellen streifig abgesplittert ist. Vgl. Π 1, Π 5 und Π 11 [211]
Ergänzt. H. 23,2 cm; Rdm. 23,5 cm

Π 123 K (Taf. 62,5; XXXVI,3)
Doppelkonische Terrine mit umlaufender Fingertupfenleiste am Rand und Gruppen von jeweils drei Fingertupfeneindrücken am Körper. Die Oberfläche ist grau
Stark ergänzt. H. 6,5 cm; Rdm. 10 cm

Π 155 K (Taf. 62,6; XXXVI,5)
Doppelkonische unverzierte Terrine. Die grobe Oberfläche ist ziegelrot, am Rand braun
Ergänzt. H. 8,5 cm; Rdm. 9,5 cm

Π 174 K (Taf. 62,7; XXXVI,6)
Doppelkonische Terrine, deren Rand mit tiefen Einstichen verziert ist. Die Oberfläche ist ziegelrot und grob
Ergänzt. H. 21,5 cm; Rdm. 20–22,5 cm

2. Bauchige Töpfe mit gerundetem knubben- oder warzenverziertem Wandumbruch

Π 203 (Taf. 62,10; XXXVII,2)
Doppelkonischer Topf. Am Umbruch sitzen vier diametral angeordnete, leicht nach unten gezogene

---

[207] Vgl. Renfrew, PPS. 36, 1970, 298 f. mit Abb. 6,2.
[208] Vgl. dazu unsere Taf. 20,a:1; 21,b:33; 62,5; III,c:15; IV,c:1; XXXVI,3. Vgl. auch Renfrew, a.a.O. Abb. 6,2. – Das Gefäß ist abgebildet bei Zervos, ebd. Abb. 506.
[209] Abgebildet bei Zervos, ebd. Abb. 504. Vgl. Renfrew, a.a.O. Abb. 6,2.
[210] Vgl. Renfrew, ebd. Abb. 6,2.
[211] Vgl. Renfrew, ebd. Abb. 6,2; ders., Sbornik Beograd 6, 1970 Taf. I,2.10–11.

waagrecht zugespitzte Warzen. Die Oberfläche ist braun, grau gefleckt. Boden ergänzt
H. 23 cm [212]

Π 172 (Taf. 63,1; XXXVIII,1)
Topf mit dicker, zum Rand und zur Standfläche hin leicht einziehender Wandung. An der weitesten Stelle des Bauches sitzen sieben große, mit kurzen geritzten Strichen verzierte Knubben (fünf davon erhalten). Die Oberfläche ist grau und ziemlich grob. Das Gefäß ist fast vollständig erhalten
H. 11 cm; Rdm. 10 cm

Π 185 (Taf. 62,11; XXXVI,8)
Dickwandiger, nahezu doppelkonischer leicht asymmetrischer Topf. Am Bauchknick sitzen diametral angeordnet vier große unregelmäßige Knubben. Die Oberfläche ist braunschwarz. Ein kleiner Teil des Randes ist ergänzt
H. 14 cm; Rdm. 13,5 cm [213]

Π 227 K (Taf. 62,9; XXXVI,7)
Kleinerer schüsselähnlicher Topf mit leicht gewölbter Wandung, an der vier diametral angeordnete Doppelknubben sitzen. Die geglättete Oberfläche ist rot
Ergänzt. H. 7,5 cm; Rdm. 10 cm

Π 144 K (Taf. 62,8)
Kleine Schüssel mit konvex gewölbter Wandung und flachem Boden. Boden und Mündung zeigen denselben Durchmesser. Die Lippe trägt schräge Ritzlinien. Am Bauch sitzen zwei grobe nicht geglättete Ansätze mit Fingertupfenverzierung. Die Oberfläche ist ziegelrot mit grauen und schwarzen Flecken
Ergänzt. H. 6 cm; Rdm. 7,5 cm

3. Kesselförmige Gefäße mit gewölbter Wandung

Π 184 K (Taf. 63,2; XXXVIII,7)
Bauchiges Gefäß mit flachem Boden und gewölbter Schulter, auf der diametral zwei senkrecht durchbohrte Ösen sitzen. Das Gefäß ist schief ausgeformt. Die Lippe trägt feine geritzte Striche. Die Oberfläche ist ziegelrot, schwarz gefleckt
Ergänzt. H. 15–18 cm; Rdm. 16–17,5 cm

Π 233 K (Taf. 63,3; XXXVIII,2)
Ähnliches Gefäß wie Π 184 K mit vollerem Körper und zwei gegenständigen senkrechten durchbohrten Griffplatten an der Schulter. Die geglättete Oberfläche ist graubraun mit grauschwarzen Flecken
H. 29,5 cm; Rdm. 37 cm

Π 232 K (Taf. 63,4; XXXVIII,3)
Hoher, bauchiger Kessel ähnlicher Form mit betonter Schulterwölbung, an der diametral zwei kleine, an den Enden abgeplattete Zylindergriffe sitzen. Die Oberfläche ist braun, grau gefleckt
Ergänzt. H. 26,5 cm; Rdm. 21,5 cm

Π 159 K (Taf. 63,5; XXXVIII,4)
Kessel von bauchiger, fast kugeliger Gestalt mit zwei gegenständig angeordneten, ein wenig unter dem ergänzten Rand sitzenden großen Warzen. Die grobe Oberfläche ist grau, schwarz gefleckt
Ergänzt. Erh. H. 16,5 cm; ergänzter Rdm. 12,5 cm [214]

Π 183 K (Taf. 63,6; XXXVIII,5)
Großes fast kugeliges Gefäß, von dem nur einige große Randstücke erhalten sind und das nach den Gefäßen Π 184 K und Π 159 K ergänzt worden ist. Der Rand ist knapp unter der Lippe mit einer Reihe eingekerbter Stiche verziert. Die geglättete Oberfläche ist ziegelrot, schwarz gefleckt
Ergänzt. H. 18 cm; Rdm. 22 cm

Π 189 K (Taf. 63,7; XXXVIII,6)
Dieses Gefäß besitzt eine abweichende Form. Der eiförmige Gefäßbauch wird von dem trichterförmigen Hals durch einen Doppelknick getrennt, der eine schmale Schulterzone bildet. An der Schulterzone ist ein plastischer anthropomorpher Aufsatz angebracht. Vgl. Π 736 Taf. 42,1–2. Die Oberfläche ist schwarzgrau und grob
Ergänzt. H. 13,5 cm; Rdm. 13 cm

4. Schüsseln
a. Halbkugelige Schüssel
Mit durchbohrten Griffen

Π 100 K (Taf. 64,1; XXXIX,1)
Halbkugelige Schüssel mit einziehendem Rand und zwei diametral an Rand und Schulter angesetzten

---

212) Vgl. Vokotopoulou, Deltion 23, 1968, 292 Taf. 235a (aus Kastritsa, Epirus); Michaud, BCH. 94, 1970, 1029 Abb. 302. – Zur Form vgl. auch Mylonas (1929) Abb. 21; 71,c.

213) Vgl. Mylonas (1929) Abb. 21.
214) Vgl. dazu Taf. 3,a:4–6; I,c:1.2.6.

ohrenförmigen Griffen mit waagrechter Durchbohrung. Das Gefäß ist anhand zweier Randstücke mit den beiden Griffen ergänzt. Die Oberfläche ist grau
H. 10 cm; Rdm. 17 cm. Frühbronzezeit?

Π 169 K (Taf. 64,2; XXXIX,3)
Tiefe, kleine tassenartige Schüssel mit halbkugeligem Körper, abgerundetem Boden und einziehendem Rand. Am Rand sitzt ein senkrechter, stabhenkelähnlicher, jedoch nicht ganz durchbohrter Griff. Die Oberfläche ist grau bis rötlichgrau. Ein Großteil des Gefäßes ist ergänzt
Ergänzte H. 9 cm; Rdm. 10 cm. Frühbronzezeit?

Π 160 K (Taf. 64,3; XXXIX,2)
Halbkugelige Schüssel mit waagrecht durchbohrter Öse am Rand. Die Oberfläche ist braunschwarz
Ergänzt. H. 10,5 cm; Rdm. 16 cm

Π 228 K (Taf. 64,4; XXXIX,5)
Kugeliges dickwandiges Schüsselchen. Die Oberfläche ist braunrötlich
Ergänzt. H. 4 cm; Rdm. 9,5 cm

Mit hochgezogenen Bandhenkeln

Π 181 K (Taf. 64,5; XXXIX,4)
Tiefe Schüssel von nahezu halbkugeliger Form mit leicht abgerundetem Boden und einziehendem Rand. Am Rand sitzen diametral zwei hochgezogene Bandhenkel. Die Oberfläche ist braunrötlich, schwarz gefleckt
Ergänzt. H. 18 cm; Rdm. 21 cm. Frühbronzezeit.

Π 182 (Taf. 64,6; XXXIX,6)
Ähnliche Schüssel wie Π 181 K mit etwas steilerer Wandung und einziehendem Rand, der zwischen den beiden an ihm ansetzenden und fast senkrecht hochgezogenen Bandhenkeln zwei spitze Höckeraufsätze trägt. Die Oberfläche ist braun
H. 13,5 cm; Rdm. 26–27 cm. Frühbronzezeit.

Π 167 K (Taf. 64,7; XXXIX,7)
Kleine einhenkelige (?) Schüssel halbkugeliger Form mit höckerverziertem einziehendem Rand. Der an Rand und Schulter ansetzende Bandhenkel ist leicht über die Mündung emporgezogen. Die Oberfläche ist außen braungrau gefleckt, innen schwarz
Ergänzt. H. 9–9,5 cm; Rdm. 15 cm. Frühbronzezeit.

Π 822 und Π 823 (Taf. 64,8a–b; XXXIX,8–9)
Zwei Röhrenhenkel, der eine – mit brauner Oberfläche – unverziert, der andere – mit grauer Oberfläche – einstichverziert
Erh. H. 5 cm und 6 cm. Frühbronzezeit[215]

Mit Ausguß

Zu Schüsseln dürften folgende Wandstücke mit Ausguß gehören:

Π 176 K (Taf. 65,1; XL,1)
Teil eines halbkugeligen Gefäßes mit zylindrischem, waagrecht aus der Wandung herauswachsendem Ausguß. Die geglättete Oberfläche ist grau bis braungrau, innen schwarz. Der Gefäßkörper ist ergänzt[216]

Π 153 K (Taf. 65,2; XL,3)
Teil eines kleinen, bauchigen Gefäßes mit leicht konvex geschwungener Wandung. Unter dem Rand sitzt ein röhrenförmiger Ausguß, dessen vorderer Teil abgebrochen ist. Die Oberfläche ist uneben und ziegelrot mit grauen Flecken
H. 6,2 cm; Rdm. 5,3 cm

b. Trichterschüsseln von hoher und flacher tellerartiger Form

Π 207 K (Taf. 65,3; XL,2)
Tiefe steilwandige Schüssel mit leicht einziehendem Rand und Henkelansatz. Die Oberfläche ist braun, schwarzgrau gefleckt
Ergänzt. H. 18 cm; Rdm. 16 cm

Π 18 K (Taf. 65,4; XL,4)
Kleine Trichterschüssel mit einem flüchtig ausgeführten Stichband auf der Innenseite unter dem Rand. Die Oberfläche ist grob und uneben, außen schwarz und braungefleckt, innen braun. Der Rand und Teile der Wandung sind ergänzt
H. 7–7,5 cm; Rdm. 14 cm

---

215) Taf. 28,1; Beilage 15,Vb:3–6.
216) Zu Form und Ausguß vgl. Evans u. Renfrew (1968) Taf. 33,a–b; Abb. 59,13 (mit doppeltem Ausguß).

Π 19 K (Taf. 65,5; XL,7)
Trichterschüssel. Die grobe Oberfläche ist braunrot, grau gefleckt
Ergänzt. H. 5,8 cm; Rdm. 16,5 cm

Π 165 K (Taf. 65,6; XL,5)
Grobe dickwandige Trichterschüssel. Die Oberfläche ist grau, schwarz gefleckt und uneben
Ergänzt. H. 8 cm; Rdm. 18 cm

Π 76 (Taf. 65,7; XL,8)
Kleine dickwandige Trichterschüssel mit zwei waagrecht am Rand angebrachten, senkrecht durchbohrten Griffzapfen. Die Oberfläche ist gelblichbraun. Das Gefäß ist vollständig erhalten
H. 7–8 cm; Rdm. 11,5 cm [217]

Π 221 K (Taf. 65,8; XL,6)
Trichterschüssel mit grober dicker Wandung und zwei diametral unter dem Rand ansetzenden großen Spitzknubben. Die Oberfläche ist grau
Ergänzte H. 10,5 cm; Rdm. 18 cm

Π 168 K (Taf. 65,9; XL,9)
Steilwandige Schüssel mit leicht einziehendem Rand. Eines der erhaltenen Randstücke trägt an der Lippe eine Knubbe. Die Oberfläche ist grauschwarz, rot gefleckt
Ergänzte H. 8 cm; Rdm. 11,5 cm

Π 28 (Taf. 66,1; XL,10)
Flache Trichterschüssel mit ringfußartig abgesetzter Standfläche, breiter schräg nach außen abgestrichener Lippe und leicht konkav geschwungener Wandung. Die Oberfläche ist innen braun, außen gelblich, schwarz gefleckt
Ergänzte H. 4,5 cm; Rdm. 17,5 cm

Π 20 K (Taf. 66,2; XL,13)
Flache Trichterschüssel mit abgerundeter Lippe und leicht konnkav geschwungener Wandung. Die Oberfläche ist graubraun. Das Gefäß ist zu 80 % ergänzt
H. 3,5 cm; Rdm. 17 cm

Π 21 (Taf. 66,3; XL,11)
Dickwandige Trichterschüssel mit gerundet waagrecht abgestrichener Lippe. Die Oberfläche ist braunrot und grob
Ergänzt. H. 5,2 cm; Rdm. 17,5 cm

Π 22 K (Taf. 66,4; XL,14)
Trichterschüssel von ähnlicher Gestalt mit sehr dicker Wandung und nach außen gebogener, breiter schräg abgestrichener Lippe. Die Oberfläche ist rötlichbraun und sehr grob
Ergänzt. H. 4,4 cm; Rdm. 14 cm

Π 24 K (Taf. 66,5; XL,12)
Trichterschüssel mit dicker, unregelmäßig ausladender Wandung. Die Oberfläche ist graubraun, innen etwas heller
Ergänzt. H. 5 cm; Rdm. 15 cm

Π 25 K (Taf. 66,6; XLI,1)
Dickwandige Trichterschüssel mit gerundet schräg nach außen abgestrichener Lippe. Die Oberfläche ist außen grauschwarz, innen graubraun. Das Gefäß ist zu vier Fünfteln ergänzt
H. 3,5 cm; Rdm. 13,5 cm

Π 26 K (Taf. 66,7; XL,15)
Trichterschüssel von ähnlicher Gestalt wie Π 25 mit dicker gerundeter Lippe. Die Oberfläche ist innen grau, außen hellgrau. Das Gefäß ist zu vier Fünfteln ergänzt
H. 4,5 cm; Rdm. 13,5 cm

Π 27 (Taf. 66,8; XLI,5)
Trichterschüssel. Die Oberfläche ist graubraun
Ergänzt. H. 3,5 cm; Rdm. 11,5 cm

Π 30 K (Taf. 66,9; XLI,6)
Trichterschüssel. Die grobe Oberfläche ist grau, in braun übergehend. Das Gefäß ist zu vier Fünfteln ergänzt
H. 6 cm; Rdm. 18,5 cm

Π 32 (Taf. 66,10; XLI,9)
Ähnliche, etwas kleinere Trichterschüssel wie Π 30. Die Oberfläche ist außen braunschwarz, innen braunrötlich. Das Gefäß ist aus fünf Bruchstücken zusammengesetzt und ergänzt
H. 3,5 cm; Rdm. 12,5 cm

Π 34 K (Taf. 67,1; XLI,2)
Kleine Trichterschüssel mit stark ausbiegendem Rand. Die Oberfläche ist grau und grob
Ergänzt. H. 3,5 cm; Rdm. 12,5 cm

---

217) Das Gefäß ist abgebildet bei Zervos II (1963) Abb. 509.

Π 33 K (Taf. 67,2; XLI,7)
Trichterschüssel. Die Oberfläche ist außen graubraun, innen grauschwarz gefleckt. Das Gefäß ist zu vier Fünfteln ergänzt
H. 5 cm; Rdm. 13,5 cm

Π 124 K (Taf. 67,3; XLI,10)
Trichterschüssel. Die Oberfläche ist rötlich. Das Gefäß ist zum größten Teil ergänzt
H. 3,8 cm; Rdm. 10,5 cm

Π 125 K (Taf. 67,4; XLI,3)
Etwas tiefere Trichterschüssel. Die Oberfläche ist graugelblich und grob
Ergänzt. H. 5,5 cm; Rdm. 11,1 cm

Π 126 K (Taf. 67,5)
Trichterschüssel von ähnlicher Gestalt wie Π 125. Die Oberfläche ist hellgrau
Ergänzt. H. 4,7 cm; Rdm. 9,5 cm

Π 128 (Taf. 67,6; XLI,11)
Trichterschüssel mit leicht konkav ausschwingender Wandung. Die Oberfläche ist ziegelrot, stellenweise grau gefleckt und grob
Ergänzt. H. 4 cm; Rdm. 10,4 cm

Π 129 K (Taf. 67,7; XLI,8)
Trichterschüssel mit leicht konvex geschwungener, dicker Wandung. Die Oberfläche ist rötlich, teilweise wechselt sie zu grauen Farbtönen
Ergänzt. H. 5,5 cm; Rdm. 14 cm

Π 130 (Taf. 67,8; XLI,4)
Kleines, grob geformtes Trichterschüsselchen mit dicker Wandung. Die Oberfläche ist grau bis rötlichgrau. Das Gefäß ist bis auf einige Beschädigungen an der Lippe vollständig erhalten
H. 3,5 cm; Rdm. 8,2 cm

Π 131 (Taf. 67,9; XLI,12)
Steilwandige kleine Trichterschüssel. Die Oberfläche ist graugelblich und grob
Ergänzt H. 5 cm; Rdm. 9 cm

Π 132 (Taf. 67,10; XLI,13)
Trichterschüssel mit ausbiegender Lippe. Die Oberfläche ist rot, schwarz gefleckt. Das Gefäß ist zum größten Teil ergänzt
H. 4,5 cm; Rdm. 11,5 cm

Π 133 K (Taf. 67,11; XLI, 14)
Kleine Trichterschüssel mit leicht ausbiegendem Rand. Die grobe Oberfläche ist rot, schwarz gefleckt. Das Gefäß ist zum größten Teil ergänzt
H. 4,3 cm; Rdm. 13,5 cm

Π 215 K (Taf. 68,1; XLI,15)
Trichterschüssel. Die Oberfläche ist braunrötlich. Das Gefäß ist zu vier Fünfteln ergänzt
H. 6,5 cm; Rdm. 1,5 cm

Π 134 K (Taf. 68,2; XLII,1)
Trichterschüssel mit stark ausbiegender Wandung und waagrecht durchbohrter Öse oberhalb der Gefäßmitte; an der gegenüberliegenden Seite ist eine zweite Öse ergänzt. Die polierte Oberfläche ist braun, stellenweise schwarz
Ergänzt. H. 10 cm; Rdm. 21 cm

Π 135 K (Taf. 68,3; XLII,2)
Trichterschüssel von ähnlicher Gestalt. Ein Randstück mit Öse und ein Bodenstück sind erhalten, der Rest ist ergänzt. Die Oberfläche ist rotbraun
H. 6 cm; Rdm. 11,5 cm

5. Fußschüssel

Π 98 K (Taf. 68,4; XLI,16)
Flache Knickwandschüssel (?) mit leicht einziehendem Oberteil und Ringfuß (die Zuordnung ist unsicher, da der Ringfuß sekundär abgeschliffen ist). Die Oberfläche ist schwarz und grob
Ergänzt. H. 11,5 cm; Rdm. 33,5 cm

6. Vierfüßiges Gefäß

Π 230 K (Taf. 68,5; XLII,3)
Bauchige Schüssel von gerundet doppelkonischer Gestalt auf vier niedrigen, zylindrischen Füßchen. Die dicke, abgerundete Lippe ist grob geritzt. Die Oberfläche ist grau. Erhalten sind ein Teil des Bodens mit den Füßen und ein Randstück; der Rest ist ergänzt
H. 11 cm; Rdm. 13 cm

7. Teller

Π 89 K (Taf. 68,6; XLI,18)
Großer, flacher Teller (oder Deckel?) mit abgerundetem Boden. Die Oberfläche ist braunrötlich, stellenweise braun
Ergänzt. H. 5 cm; Rdm. 40 cm

Π 90 K (Taf. 68,7; XLI,17)
Schale von ähnlicher Profilierung wie Π 89. Die Lippe trägt feine, dichte Impressoverzierung. Die Oberfläche variiert von ziegelrot bis gelblichweiß
Ergänzt. H. 4,5 cm; Rdm. 40 cm

Π 91 K (Taf. 68,8)
Flache Schale gleicher Form wie Π 90. Die Oberfläche ist graubraun
Ergänzt. H. 4 cm; Rdm. 33 cm

Π 29 K (Taf. 68,9; XLII,4)
Etwas tiefere Schale derselben Profilierung wie Π 91. Die grobe Oberfläche ist rot, grau gefleckt. Das Gefäß ist aus vier Bruchstücken zusammengesetzt und ergänzt
H. 5 cm; Rdm. 20 cm

8. Bauchige, enghalsige Gefäße

Π 244 (Taf. 69,1; XLIII,2)
Amphore mit bauchigem hochgestrecktem Gefäßkörper, leicht ausbiegendem, niedrigem Zylinderhals und zwei kleinen Bandhenkeln mit flügelartigen Fortsätzen auf der größten Bauchwölbung, zwischen denen zwei diskusförmige Ansätze sitzen. Die Oberfläche ist braunrötlich, schwarz gefleckt
H. 45 cm

Π 239 K (Taf. 69,2; XLII,5)
Amphore von ähnlicher, jedoch eleganterer und schlankerer Gestalt mit stärkerer Betonung der Längsachse und fließendem Übergang von Körper zum niedrigen Zylinderhals. In der Höhe der größten Bauchwölbung sitzen zwei vertikale Bandhenkel. Die geglättete Oberfläche ist grauschwarz
Ergänzt. H. 45 cm

Π 197 K (Taf. 69,3; XLIII,7)
Bauchiges, henkelloses Gefäß, mit der größten Breite in Schulterhöhe. Auf der Schulter, die sanft geschweift in einen niedrigen Zylinderhals übergeht, sitzen diametral zwei Knubben. Die gut geglättete Oberfläche variiert von grauschwarz zu braun
Ergänzt. H. 34 cm

Π 199 (Taf. 69,4; XLII,6)
Doppelkonisches Gefäß mit gerundetem Umbruch und engem Hals. Die Wandung zieht gegen den Boden zu stark ein. Der Übergang von der Schulter zum niedrigen Hals ist fließend. Die Lippe biegt leicht aus. Am Bauchknick sitzen drei senkrechte Henkel von ovalem Querschnitt. Die geglättete Oberfläche ist braun, grau gefleckt. Das Gefäß ist bis auf kleine Beschädigungen vollständig erhalten
H. 41,5 cm [218]

---

218) Vgl. Deshayes, BCH. 94, 1970, 803 Abb. 11, „Type Vinča C. néol. moyen".

Π 240 K (Taf. 69,5; XLIII,1)
Großes bauchiges Gefäß, mit größtem Durchmesser im oberen Teil. Die breiteste Stelle wird durch zwei senkrechte Bandhenkel noch betont. Der Gefäßhals ist nicht erhalten, der heutige Rand ist durch sekundäres Abschleifen entstanden. Die Oberfläche ist graubraun. Teilweise ergänzt
Erh. H. 33 cm

Π 157 K (Taf. 69,6; XLII,8)
Henkelloses, grob doppelkonisches Gefäß mit weitem Zylinderhals. Die Gefäßwandung ist dick und steigt ungleichmäßig auf. Die Oberfläche ist gelblichgrau, schwarz gefleckt und stark beschädigt. Das Gefäß ist vollständig erhalten
H. 10,5 cm

9. Henkelkannen

Π 62 (Taf. 69,7; XLII,9)
Henkelkanne mit fast doppelkonischem Körper und weitem Zylinderhals. Der ergänzte Henkel reicht von der Mündung bis zum Wandknick. Die Oberfläche ist braun, grob und stark bechädigt
Ergänzt. H. 6,5 cm; Rdm. 9 cm

Π 64 K (Taf. 69,8; XLII,7)
Henkelkanne mit tief sitzendem Wandknick, konischem Unterteil und trichterförmigem Oberteil. Der Henkel setzt unter dem Rand an und reicht bis zum Bauchknick. Die Oberfläche ist rötlich, stellenweise schwarz. Das Gefäß ist zur Hälfte ergänzt
H. 12,5 cm; Rdm. 8 cm

10. Askoskanne

Π 158 (Taf. 69,9; XLIV,7)
Askoskanne mit betonter senkrechter Achse und hohem geradem Hals. Der dicke, leicht hochgezogene Bandhenkel setzt am Rand an und reicht bis zum „Rücken". Die am Ende des Rückens sitzende Knubbe verdeutlicht das Vogelvorbild. Die Oberfläche ist grauschwarz. Auf der Stirnseite befinden sich zwei Flicklöcher
Ergänzt. H. 28 cm; größter Bauchdm. 24,5 cm. Frühbronzezeit

11. Einhenkelige Trinkgefäße

Π 136 K (Taf. 70,1; XLIII,8)
Trichterförmige Tasse mit flachem Boden und senkrechtem, an Rand und Körpermitte ansetzendem, groben Bandhenkel. Die grobe Oberfläche ist ziegelrot, stellenweise grau. Das Gefäß ist zum größten Teil ergänzt
H. 12,2 cm; Rdm. 17 cm

Π 137 K (Taf. 70,2; XLIII,4)
Trichterförmige Tasse mit senkrechtem vom Rand bis zum Boden reichendem Henkel. Die Oberfläche ist braun und uneben. Der Henkel und Teile des Randes sind ergänzt
H. 5 cm; Rdm. 11 cm

Π 147 K (Taf. 70,3; XLIII,5)
Doppelkonische Tasse, Knickwandprofil mit senkrechtem, vom Rand zum Bauchknick reichendem Bandhenkel, der außen durch eine Mittelfurche gegliedert ist. Die Oberfläche variiert von ziegelrot zu grau
H. 6 cm

Π 78 K (Taf. 70,4; XLIV,11)
Weitmundiges zweihenkeliges Gefäß mit kugeligem Körper und niedrigem weitem Hals (Becher?). Die zwei oberständigen Henkel setzen am Rand an und enden am Bauch (einer ergänzt). Unter dem Rand sitzen beidseits der Henkel sichelförmige plastische Ansätze
Ergänzt. H. 14 cm; Rdm. 12,2 cm. Frühbronzezeit?

12. Schöpfgefäße

Π 83 (Taf. 70,5; XLIII,6)
Löffelförmiges Schöpfgefäß mit flachem Boden und dicken, außen geraden, innen eingetieften Wänden. Der wohl stabförmige Griff ist nicht erhalten. Die Oberfläche ist ziegelrot, am Boden schwarz gefleckt
H. 2,8 cm; L. mit ergänztem Griff 14 cm

Π 84 (Taf. 70,6; XLIII,3)
Kleines pfeifenförmiges Schöpfgefäß mit schmaler Standfläche, schräger Mündung und kurzem hornförmigem Griff. Die Oberfläche variiert von grau zu ziegelrot und ist sehr grob. Griff und Teile des Randes sind ergänzt
H. 3–4 cm; L. mit Griff 14 cm

13. Gefäßdeckel (?)

Π 72 (Taf. 70,7; XLIV,1)
Konisches Gefäß mit gerundetem Umbruch und mit dicht durchlochter Wandung und einem größeren Loch an der Spitze. Die Oberfläche ist ziegelrot, grau gefleckt[219]
Ergänzt. H. 8,7 cm; gr. Dm. 12,8 cm[220]

Π 73 K (Taf. 70,8; XLIV,2)
Teil eines ähnlichen Gefäßes mit durchbohrter Wandung. Die Oberfläche ist grau
Ergänzt. H. 8 cm; gr. Dm. 12,8 cm

Π 166 (Taf. 71,1; XLIV,6)
Konisches dickwandiges Gefäß (Deckel ?). Die Oberfläche ist ziegelrot und sehr grob glattgestrichen. Das Gefäß ist vollständig erhalten
H. 7,5 cm; Rdm. 17,5 cm[221]

14. Miniaturgefäße

Π 142 K (Taf. 71,2; XLIV,3)
Doppelkonisches Miniaturgefäß. Die Oberfläche ist ziegelrot, schwarz gefleckt. Die Hälfte des Gefäßes ist ergänzt
H. 4,5 cm; Rdm. 5 cm

Π 143 (Taf. 71,3; XLIV,4)
Grob doppelkonisches Miniaturgefäß mit tief angesetztem Wandknick. Die Oberfläche ist grau. Das Gefäß ist fast vollständig erhalten
H. 3,2 cm; Rdm. 3,5 cm

Π 145 (Taf. 71,4; XLIV,10)
Unterteil eines doppelkonischen Miniaturkruges. Auf der schräg gerieften Schulter ist der Ansatz eines Henkels erhalten. Der Zylinderhals ist abgebrochen und sekundär abgeschliffen. Am Knick sitzen drei Knubben. Die Oberfläche ist ziegelrot. Zur ursprünglichen Form vgl. Taf. 44–45
H. 5,3 cm; Rdm. 6 cm

---

219) Das Verhältnis von Höhe zu Durchmesser weist darauf hin, daß es sich wohl nicht um Siebe, sondern eher um Deckel, etwa von Rauchgefäßen, handelt.
220) Das Gefäß ist abgebildet bei Zervos II (1963) Abb. 507; vgl. dazu unsere Taf. 5,a:3; 21,a:1–2; I,e:1; IV,b:1–2; auch Mikov, Bull. Soc. Bulg. Géogr. 5, 1937, 169 Abb. 12 ff.
221) Das Gefäß ist abgebildet bei Zervos, ebd. Abb. 519.

Π 146 (Taf. 71,5; XLIV,8)
Doppelkonisches Miniaturgefäß mit enger Mündung und zwei senkrecht durchbohrten Ösen am Bauchknick (eine erhalten). Die Oberfläche ist schwarz und trägt grobe, flüchtige Einritzungen. Die Hälfte des Gefäßes ist ergänzt
H. 4 cm; Rdm. 2,3 cm

Π 148 K (Taf. XLIV,16)
Dickwandiges, zylinderförmiges Miniaturgefäß mit leicht eingeschnürter Halszone. Die Oberfläche ist ziegelrot, grau und uneben
Ergänzt. H. 8,5 cm; Rdm. 5,5 cm

Π 149 (Taf. 71,6; XLIV,9)
Miniaturgefäß in Gestalt eines „Schnapsgläschens" mit dicken, etwas schiefen Seiten. Die grobe Oberfläche variiert von ziegelrot zu grau
Ergänzt. H. 6 cm; Rdm. 4,8 cm

Π 150 (Taf. 71,7; XLIV,5)
Zylindrisches Miniaturgefäß mit dicken, leicht konvex geschweiften Wänden. Die Oberfläche ist ziegelrot, schwarz gefleckt
Ergänzt. H. 4,2 cm

Π 151 (Taf. 71,8; XLIV,13)
Miniatur-„Fruchtschale" mit spulenförmigem Fuß und einziehendem Rand. Die Oberfläche ist grob und variiert von ziegelrot bis grau
Ergänzt. H. 7,9 cm; Rdm. 9,5 cm

Π 152 (Taf. 71,9; XLIV,14)
Miniaturgefäß von ähnlicher Gestalt mit nahezu halbkugeliger Kalotte und leicht konischem Fuß. Die Oberfläche ist hellgrau und grob
Ergänzt. H. 4,7–5,2 cm; Rdm. 8,3 cm

Π 156 K (Taf. 71,10; XLIV,15)
Flache, leicht ovale Miniaturschale mit sehr dicker Wandung. Die Oberfläche ist braunrot
Ergänzt. Dm. 5,7 bzw. 8 cm

Π 705 K (Taf. XLIV,12)
Miniaturgefäß doppelkonischer Form mit gegenständigen hochgezogenen Henkeln. Die Oberfläche ist braunorange
Ergänzt. H. 6 cm; Rdm. 4,5 cm

Kleinfunde

Steingefässe

Π 656 (Taf. 72,1a–b; XLV,1)
Kleine Schale (?) mit flach abgeschliffenem Rand, einem Loch in der Mitte und abgerundetem Boden (Deckel?). Das Gefäß ist aus zwei Stücken zusammengesetzt
Rdm. 6,5 cm

Π 658 (Taf. 72,2a–b; XLV,4)
Kleine flache Marmorschale von unregelmäßigem Umriß und mit abgerundetem Boden. Aus drei Bruchstücken zusammengesetzt
Dm. 7,5–9 cm

Π 708 (Taf. 72,3a–b; XLV,3)
Bruchstück einer flachen Steinschale mit flach abgeschliffenem Rand und abgerundetem Boden. Unter dem Rand sitzt ein Loch (antike Flickung?)
Ergänzt. Rdm. 7,2 cm

Π 657 a (Taf. XLV,2)
Runde, kleine Schale aus weißem Marmor, von der ein Drittel erhalten ist
Ergänzt. Rdm. 11 cm

Tonidole

Π 685 (Taf. 72,4; XLV,5)
Schematisches Tonidol mit plattenförmigem Körper ohne Andeutung der Glieder. Über den Bauch läuft eine gewinkelte Leiste, darüber Ansätze von zwei Warzen. Kopf und Hals sind abgebrochen
H. 7,5 cm

Π 706 a (Taf. 72,5; XLV,7)
Tonidol in Gestalt einer rechteckigen, länglichen Platte. Der Kopf ist abgebrochen. Die Standfläche ist leicht verdickt. Über den Bauch läuft eine kantige Leiste. In den Ecken der Oberseite sitzen zwei Löcher
L. 8,5 cm; B. 4,5 cm

Π 706 b (Taf. 72,6; XLV,6)
Weibliches Tonidol mit flachem, länglichem Körper. Hals spitz zulaufend, Kopf abgebrochen. Schulter, Brust und Rücken sind plastisch grob angedeutet. Auf der Unterseite befindet sich eine kleine ca. 0,6 cm tiefe Vertikalbohrung
H. 5,5 cm; B. 3,5 cm

Π 706 c (Taf. 72,7; XLV,8)
Rumpfbruchstück eines weiblichen Tonidols. Die Schulter und der dicke Hals sind grob angedeutet, die Brüste plastisch wiedergegeben. Kopf und Unterteil sind abgebrochen, unten befindet sich eine ca. 0,5 cm tiefe Vertikalbohrung. Die ganze Oberfläche ist auf beiden Seiten mit parallelen senkrechten Reihen von Einstichen verziert, auf einer Seitenfläche ist das Stück mit horizontalen Ritzlinien versehen
H. 4,5 cm; Schulter-B. 6,3 cm

Π 712 (Taf. 72,8; XLV,9)
Idolkopf aus Ton. Nase und Ohren sind an dem rundlichen Gesicht plastisch wiedergegeben, die mandelförmigen Augen und der Mund durch tiefe Einritzungen. Unter dem Mundschlitz trägt der Kopf vier längliche Einstiche. Die Ohren sind durch tiefe palmettenförmig angeordnete Eindrücke betont
H. 4 cm; B. 4,4 cm

Stein-, Knochen- und Eberzahn- sowie Tongeräte

In der Sammlung der Universität Thessaloniki befinden sich zahlreiche Mahlsteine von der Tumba, die jedoch hier nicht abgebildet werden sollen.

Steingeräte

Π 664 (Taf. 73,21–22)
Zwei Feuersteinklingen
Erh. L. 4,7 cm; 3,6 cm

Π 665 (Taf. 73,17–18)
Zwei Feuersteinklingen
Erh. L. 10,5 cm; 5,3 cm

Π 666
Ein Feuersteinabschlag (Taf. 73,23)
Erh. L. 2,6 cm
Zwei Feuersteinklingen (Taf. 73,19–20)
Erh. L. 4,5 cm; 6,2 cm

Zehn Felsgesteingeräte verschiedener Form:
(Taf. 73,1–10)

Π 659 b (Taf. 73,2)
Steinbeil, aschgrauer Stein
L. 6 cm

Π 659 c (Taf. 73,4)
Steinbeil, aschgrauer Stein
L. 6,4 cm

Π 669 (Taf. 73,7)
Steinbeil, aschgrauer Stein
L. 10 cm

Π 675 b (Taf. 73,3)
Steinbeil, aschgrauer Stein
L. 4,6 cm

Π 651 a (Taf. 73,8)
Steinbeil, schwarzer Stein
L. 5,7 cm

Π 651 b (Taf. 73,1)
Steinbeil, aschgrauer Stein
L. 5 cm

Π 711 a (Taf. 73,6)
Steinbeil, schwarz-aschgrauer Stein
L. 6,5 cm

Π 711 b (Taf. 73,9)
Steinbeil, schwarz-aschgrauer Stein
L. 5,7 cm

Π 711 c (Taf. 73,5)
Steinbeil, grün-aschgrauer Stein
L. 7,5 cm

Π 707 (Taf. 73,10; XL,10)
Bruchstück einer durchbohrten Steinaxt
Erh. L. 10 cm

Knochen- und Eberzahngeräte

Π 672. Drei Geräte
a: bogenförmige Platte aus Eberzahn mit zwei Löchern (Taf. 73,16; XLV,19)
L. 4,5 cm; B. 2 cm

b: Museum Komotini
Knochenmeißel (Taf. 73,12)
L. 6,5 cm

c: Knochenpfriem (Taf. 73,11)
L. 7,2 cm

Π 678 a Museum Komotini
Knochenpfriem (Taf. 73,14)
L. 10 cm

Π 678 b Museum Komotini
zahnähnliches Knochenstück (Taf. 73,15)
L. 5,8 cm

Π 678 Museum Komotini
Knochenmeißel (Taf. 73,13; XLV,18)
L. 9,7 cm

Tongeräte

Π 709
Vier tönerne Spinnwirtel
a: von konischer Form (Taf. 73,27; XLV,14)
H. 3,5 cm; Dm. 5,5 cm

b: desgl. (Taf. 73,29; XLV,15)
H. 3,0 cm; Dm. 4,5 cm

c: von kugeliger Form (Taf. 73,25; XLV,16)
H. 3,0 cm; Dm. 3,2 cm

d: von Diskusform (Taf. 73,26; XLV,13)
H. 2,2 cm; Dm. 5,0 cm

Π 710
a: Tonspule (Taf. 73,24; XLV.11)
H. 3,0 cm; Dm. 3,0 cm

b: Schleuderkugel (Taf. 73,30; XLV,12)
L. 5 cm

c: Spinnwirtel, ursprünglich Scherbe (?), diskusförmig, auf einer Seite ritzverziert (Taf. 73,28; XLV,17)
Dm. 3,5–4 cm

VERZEICHNIS ZU DEN TAFELN 1–73, I–XLV UND ZU DEN BEILAGEN 1–16 MIT KONKORDANZ

VERZEICHNIS ZU DEN TAFELN 1–73

Tafel 1
- Paradimi
- a Nordabhang der Tumba von Paradimi
- b Ost- und Westgrenze des Schnittes von Kyriakidis und Pelekidis

Tafel 2
- Paradimi (vgl. auch Taf. I,a:1–5.b:1–4; Beilage 4,1)
- a Ausgewählte Scherben aus der völlig gestörten Humusschicht 1, vgl. Beilage 3, Schicht 1
- b Scherben Π 821. Monochrome Keramik, stich- und ritzverziert. Grabung Kyriakidis u. Pelekidis

Tafel 3
- Paradimi (vgl. auch Taf. I,c:1–6)
- a Ausgewählte Scherben aus der gestörten Schicht 2, vgl. Beilage 3, Schicht 2
- b Ausgewählte Scherben aus der aschigen Schicht 3, vgl. Beilage 3, Schicht 3

Tafel 4
- Paradimi (vgl. auch Beilage 15,Va:1)
- a–b Aus der aschigen Schicht 3, vgl. Beilage 3, Schicht 3
- a 1–7 Ausgewählte Scherben und tönerne Schleuderkugel
- b 1   Obsidianklinge
- b 2   Knochenpfriem
- b 3   Silexklinge

Tafel 5
- Paradimi (vgl. auch Taf. I,e:1–4)
- a–b Aus Schicht 4, vgl. Beilage 3, Schicht 4
- a 1–7 Ausgewählte Scherben
- b 1–3 Marine Muscheln
- b 4–5 Fragmente von Steingefäßen

Tafel 6
- Paradimi (vgl. auch Taf. II,a:1; Beilage 4,2).
- a   Aus Schicht 4, vgl. Beilage 3, Schicht 4
- 1.10 Obsidianklingen
- 2.7–8 Silexklingen
- 3.5   Knochenpfrieme
- 9   Tonschleuder
- b 1–2 Aus Schicht 5, vgl. Beilage 3, Schicht 5 Verbrannter Hüttenlehm und Fragment einer Knickwandschale
- c 1–2 Erster und zweiter Lehmestrichboden
- c 3   Breiter Spalt zwischen der Grabung von Kyriakidis und Pelekidis und unserem Schnitt

Tafel 7
- Paradimi (vgl. auch Taf. II,a:2–3.5)
- a–b Aus der Schicht 5, vgl. Beilage 3, Schicht 5
- Ausgewählte Scherben
- a   Außenseiten
- b   Innenseiten
- 1–4 Beidseitig graphitbemalte Scherben
- 5–6 Fragmente von „black-topped"-Gefäßen

Tafel 8
- Paradimi (vgl. auch Taf. II,a:4.6–10)
- a–b Aus der Schicht 5, vgl. Beilage 3, Schicht 5
- a   Außenseiten
- b   Innenseiten
- 1–5 Beidseitig graphitbemalte Scherben
- 6   Graphitbemalung, nur Außenseite

Tafel 9
- Paradimi (vgl. auch Taf. II,a:11–19)
- a–b Aus der Schicht 5, vgl. Beilage 3, Schicht 5
- Graphitbemalte Scherben
- a 1.3.5–7 Bemalung nur Außenseite

a 2.4	Beidseitig bemalt		a 2–4	Steinbeil
b 1–3	Fragmente einer graphitbemalten Kanne mit Bandhenkel		a 5	Spinnwirtel
			a 6.10	Knochenpfrieme
b 4	Idolfragment		a 7.9	Astragale von Ziege (?) und Kalb (?)
			a 8	Silexklinge
			b 1–10	Ausgewählte Scherben

Tafel 10
Paradimi (vgl. auch Taf. 57,5–7; Beilage 4,3; 5,2–3; 6,1–2; 14,IIIb:4)
a Aus Schicht 5, vgl. Beilage 3, Schicht 5
1–6 Marine Muscheln, Tierzahn, Knochenmeißel
b Aus Schicht 6, vgl. Beilage 3, Schicht 6
1–7 Ausgewählte Scherben

Tafel 11
Paradimi (vgl. auch Taf. II,b:1–4; Beilage 5,1; 14,IIIb:3)
a–b Aus Schicht 6; vgl. Beilage 3, Schicht 6
a–b Ausgewählte Scherben

Tafel 12
Paradimi (vgl. auch Taf. II,b:5–14; Beilage 14,IIIb:5)
a–b Aus Schicht 6; vgl. Beilage 3, Schicht 6
a Marine Muscheln, Obsidianklinge, Steinbeilfragment und ausgewählte Scherben
b Fragmente vierfüßiger „black-topped" Schalen

Tafel 13
Kokkinochoma (Proskynites)
a–d Gefäßbruchstücke aus der Slg. Maroneia
a 1 vgl. Deltion 26, 1971, Chronika, 430 Abb. 8,5
a 3 vgl. ebd. Abb. 8,4 und Taf. 427,b:5
a 4 vgl. ebd. Taf. 427,b:6
d 1 vgl. ebd. Abb. 7,1 und Taf. 427,b:1

Tafel 14
Paradimi (vgl. auch Taf. III,a:1–4; Beilage 6,3–6)
a Aus der aschigen Schicht 7, vgl. Beilage 3, Schicht 7
b Aus Schicht 8, vgl. Beilage 3, Schicht 8
a 1 Tonscheibe

Tafel 15
Paradimi (vgl. auch Taf. III,b:1–5; Beilage 7,1–3)
a–b Aus Schicht 9, vgl. Beilage 3, Schicht 9
a 1–9 Ausgewählte Scherben
b 1–5 Marine Muscheln
b 6.8–9 Knochenpfrieme
b 7.11 Knochenmeißel
b 10 Knochennadel

Tafel 16
Paradimi (vgl. auch Beilage 14,IIIa:3)
a Aus Schicht 10, vgl. Beilage 3, Schicht 10
b Aus Schicht 11, vgl. Beilage 3, Schicht 11
a 1–7 Ausgewählte Scherben und tönerne Schleuderkugel
b 1 Büffelhorn

Tafel 17
Paradimi (vgl. auch Beilage 8,1–2; 13,II:3–4)
a–b Aus Schicht 11, vgl. Beilage 3, Schicht 11
a–b Ausgewählte Scherben

Tafel 18
Paradimi (vgl. auch Beilage 8,3)
a–b Aus Schicht 11, vgl. Beilage 3, Schicht 11
a 1–10 Ausgewählte Scherben
b 1–3 Marine Muscheln
b 4–5.8–10 Knochenpfrieme
b 16–17 Knochenpfrieme
b 6 Knochenlöffel
b 7 Durchbohrtes Steinplättchen
b 11–15 Silex- und Obsidianklingen

Tafel 19
Paradimi (vgl. auch Taf. III,c:1–3.5–7; Beilage 9,1–9)
a–b Aus Schicht 13, vgl. Beilage 3, Schicht 13
a–b Ausgewählte Scherben

Tafel 20
Paradimi (vgl. auch Taf. III,c:4.8–15; IV,a:1–7; Beilage 13,II:5)
a Aus Schicht 13, vgl. Beilage 3, Schicht 13
b Aus Schicht 14, vgl. Beilage 3, Schicht 14
a 1–13 Ausgewählte Scherben
b 1–5 Scherben von vierfüßigen „black-topped"-Schalen
b 6–12 Marine Muschel, Knochen, Obsidian- und Silexabschläge

Tafel 21
Paradimi (vgl. auch Taf. IV,b:1–5.c:1.3.5; Beilage 10,1–2; 13,I:4)
a Aus Schicht 15, vgl. Beilage 3, Schicht 15
b Aus Schicht 17, vgl. Beilage 3, Schicht 17
a–b Ausgewählte Scherben

Tafel 22
Paradimi (vgl. auch Taf. IV,c:2.4.6–10; Beilage 10,3–5; 13,I:5)
a Aus Schicht 17, vgl. Beilage 3, Schicht 17
b Aus Schicht 17, vgl. Beilage 3, Schicht 17
a Hüttenlehm mit dem Fragment einer vierfüßigen Schale
b 1–11 Ausgewählte Scherben

Tafel 23
1–4 Paradimi
5–6 Kokkinochoma (Proskynites)
1–2 Schicht 17, vgl. Beilage 3, Schicht 17
Boden und Teil der Wand einer Vorratsgrube
3–4 Zwei „Bothroi" der Grabung von Kyriakidis u. Pelekidis
5–6 Kokkinochoma. Scherben, Slg. Maroneia. (vgl. Deltion 26, 1971, 429 Taf. 427,d:3)

Tafel 24
Paradimi (vgl. auch Beilage 11,1–2; 12,1–4; 13,I:2)
a–b Aus Schicht 17, vgl. Beilage 3, Schicht 17
a 1–5 Fragmente vierfüßiger Schalen vom Boden der Vorratsgrube in Schicht 17
b 1–5 Fragmente vom Boden der Vorratsgrube in Schicht 17

Tafel 25
Proskynites, Slg. Maroneia
a 1–4 Innenseiten
b 1–4 Außenseiten
Fragmente vierfüßiger Schalen

Tafel 26
a Proskynites, Slg. Maroneia
b:1–5 Paradimi; 6 Maroneia-Höhle (vgl. auch Taf. IV,f:1–5)
a 1–7 Fragmente vierfüßiger Schalen
b 1–3 Ritz- und impressoverzierte Scherben Π 823–824
b 4–5 Graphitbemalte Scherben
b 6 Graphitbemaltes Gefäßfragment

Tafel 27
Paradimi
Stichverziertes Gefäß

Tafel 28
Paradimi (vgl. auch Beilage 15,Vb:3)
Aus dem Ergänzungsschnitt
Ausgewählte Scherben der frühen Bronzezeit

Tafel 29
Paradimi (vgl. auch Taf. IV,e:1; Beilage 15,Vb:2)
a:1–3.b1–4 Aus dem Ergänzungsschnitt; a 4 Oberflächenfund
a 1 Steingerät
a 2 Silexklinge
a 3 Tierzahn
a 4 Steinerner Idolkopf
b 1–3 Scherben der frühen Bronzezeit
b 4 Idolkopf aus Ton

Tafel 30
bis
Tafel 73   Paradimi. Grabung von Kyriakidis und Pelekidis

Tafel 30
  Paradimi (vgl. auch Taf. IV,d:1–4; V,a:1)
  Graphitbemalte Keramik, Gruppe I

Tafel 31
  Paradimi (vgl. auch Taf. V,b:1; VI,a:1–6)
  1–6 Graphitbemalte Keramik, Gruppe I
  7 Bemalte Keramik, Gruppe IIA

Tafel 32
  Paradimi (vgl. auch Taf. VI,b:1–10)
  1–4 Bemalte Keramik, Gruppe IIA
  5 Bemalte Keramik, Gruppe IIB

Tafel 33
  Paradimi (vgl. auch Taf. VII,1–9)
  Feine schwarzpolierte Keramik, Gruppe IIIA

Tafel 34
  Paradimi (vgl. auch Taf. VIII,1–7)
  Feine schwarzpolierte Keramik, Gruppe IIIA

Tafel 35
  Paradimi (vgl. auch Taf. IX,1–4)
  Feine schwarzpolierte Keramik, Gruppe IIIA

Tafel 36
  Paradimi (vgl. auch Taf. X,1–12)
  Feine schwarzpolierte Keramik, Gruppe IIIA

Tafel 37
  Paradimi (vgl. auch Taf. XI,1–9)
  Feine schwarzpolierte Keramik, Gruppe IIIA

Tafel 38
  Paradimi (vgl. auch Taf. XII,1–5; XIII,2)
  Monochrome Keramik, Gruppe IIIB

Tafel 39
  Paradimi (vgl. auch Taf. XIII,1; XIV,1–2)
  Monochrome Keramik, Gruppe IIIB

Tafel 40
  Paradimi (vgl. auch Taf. XV,1–2; XVI,1–3; XVII,1; Beilage 13,II:1)
  Monochrome Keramik, Gruppe IIIB

Tafel 41
  Paradimi (vgl. auch Taf. XVII,2–3; XVIII,1–3)
  Monochrome Keramik, Gruppe IIIB

Tafel 42
  Paradimi (vgl. auch Taf. XVIII,4–7)
  Monochrome Keramik, Gruppe IIIB

Tafel 43
  Paradimi (vgl. auch Taf. XIX,1–3)
  Monochrome Keramik, Gruppe IIIB

Tafel 44
und
Tafel 45
  Paradimi (vgl. auch Taf. XIX,4–6; XX,1–7)
  Monochrome und partiell schwarzpolierte Keramik, Gruppe IIIB

Tafel 46
  Paradimi (vgl. auch Taf. XXI,1–5; XXII,1; Beilage 14,IIIa:1)
  Monochrome und partiell schwarzpolierte Keramik, Gruppe IIIB

Tafel 47
  Paradimi (vgl. auch Taf. XXII,2–3; XXIII,1–4)
  Monochrome und partiell schwarzpolierte Keramik, Gruppe IIIB

Tafel 48
Paradimi (vgl. auch Taf. 47,1; XXIII,1.5)
Partiell schwarzpolierte Keramik,
Gruppe IIIB

Tafel 49
Paradimi (vgl. auch Taf. XXIV,1–7)
Monochrome und partiell schwarz-
polierte Keramik, Gruppe IIIB

Tafel 50
Paradimi (vgl. auch Taf. 49,4–5;
XXIV,1–2)
Partiell schwarzpolierte Keramik,
Gruppe IIIB

Tafel 51
Paradimi (vgl. auch Taf. XXV,1–5)
Monochrome und partiell schwarz-
polierte Keramik, Gruppe IIIB

Tafel 52
Paradimi (vgl. auch Taf. 48,2; XXIII,5;
XXVI,1–4; Beilage 14,IIIa:2)
Monochrome und partiell schwarz-
polierte Keramik, Gruppe IIIB

Tafel 53
Paradimi (vgl. auch Taf. XXVI,5–6
XXVII,1–5)
Monochrome und partiell schwarz-
polierte Keramik, Gruppe IIIB

Tafel 54
Paradimi (vgl. auch Taf. XXVII,6–9;
XXVIII,1–2)
Monochrome Keramik, Gruppe IIIB

Tafel 55
Paradimi (vgl. auch Taf. XXVIII,3–5;
XXIX,1–5; Beilage 14,IIIb:2)
Monochrome Keramik, Gruppe IIIB

Tafel 56
Paradimi (vgl. auch Taf. XXIX,6;
XXX,1–2)
Partiell schwarzpolierte Keramik,
Gruppe IIIB

Tafel 57
Paradimi (vgl. auch Taf. XXX,4–5;
XXXI,1–2)
4a–b Slg. Maroneia
Ritzverzierte Keramik, Gruppe IV

Tafel 58
Paradimi (vgl. auch Taf. XXXI,3;
XXXII,1–6; XXXIII,1–8)
Ritzverzierte Keramik, Gruppe IV

Tafel 59
Paradimi (vgl. auch Taf. XXXIII,
9–12.14–15)
4a–c Slg. Maroneia
Ritzverzierte Keramik, Gruppe IV
6–7 Einpolierte Keramik

Tafel 60
Paradimi (vgl. auch Taf. XXXIV,1–7)
8a–b Slg. Maroneia
Ritzverzierte Keramik, Gruppe IV

Tafel 61
Paradimi (vgl. auch Taf. XXXIV,8–9;
XXXV,1–6)
Grobkeramik, Gruppe V

Tafel 62
Paradimi (vgl. auch Taf. XXXVI,1–8;
XXXVII,1–2)
Grobkeramik, Gruppe V

Tafel 63
Paradimi (vgl. auch Taf. XXXVIII,1–7)
Grobkeramik, Gruppe V

Tafel 64
Paradimi (vgl. auch Taf. XXXIX,1–9)
Grobkeramik, Gruppe V

Tafel 65
Paradimi (vgl. auch Taf. XL,1–9)
Grobkeramik, Gruppe V

Tafel 66
Paradimi (vgl. auch Taf. XL,10–15; XLI,1.5–6.9)
Grobkeramik, Gruppe V

Tafel 67
Paradimi (vgl. auch Taf. XLI,2–4.7–8.10–14)
Grobkeramik, Gruppe V

Tafel 68
Paradimi (vgl. auch Taf. XLI,15–18; XLII,1–4)
Grobkeramik, Gruppe V

Tafel 69
Paradimi (vgl. auch Taf. XLII,5–9; XLIII,1–2.7; XLIV,7)
Grobkeramik, Gruppe V

Tafel 70
Paradimi (vgl. auch Taf. XLIII,3–6.8; XLIV,1–2.11)
Grobkeramik, Gruppe V

Tafel 71
Paradimi (vgl. auch Taf. XLIV,3–6.8–10.13–15)
Grobkeramik, Gruppe V und Miniaturgefäße

Tafel 72
Paradimi (vgl. auch Taf. XLV,1–9)
1–3 Steingefäße
4–8 Tonidole

Tafel 73
Paradimi (vgl. auch Taf. XLV,10–19)
Stein-, Knochen- und Tongeräte

VERZEICHNIS ZU DEN TAFELN I–XLV

Alle Abbildungen sind im M. 1:3 wiedergegeben

Tafel I

a 1 vgl. Taf. 2,a:5
  2 vgl. Taf. 2,a:4
  3 vgl. Taf. 2,a:1
  4 vgl. Taf. 2,a:6
  5 vgl. Taf. 2,a:7
b 1 vgl. Taf. 2,b:2
  2 vgl. Taf. 2,b:3
  3 vgl. Taf. 2,b:1
  4 vgl. Taf. 2,b:4
c 1 vgl. Taf. 3,a:4
  2 vgl. Taf. 3,a:5
  3 vgl. Taf. 3,a:2
  4 vgl. Taf. 3,a:1
  5 vgl. Taf. 3,a:3

  6 vgl. Taf. 3,a:6
d 1 (zu Taf. 4,a)
e 1 vgl. Taf. 5,a:3
  2 vgl. Taf. 5,a:4
  3 vgl. Taf. 5,a:6
  4 vgl. Taf. 5,a:7

Tafel II

a 1 vgl. Taf. 6,b:2
  2 vgl. Taf. 7,a–b:2
  3 vgl. Taf. 7,a–b:3
  4 vgl. Taf. 8,a–b:1
  5 vgl. Taf. 7,a–b:4
  6 vgl. Taf. 8,a–b:5

	7	vgl. Taf. 8,a–b:3			13	vgl. Taf. 20,a:10
	8	vgl. Taf. 8,a–b:6			14	vgl. Taf. 20,a:13
	9	vgl. Taf. 8,a–b:2			15	vgl. Taf. 20,a:1
	10	vgl. Taf. 8,a–b:4				
	11	vgl. Taf. 9,a:5				
	12	vgl. Taf. 9,a:3		Tafel IV		
	13	vgl. Taf. 9,a:6				
	14	vgl. Taf. 9,a:4		a	1	vgl. Taf. 20,b:1
	15	vgl. Taf. 9,a:2			2	vgl. Taf. 20,a:2
	16	vgl. Taf. 9,a:1; Beilage 15,IV:5			3	vgl. Taf. 20,a:5
	17	vgl. Taf. 9,a:7			4	vgl. Taf. 20,a:11
	18	vgl. Taf. 9,b:4			5	vgl. Taf. 20,b:3
	19	vgl. Taf. 9,b:1–3; Beilage 15,IV:6			6	vgl. Taf. 20,b:2
b	1	vgl. Taf. 11,a:7			7	vgl. Taf. 20,b:4
	2	vgl. Taf. 11,b:5		b	1	vgl. Taf. 21,a:1
	3	vgl. Taf. 11,b:3			2	vgl. Taf. 21,a:2
	4	vgl. Taf. 11,b:4			3	vgl. Taf. 21,a:5
	5	vgl. Taf. 12,a:6			4	vgl. Taf. 21,a:3
	6	vgl. Taf. 12,a:7			5	vgl. Taf. 21,a:7
	7	vgl. Taf. 12,a:9		c	1	vgl. Taf. 21,b:3
	8	vgl. Taf. 12,a:8			2	vgl. Taf. 22,b:5
	9	vgl. Taf. 12,a:10			3	vgl. Taf. 21,b:4
	10	vgl. Taf. 12,a:11			4	vgl. Taf. 22,b:6
	11	vgl. Taf. 12,a:12			5	vgl. Taf. 21,b:5
	12	vgl. Taf. 12,a:13			6	vgl. Taf. 22,b:3
	13	vgl. Taf. 12,b:1; Beilage 14,IIIb:5			7	vgl. Taf. 22,b:11
	14	vgl. Taf. 12,b:2			8	vgl. Taf. 22,b:7
					9	vgl. Taf. 22,b:4
					10	vgl. Taf. 22,b:2
Tafel III				d	1	vgl. Taf. 30,b:4
					2	vgl. Taf. 30,b:3
a	1	vgl. Taf. 14,b:2			3	vgl. Taf. 30,b:1
	2	vgl. Taf. 14,b:5			4	vgl. Taf. 30,b:2
	3	vgl. Taf. 14,b:3		e	1	vgl. Taf. 29,b:4
	4	vgl. Taf. 14,b:8		f	1	vgl. Taf. 26,b:2
b	1	vgl. Taf. 15,a:1			2	vgl. Taf. 26,b:5
	2	vgl. Taf. 15,a:4			3	vgl. Taf. 26,b:4
	3	vgl. Taf. 15,a:5			4	vgl. Taf. 26,b:3
	4	vgl. Taf. 15,a:6			5	vgl. Taf. 26,b:1
	5	vgl. Taf. 15,a:9				
c	1	vgl. Taf. 19,b:1		Tafel V		
	2	vgl. Taf. 19,b:7				
	3	vgl. Taf. 19,b:9		a	1	vgl. Taf. 30,a:1
	4	vgl. Taf. 20,a:4		b	1	vgl. Taf. 31,1
	5	vgl. Taf. 19,b:11				
	6	vgl. Taf. 19,b:6				
	7	vgl. Taf. 19,b:10		Tafel VI		
	8	vgl. Taf. 20,a:12				
	9	vgl. Taf. 20,a:8		a	1	vgl. Taf. 31,2
	10	vgl. Taf. 20,a:6			2	vgl. Taf. 31,4
	11	vgl. Taf. 20,a:9			3	vgl. Taf. 31,3
	12	vgl. Taf. 20,a:7			4	vgl. Taf. 31,5

	5	vgl. Taf. 31,6			5	vgl. Taf. 36,5
	6	vgl. Taf. 31,7			6	vgl. Taf. 36,6
b	1	vgl. Taf. 32,1			7	vgl. Taf. 36,7
	2	vgl. Taf. 32,5			8	vgl. Taf. 36,8
	3	vgl. Taf. 32,2			9	vgl. Taf. 36,9
	4	(zu Taf. 32)			10	vgl. Taf. 36,10
	5	(zu Taf. 32)			11	vgl. Taf. 36,11
	6	(zu Taf. 32)			12	vgl. Taf. 36,12
	7	vgl. Taf. 32,3				
	8	(zu Taf. 32)				
	9	vgl. Taf. 32,4				
	10	(zu Taf. 32)				

Tafel VII

1 vgl. Taf. 33,1
2 vgl. Taf. 33,3
3 vgl. Taf. 33,4
4 vgl. Taf. 33,2
5 vgl. Taf. 33,5
6 vgl. Taf. 33,9
7 vgl. Taf. 33,8
8 vgl. Taf. 33,6
9 vgl. Taf. 33,7

Tafel VIII

1 vgl. Taf. 34,1
2 vgl. Taf. 34,2
3 vgl. Taf. 34,4
4 vgl. Taf. 34,5
5 vgl. Taf. 34,7
6 vgl. Taf. 34,3
7 vgl. Taf. 34,6

Tafel IX

1 vgl. Taf. 35,2
2 vgl. Taf. 35,4
3 vgl. Taf. 35,3
4 vgl. Taf. 35,1

Tafel X

1 vgl. Taf. 36,1
2 vgl. Taf. 36,2
3 vgl. Taf. 36,3
4 vgl. Taf. 36,4

Tafel XI

1 vgl. Taf. 37,1
2 vgl. Taf. 37,2
3 vgl. Taf. 37,4
4 vgl. Taf. 37,7
5 vgl. Taf. 37,5; Beilage 15,Vb:8
6 vgl. Taf. 37,8
7 vgl. Taf. 37,10
8 vgl. Taf. 37,9
9 vgl. Taf. 37,11

Tafel XII

1 vgl. Taf. 38,1
2 vgl. Taf. 38,4
3 vgl. Taf. 38,3b
4 vgl. Taf. 38,3c
5 vgl. Taf. 38,3a

Tafel XIII

1 vgl. Taf. 39,1
2 vgl. Taf. 38,2

Tafel XIV

1 vgl. Taf. 39,2
2 vgl. Taf. 39,3

Tafel XV

1 vgl. Taf. 40,1
2 vgl. Taf. 40,3

Tafel XVI

1 vgl. Taf. 40,4
2 vgl. Taf. 40,5
3 vgl. Taf. 40,6; Beilage 13,II:1

Tafel XVII

    1 vgl. Taf. 40,2
    2 vgl. Taf. 41,4
    3 vgl. Taf. 41,1

Tafel XVIII

    1 vgl. Taf. 41,3
    2 vgl. Taf. 41,6
    3 vgl. Taf. 41,5
    4 vgl. Taf. 42,3
    5 vgl. Taf. 42,4
    6 vgl. Taf. 42,1
    7 vgl. Taf. 42,2

Tafel XIX

    1 vgl. Taf. 43,1
    2 vgl. Taf. 43,2
    3 vgl. Taf. 43,3
    4 vgl. Taf. 44,4
    5 vgl. Taf. 44,3
    6 vgl. Taf. 44,6

Tafel XX

    1 vgl. Taf. 44,1
    2 vgl. Taf. 45,5
    3 vgl. Taf. 44,2
    4 vgl. Taf. 45,1
    5 vgl. Taf. 45,2
    6 vgl. Taf. 45,4
    7 vgl. Taf. 45,3

Tafel XXI

    1 vgl. Taf. 46,4
    2 vgl. Taf. 46,1
    3 vgl. Taf. 46,3; Beilage 14,IIIa:1
    4 vgl. Taf. 46,5
    5 vgl. Taf. 46,6

Tafel XXII

    1 vgl. Taf. 46,2
    2 vgl. Taf. 47,6
    3 vgl. Taf. 47,2

Tafel XXIII

    1 vgl. Taf. 47,1; 48,1; Beilage 15,IV:3
    2 vgl. Taf. 47,3
    3 vgl. Taf. 47,5
    4 vgl. Taf. 47,4
    5 vgl. Taf. 48,2; 52,1

Tafel XXIV

    1 vgl. Taf. 49,5; 50,2
    2 vgl. Taf. 49,4; 50,1
    3 vgl. Taf. 49,7
    4 vgl. Taf. 49,3; Beilage 15,IV:2
    5 vgl. Taf. 49,6
    6 П 704 K
    7 vgl. Taf. 49,2

Tafel XXV

    1 vgl. Taf. 51,1
    2 vgl. Taf. 51,2
    3 vgl. Taf. 51,5
    4 vgl. Taf. 51,4
    5 vgl. Taf. 51,3

Tafel XXVI

    1 vgl. Taf. 52,2; Beilage 14,IIIa:2
    2 vgl. Taf. 52,3
    3 vgl. Taf. 52,4
    4 vgl. Taf. 52,5
    5 vgl. Taf. 53,1
    6 vgl. Taf. 53,2

Tafel XXVII

    1 vgl. Taf. 53,3
    2 vgl. Taf. 53,6
    3 vgl. Taf. 53,5
    4 vgl. Taf. 53,4
    5 vgl. Taf. 53,7
    6 vgl. Taf. 54,1
    7 vgl. Taf. 54,2
    8 vgl. Taf. 54,3
    9 vgl. Taf. 54,4

Tafel XXVIII

    1 vgl. Taf. 54,5

2 vgl. Taf. 54,6
3 vgl. Taf. 55,1
4 vgl. Taf. 55,2; Beilage 14,IIIb:2
5 vgl. Taf. 55,4

Tafel XXIX

1 vgl. Taf. 55,3
2 vgl. Taf. 55,5
3 vgl. Taf. 55,6
4 vgl. Taf. 55,7
5 vgl. Taf. 55,8
6 vgl. Taf. 56,1

Tafel XXX

1 vgl. Taf. 56,2a
2 vgl. Taf. 56,2b
3 (zu Taf. 57,1)
4 vgl. Taf. 57,6
5 vgl. Taf. 57,1

Tafel XXXI

1 vgl. Taf. 57,5
2 vgl. Taf. 57,7
3 vgl. Taf. 58,1

Tafel XXXII

1 vgl. Taf. 58,2
2 vgl. Taf. 58,4
3 vgl. Taf. 58,5
4 vgl. Taf. 58,3
5 vgl. Taf. 58,8
6 vgl. Taf. 58,7

Tafel XXXIII

1 vgl. Taf. 58,9
2 vgl. Taf. 58,11
3 vgl. Taf. 58,14
4 vgl. Taf. 58,12
5 (zu Taf. 58,12)
6 vgl. Taf. 58,10
7 Mus. Komotini, ohne Inv. Nr.
8 vgl. Taf. 58,13
9 vgl. Taf. 59,5
10 vgl. Taf. 59,2

11 vgl. Taf. 59,1
12 vgl. Taf. 59,3
13 Mus. Komotini, Inv. Nr. 1922
14 vgl. Taf. 59,7
15 vgl. Taf. 59,6

Tafel XXXIV

1 vgl. Taf. 60,1
2 vgl. Taf. 60,7
3 vgl. Taf. 60,3
4 vgl. Taf. 60,4
5 vgl. Taf. 60,5
6 vgl. Taf. 60,6
7 vgl. Taf. 60,9
8 vgl. Taf. 61,3
9 vgl. Taf. 61,2

Tafel XXXV

1 vgl. Taf. 61,4
2 vgl. Taf. 61,5
3 vgl. Taf. 61,1
4 vgl. Taf. 61,6
5 vgl. Taf. 61,7
6 vgl. Taf. 61,8

Tafel XXXVI

1 vgl. Taf. 62,1
2 vgl. Taf. 62,3
3 vgl. Taf. 62,5
4 vgl. Taf. 62,2
5 vgl. Taf. 62,6
6 vgl. Taf. 62,7
7 vgl. Taf. 62,9
8 vgl. Taf. 62,11

Tafel XXXVII

1 vgl. Taf. 62,4
2 vgl. Taf. 62,10

Tafel XXXVIII

1 vgl. Taf. 63,1
2 vgl. Taf. 63,3
3 vgl. Taf. 63,4
4 vgl. Taf. 63,5

5 vgl. Taf. 63,6
6 vgl. Taf. 63,7
7 vgl. Taf. 63,2

Tafel XXXIX

1 vgl. Taf. 64,1
2 vgl. Taf. 64,3
3 vgl. Taf. 64,2
4 vgl. Taf. 64,5
5 vgl. Taf. 64,4
6 vgl. Taf. 64,6
7 vgl. Taf. 64,7
8 vgl. Taf. 64,8a
9 vgl. Taf. 64,8b

Tafel XL

1 vgl. Taf. 65,1
2 vgl. Taf. 65,3
3 vgl. Taf. 65,2
4 vgl. Taf. 65,4
5 vgl. Taf. 65,6
6 vgl. Taf. 65,8
7 vgl. Taf. 65,5
8 vgl. Taf. 65,7
9 vgl. Taf. 65,9
10 vgl. Taf. 66,1
11 vgl. Taf. 66,3
12 vgl. Taf. 66,5
13 vgl. Taf. 66,2
14 vgl. Taf. 66,4
15 vgl. Taf. 66,7

Tafel XLI

1 vgl. Taf. 66,6
2 vgl. Taf. 67,1
3 vgl. Taf. 67,4
4 vgl. Taf. 67,8
5 vgl. Taf. 66,8
6 vgl. Taf. 66,9
7 vgl. Taf. 67,2
8 vgl. Taf. 67,7
9 vgl. Taf. 66,10
10 vgl. Taf. 67,3
11 vgl. Taf. 67,6
12 vgl. Taf. 67,9
13 vgl. Taf. 67,10
14 vgl. Taf. 67,11

15 vgl. Taf. 68,1
16 vgl. Taf. 68,4
17 vgl. Taf. 68,7
18 vgl. Taf. 68,6

Tafel XLII

1 vgl. Taf. 68,2
2 vgl. Taf. 68,3
3 vgl. Taf. 68,5
4 vgl. Taf. 68,9
5 vgl. Taf. 69,2
6 vgl. Taf. 69,4
7 vgl. Taf. 69,8
8 vgl. Taf. 69,6
9 vgl. Taf. 69,7

Tafel XLIII

1 vgl. Taf. 69,5
2 vgl. Taf. 69,1
3 vgl. Taf. 70,6
4 vgl. Taf. 70,2
5 vgl. Taf. 70,3
6 vgl. Taf. 70,5
7 vgl. Taf. 69,3
8 vgl. Taf. 70,1

Tafel XLIV

1 vgl. Taf. 70,7
2 vgl. Taf. 70,8
3 vgl. Taf. 71,2
4 vgl. Taf. 71,3
5 vgl. Taf. 71,7
6 vgl. Taf. 71,1
7 vgl. Taf. 69,9
8 vgl. Taf. 71,5
9 vgl. Taf. 71,6
10 vgl. Taf. 71,4
11 vgl. Taf. 70,4
12 Mus. Komotini, Π 705 K
13 vgl. Taf. 71,8
14 vgl. Taf. 71,9
15 vgl. Taf. 71,10
16 Mus. Komotini, Π 148 K

Tafel XLV

1 vgl. Taf. 72,1

2	Π 657a		11	vgl. Taf. 73,24
3	vgl. Taf. 72,3		12	vgl. Taf. 73,30
4	vgl. Taf. 72,2		13	vgl. Taf. 73,26
5	vgl. Taf. 72,4		14	vgl. Taf. 73,27
6	vgl. Taf. 72,6		15	vgl. Taf. 73,29
7	vgl. Taf. 72,5		16	vgl. Taf. 73,25
8	vgl. Taf. 72,7		17	vgl. Taf. 73,28
9	vgl. Taf. 72,8		18	vgl. Taf. 73,13
10	vgl. Taf. 73,10		19	vgl. Taf. 73,16

VERZEICHNIS ZU DEN BEILAGEN 1–16

Beilage 1
  Plan von Mesochori – Paradimi.
  T: Tumba von Paradimi
  M. 1:15.000

Beilage 2
  Die Tumba von Paradimi mit der Angabe der Grabungsschnitte sowie der Ansichten A–B, C–D und E–F
  M. 1:1.500

Beilage 3
  Paradimi
  Stratigraphie

Beilage 4
  Paradimi
  1 vgl. Taf. 2,a:8
  2 vgl. Taf. 6,c:1
  3 vgl. Taf. 10,b:1

Beilage 5
  Paradimi
  1 vgl. Taf. 11,a:1
  2 vgl. Taf. 10,b:3
  3 vgl. Taf. 10,b:4

Beilage 6
  Paradimi
  1 vgl. Taf. 10,b:6
  2 vgl. Taf. 10,b:7
  3 vgl. Taf. 14,b:6
  4 vgl. Taf. 14,b:1
  5 vgl. Taf. 14,b:4
  6 vgl. Taf. 14,b:10

Beilage 7
  Paradimi
  1 vgl. Taf. 15,a:2
  2 vgl. Taf. 15,a:3
  3 vgl. Taf. 15,a:7

Beilage 8
  Paradimi
  1 vgl. Taf. 17,a:3
  2 vgl. Taf. 17,b:10
  3 vgl. Taf. 18,b:6

Beilage 9
  Paradimi
  1 vgl. Taf. 19,b:5
  2 vgl. Taf. 19,b:8
  3 vgl. Taf. 19,a:1
  4 vgl. Taf. 19,a:2
  5 vgl. Taf. 19,a:3
  6 vgl. Taf. 19,a:4
  7 vgl. Taf. 19,a:7
  8 vgl. Taf. 19,a:8
  9 vgl. Taf. 19,a:6

Beilage 10
　　Paradimi
1　vgl. Taf. 21,b:1
2　vgl. Taf. 21,b:2
3　vgl. Taf. 22,b:1
4　vgl. Taf. 22,b:8
5　vgl. Taf. 22,b:10

Beilage 11
　　Paradimi
1　vgl. Taf. 24,a:1
2　vgl. Taf. 24,a:3
3　Schalenbruchstück mit verdicktem Rand, verziert

Beilage 12
　　Paradimi
1　vgl. Taf. 24,b:1
2　vgl. Taf. 24,b:4
3　vgl. Taf. 24,b:5
4　vgl. Taf. 24,b:3

Beilage 13
　　Paradimi
　　Formeninventar Paradimi I–II
　　(von unten)
　　Paradimi I
1　vgl. Taf. 24,b:1
2　vgl. Taf. 24,b:4
3　vgl. Taf. 22,b:10
4　vgl. Taf. 21,b:1
5　vgl. Taf. 22,b:8
　　Paradimi II
1　vgl. Taf. 40,6 (Π 249)
2　vgl. Taf. 19,b:5
3　vgl. Taf. 17,a:3
4　vgl. Taf. 17,b:10
5　vgl. Taf. 20,b:1–5

Beilage 14
　　Paradimi
　　Formeninventar Paradimi III
　　(von unten)
　　Paradimi IIIa
1　vgl. Taf. 46,3 (Π 68)
2　vgl. Taf. 52,2 (Π 101)
3　vgl. Taf. 16,a:2
　　Paradimi IIIb
1　vgl. Taf. 10,b:7; 57,5–7 (Π 74–75)
2　vgl. Taf. 55,2 (Π 110)
3　vgl. Taf. 11,a:1–3; 10,b:1
4　vgl. Taf. 10,b:6
5　vgl. Taf. 12,b

Beilage 15
　　Paradimi
　　Formeninventar Paradimi IV–V
　　(von unten)
　　Paradimi IV
1　vgl. Taf. 49,4 (Π 118)
2　vgl. Taf. 49,3 (Π 117)
3　vgl. Taf. 47,1 (Π 36)
4　Nach French (1961) Abb. 6,5
5　vgl. Taf. 9,a:1
6　vgl. Taf. 9,b:1–3
　　Paradimi Va
1　vgl. Taf. 4,a:1–6
　　Paradimi Vb
1　vgl. Taf. 3,a:3
2　vgl. Taf. 29,b:1
3　vgl. Taf. 28,1
4–6　Aus dem Ergänzungsschnitt
7　Nach French (1961) Abb. 7,32
8　vgl. Taf. 37,5 (Π 113)

Beilage 16
　　Verbreitung der frühgeschichtlichen Fundstellen in Ost-Makedonien und Thrakien. Stand 1976. – Weitere Fundorte vgl. Anm. 136a, 138 139

TAFEL 1–73
TAFEL I–XLV
BEILAGE 1–16

Tafel 1

a

b

Paradimi. a Nordabhang der Tumba; b Ost- und Westgrenze des Schnittes von Kyriakidis und Pelekidis.

Tafel 2

Paradimi. a Gestörte Humusschicht 1; b Grabung Kyriakidis und Pelekidis.

Tafel 3

Paradimi. a Gestörte Schicht 2; b Aschige Schicht 3.

Tafel 4

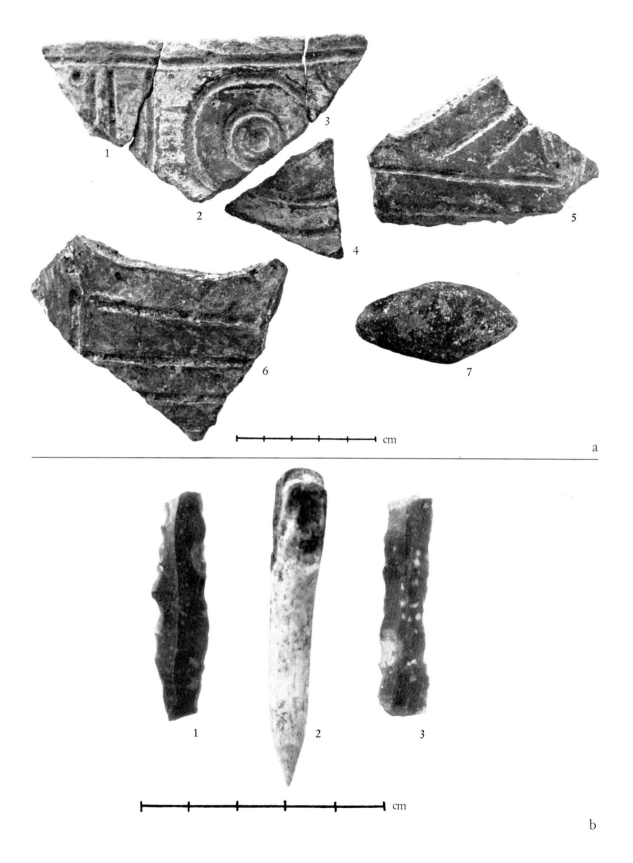

Paradimi. a–b Aschige Schicht 3.

Tafel 5

Paradimi. a–b Aus Schicht 4.

Tafel 6

Paradimi. a Aus Schicht 4; b Aus Schicht 5, verbrannter Hüttenlehm und Rest einer Knickwandschale; c:1–2 Erster und zweiter Lehmestrichboden, c:3 Spalt zwischen den Grabungen.

Tafel 7

Paradimi. a–b Aus Schicht 5.

Tafel 8

Paradimi a–b Aus Schicht 5.

Tafel 13

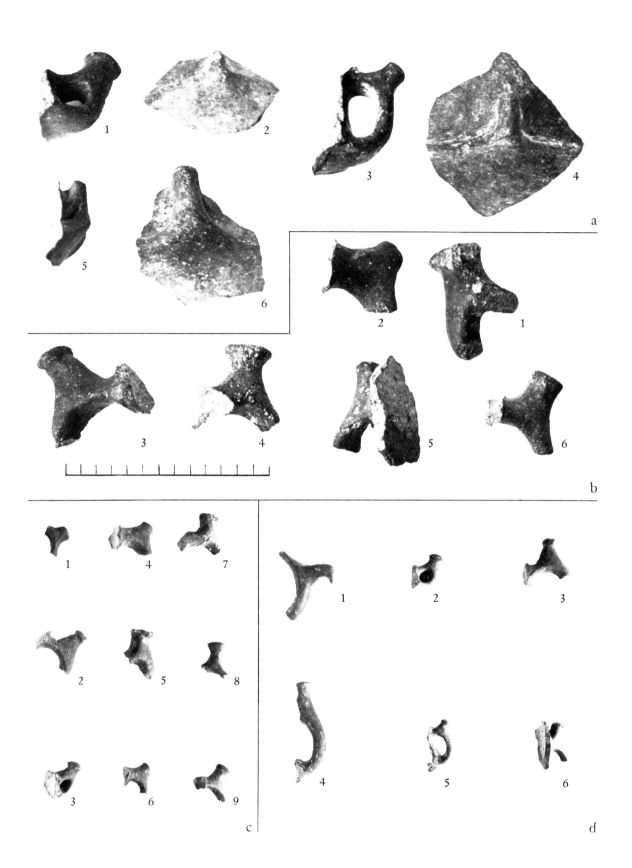

Kokkinochoma (Proskynites). a–d Sammlung Maroneia.

Tafel 14

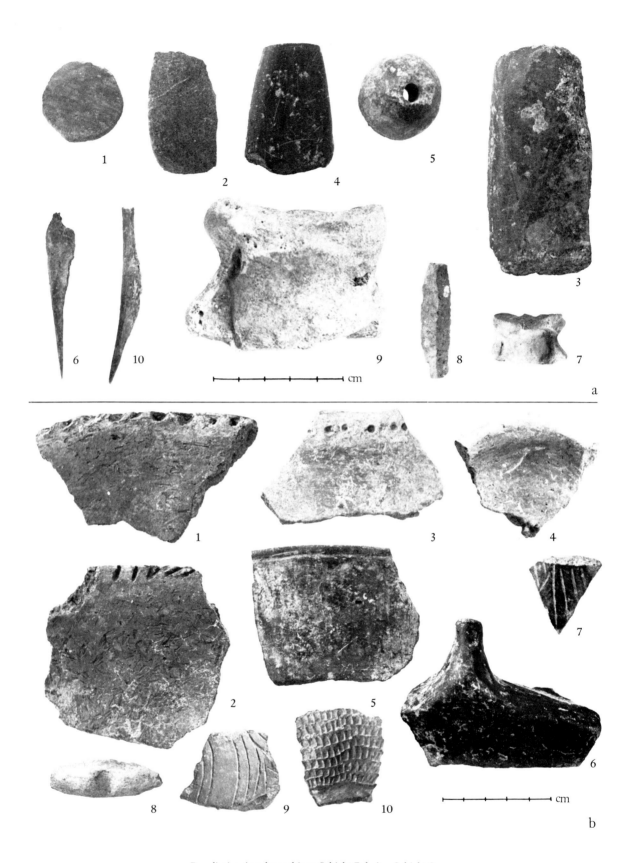

Paradimi. a Aus der aschigen Schicht 7; b Aus Schicht 8.

Tafel 15

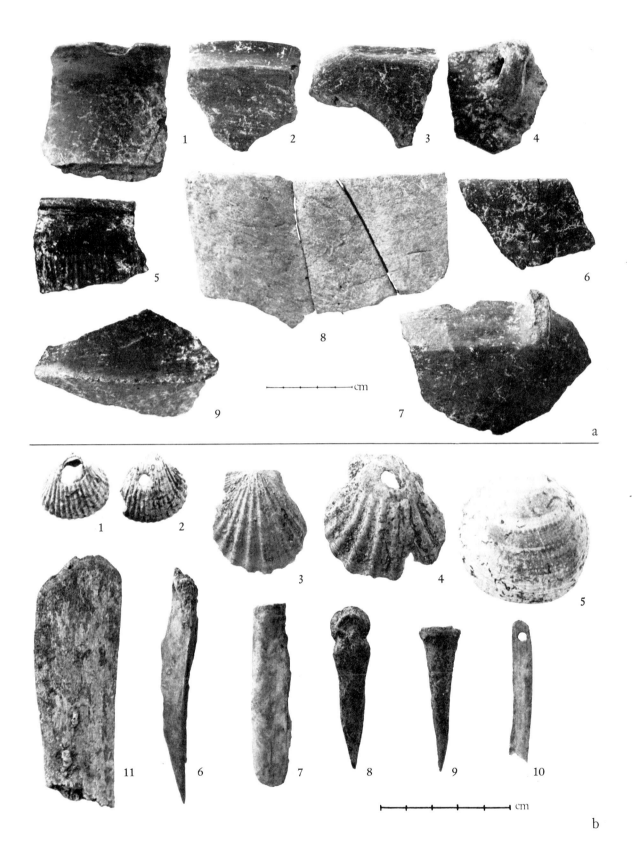

Paradimi. a–b Aus Schicht 9.

Tafel 16

Paradimi. a Aus Schicht 10; b Aus Schicht 11.

Tafel 17

Paradimi. a–b Aus Schicht 11.

Tafel 18

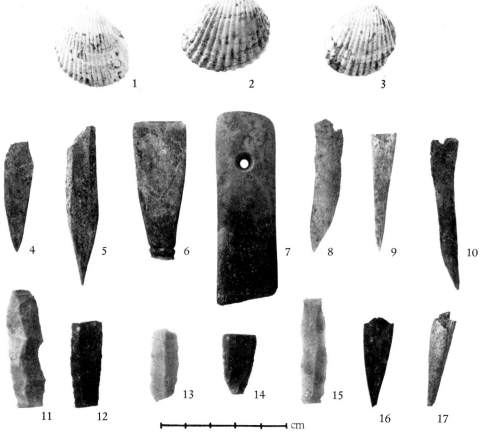

Paradimi. a–b Aus Schicht 11.

Tafel 19

Paradimi. a–b Aus Schicht 13.

Tafel 20

Paradimi. a Aus Schicht 13; b Aus Schicht 14.

Tafel 21

Paradimi. a Aus Schicht 15; b Aus Schicht 17.

Tafel 22

Paradimi. a–b Aus Schicht 17.

Tafel 23

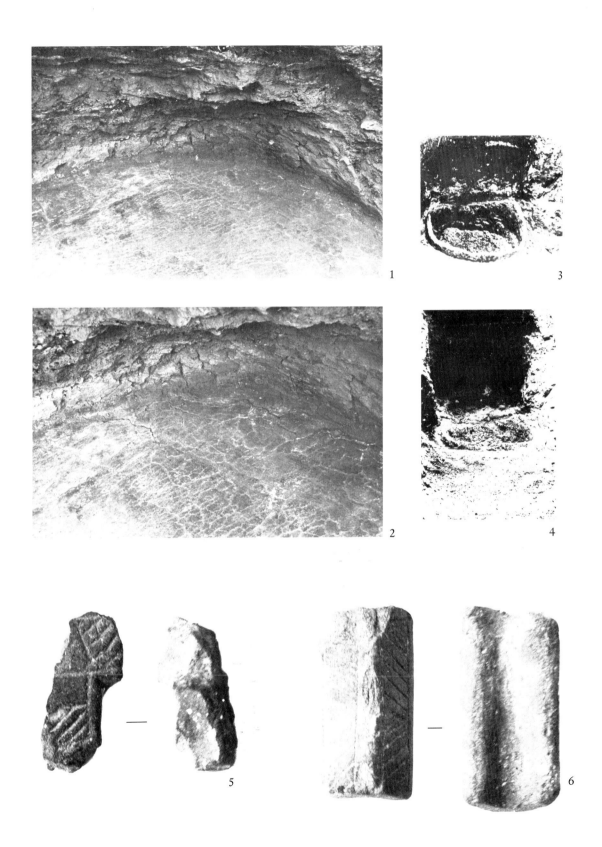

1–4 Paradimi. 1–2 Grubenboden in Schicht 17; 3–4 Grabung von Kyrakidis und Pelekidis. 5–6 Kokkinochoma (Proskynites). Sammlung Maroneia.

Tafel 24

Paradimi. a–b Vom Boden der Vorratsgrube in Schicht 17.

Tafel 25

Proskynites. a–b Sammlung Maroneia.

Tafel 26

a Proskynites. Sammlung Maroneia; b 1–5 Paradimi; b 6 Maroneia-Höhle.

Tafel 27

Paradimi. Stichverziertes Gefäß.

Tafel 28

Paradimi. Aus dem Ergänzungsschnitt. Frühbronzezeitliche Keramik.

Tafel 29

Paradimi. a 1–3.b1–4 Aus dem Ergänzungsschnitt; a 4 Oberflächenfund. a 1–2 Stein, a 3 Tierzahn, b 1–3 Keramik, b 4 Ton.

Tafel 30

Paradimi. a–b Graphitbemalte Keramik.

Paradimi. 1–6 Graphitbemalte Keramik; 7 Bemalte Keramik.

Tafel 32

Paradimi. Bemalte Keramik.

Tafel 33

Paradimi. Feine schwarzpolierte Keramik.

Paradimi. Feine schwarzpolierte Keramik.

Paradimi. Feine schwarzpolierte Keramik.

Tafel 36

Paradimi. Feine schwarzpolierte Keramik.

Tafel 37

Paradimi. Feine schwarzpolierte Keramik.

Tafel 38

Paradimi. Monochrome Keramik.

Tafel 39

Paradimi. Monochrome Keramik.

Tafel 40

Paradimi. Monochrome Keramik.

Paradimi. Monochrome Keramik.

Tafel 42

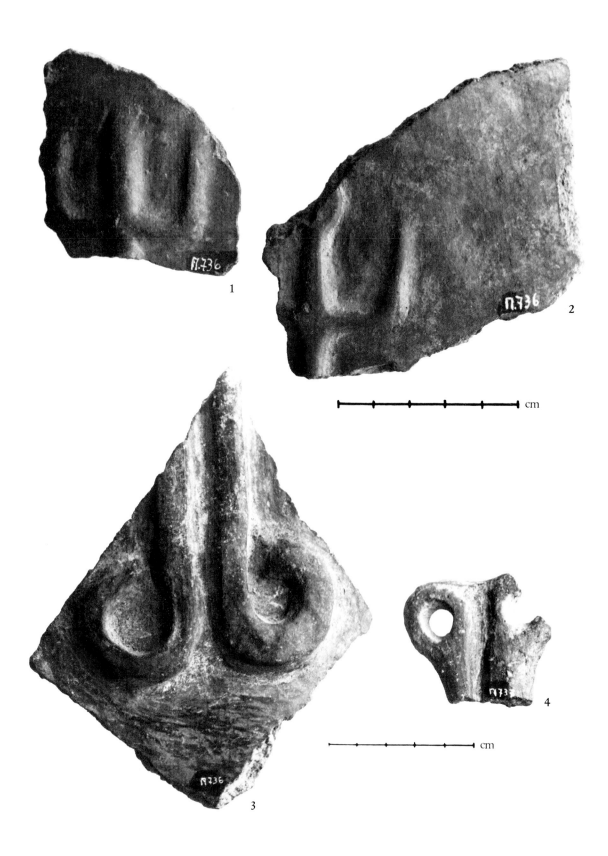

Paradimi. Monochrome Keramik.

Tafel 43

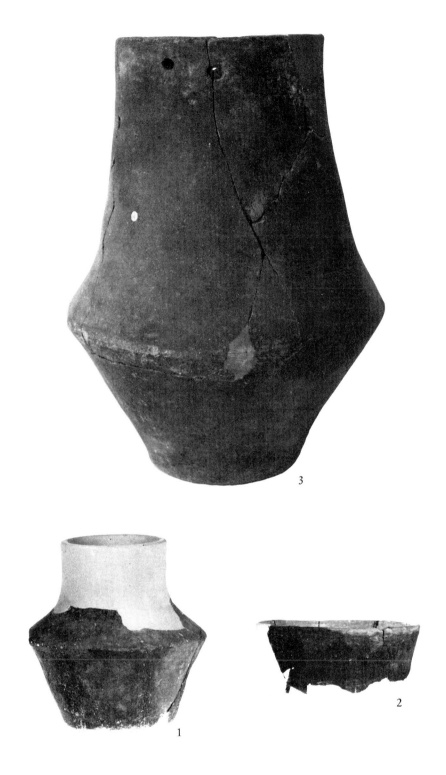

Paradimi. Monochrome Keramik.

Tafel 44

Paradimi. Monochrome und partiell schwarzpolierte Keramik.

Paradimi. Monochrome und partiell schwarzpolierte Keramik.

Tafel 46

Paradimi. Monochrome und partiell schwarzpolierte Keramik.

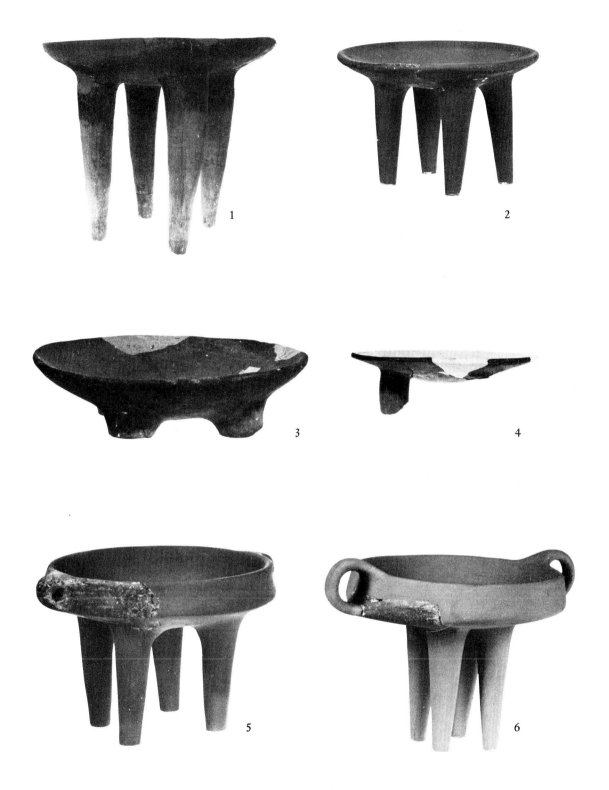

Paradimi. Monochrome und partiell schwarzpolierte Keramik.

Tafel 48

1

2

Paradimi. Partiell schwarzpolierte Keramik.

Paradimi. Monochrome und partiell schwarzpolierte Keramik.

Tafel 50

Paradimi. Partiell schwarzpolierte Keramik.

Tafel 51

Paradimi. Monochrome und partiell schwarzpolierte Keramik.

Tafel 52

Paradimi. Monochrome und partiell schwarzpolierte Keramik.

Tafel 53

Paradimi. Monochrome und partiell schwarzpolierte Keramik.

Tafel 54

Paradimi. Monochrome Keramik.

Paradimi. Monochrome Keramik.

Tafel 56

Paradimi. Partiell schwarzpolierte Keramik.

Tafel 57

Paradimi. Ritzverzierte Keramik. 4a–b Sammlung Maroneia.

Tafel 58

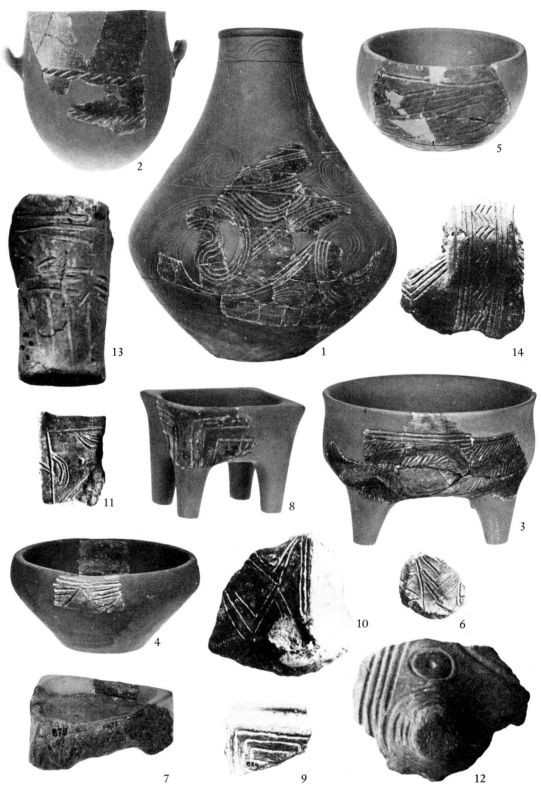

Paradimi. Ritzverzierte Keramik.

Tafel 59

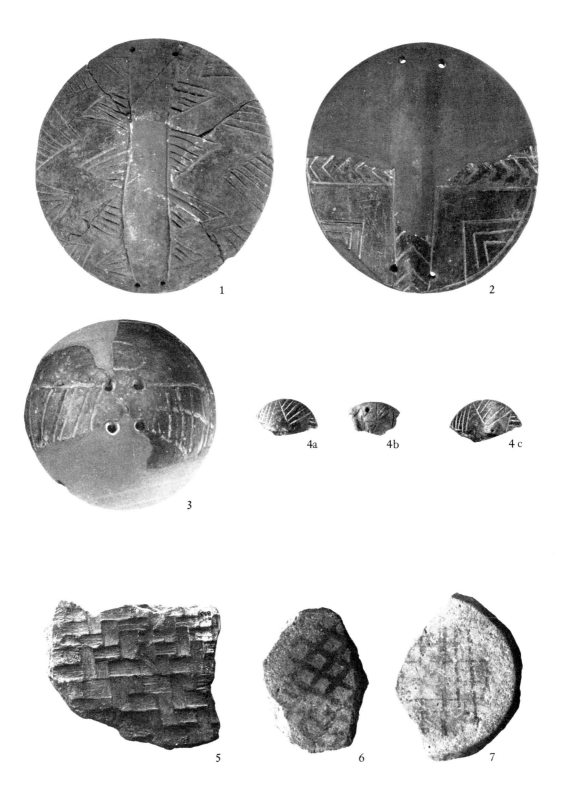

Paradimi. 1–3.5 Ritzverzierte Keramik; 6–7 Einpolierte Keramik. 4a–c Sammlung Maroneia.

Paradimi. Ritzverzierte Keramik. 8a–b Sammlung Maroneia.

Paradimi. Grobkeramik.

Tafel 62

Paradimi. Grobkeramik.

Tafel 63

Paradimi. Grobkeramik.

Tafel 64

Paradimi. Grobkeramik.

Tafel 65

Paradimi. Grobkeramik.

Tafel 66

Paradimi. Grobkeramik.

Tafel 67

Paradimi. Grobkeramik.

Tafel 68

Paradimi. Grobkeramik.

Tafel 69

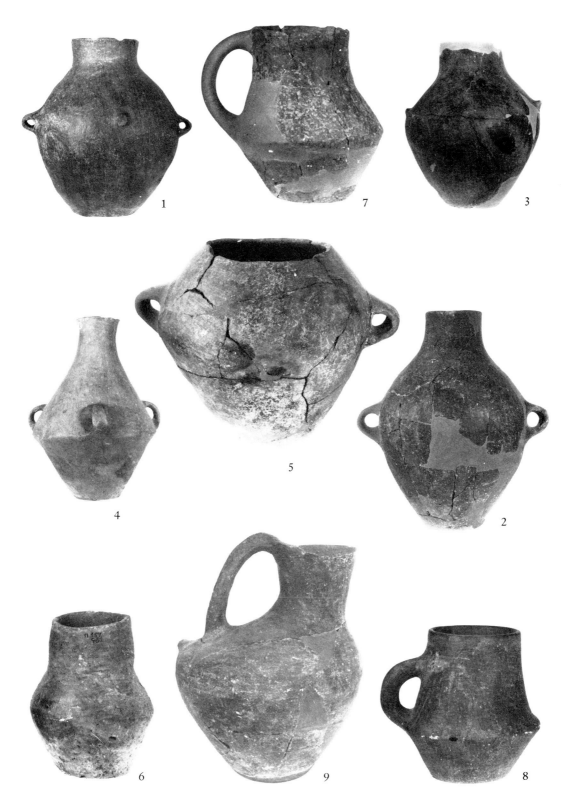

Paradimi. Grobkeramik.

Tafel 70

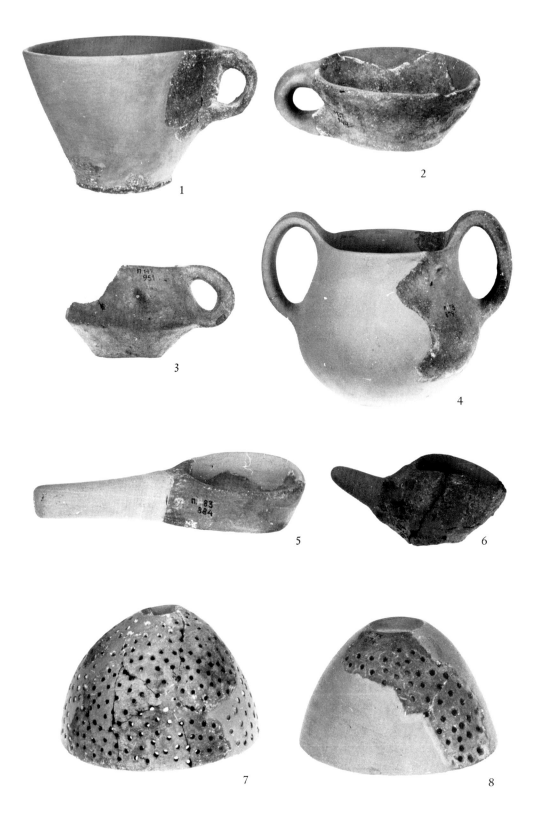

Paradimi. Grobkeramik.

Tafel 71

Paradimi. 1 Grobkeramik; 2–10 Miniaturgefäße.

Tafel 72

Paradimi. 1–3 Steingefäße; 4–8 Idole aus Ton.

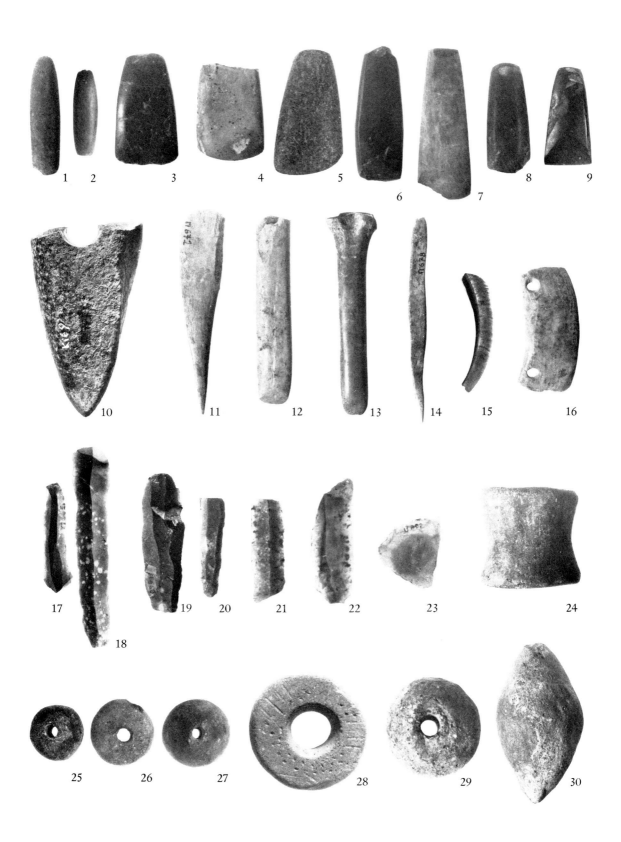

Tafel 73

Paradimi. Stein-, Knochen- und Tongeräte.

Angaben zu den einzelnen Gegenständen der Tafeln 1–73
vgl. im Verzeichnis zu den Tafeln 1–73.

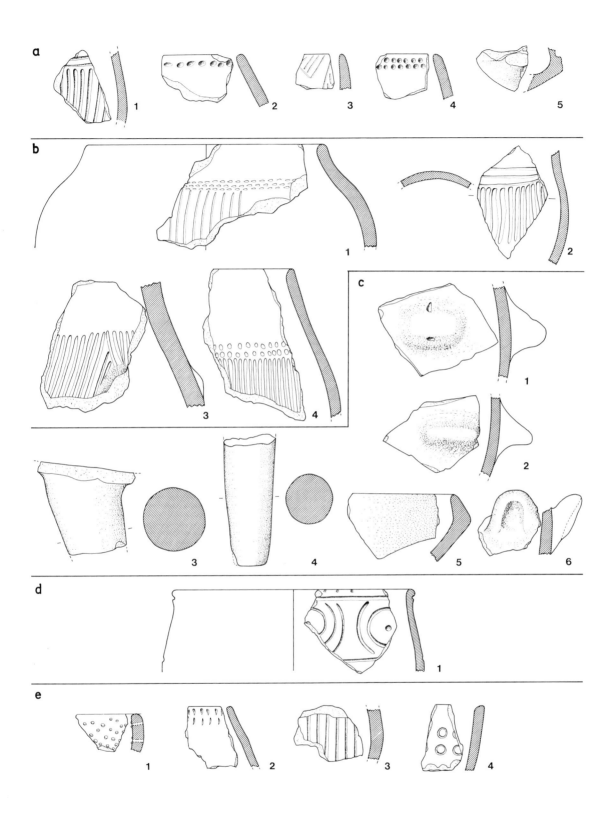

Tafel I

Paradimi. a Gestörte Humusschicht 1; b Grabung Kyriakidis und Pelekidis; c Gestörte Schicht 2; d Aschige Schicht 3; e Aus Schicht 4.   M. 1:3.

Tafel II

Paradimi. a Aus Schicht 5; b Aus Schicht 6.   M. 1:3.

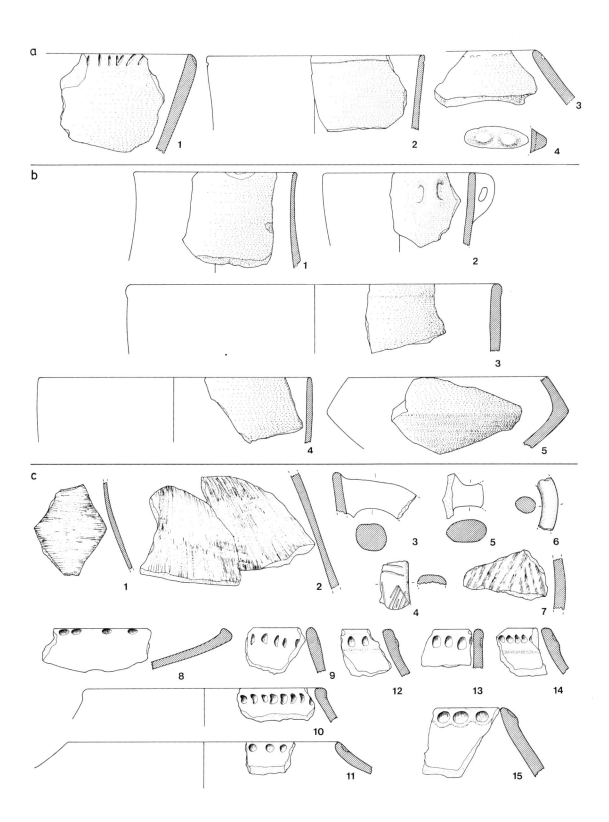

Paradimi. a Aus Schicht 7; b Aus Schicht 9; c Aus Schicht 13.   M. 1:3

Tafel IV

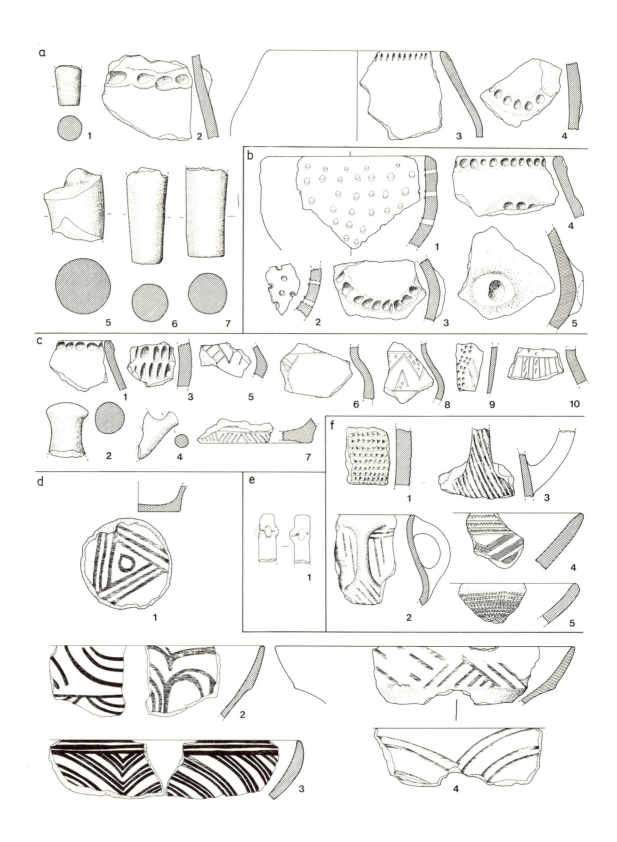

Paradimi. a Aus Schicht 13–14; b Aus Schicht 15; c Aus Schicht 17; d.f 2–3 Graphitbemalte Keramik; e Idolkopf aus Ton; f 1.4–5 Ritzverzierte Keramik. M. 1:3.

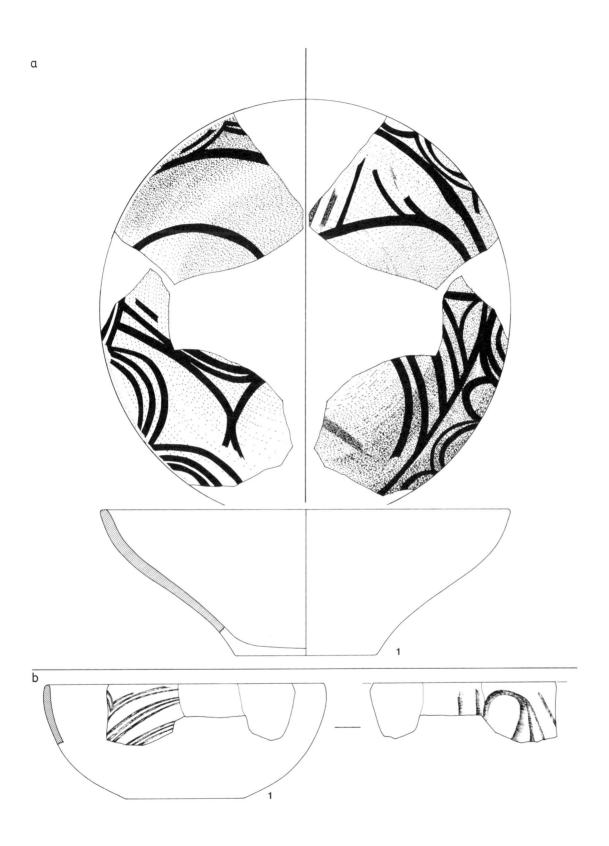

Tafel V

Paradimi. Grabung Kyriakidis und Pelekidis. Graphitbemalte Keramik.   M. 1:3.

Tafel VI

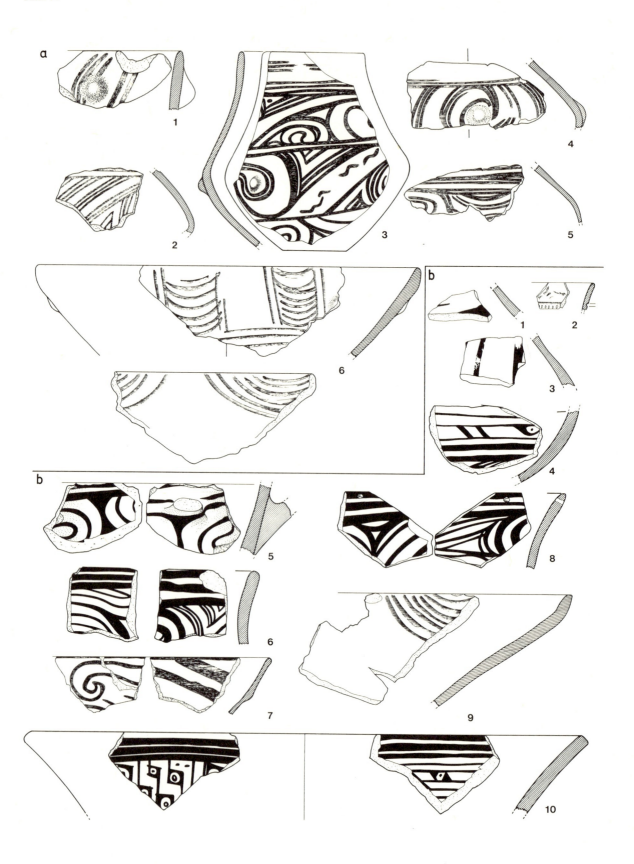

Paradimi. Grabung Kyriakidis und Pelekidis. a 1–5 Graphitbemalte Keramik; a 6. b Bemalte Keramik. M. 1:3.

Tafel VII

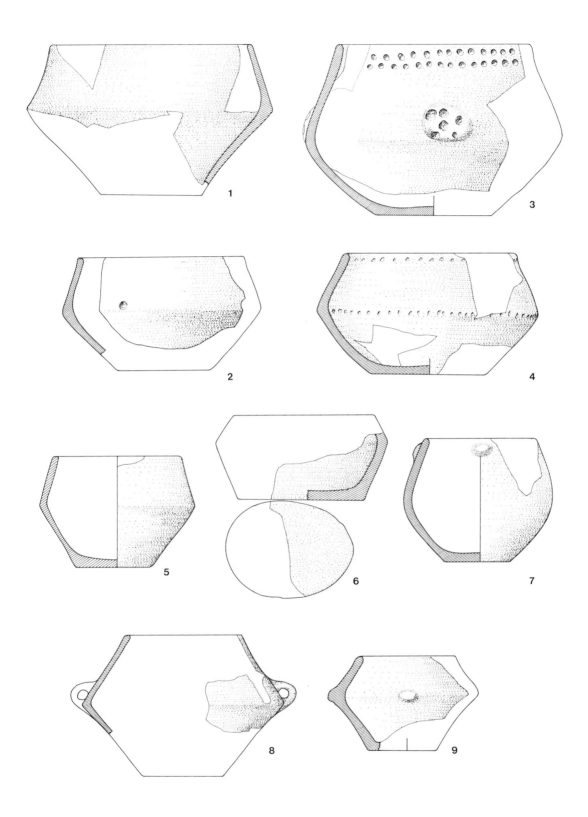

Paradimi. Grabung Kyriakidis und Pelekidis. Feine schwarzpolierte Keramik. M. 1:3.

Tafel VIII

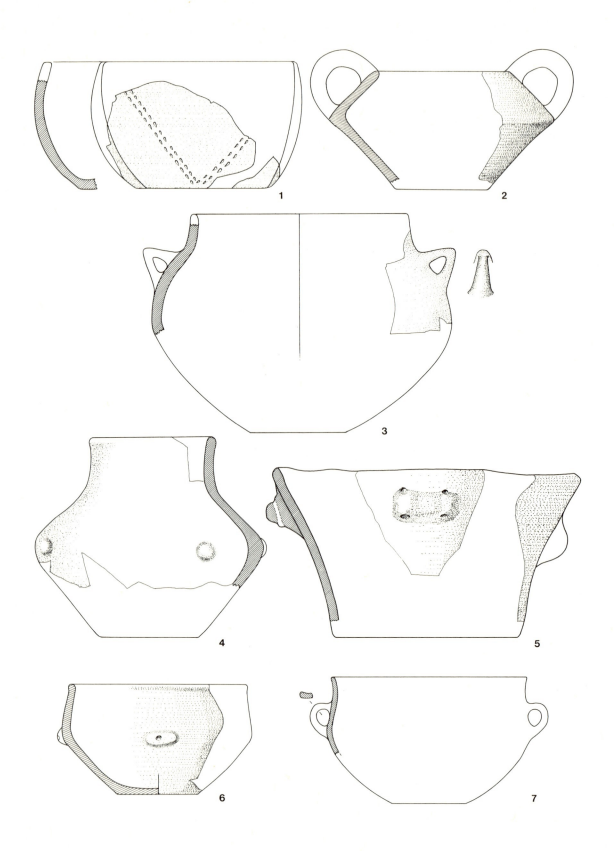

Paradimi. Grabung Kyriakidis und Pelekidis. Feine schwarzpolierte Keramik. M. 1:3.

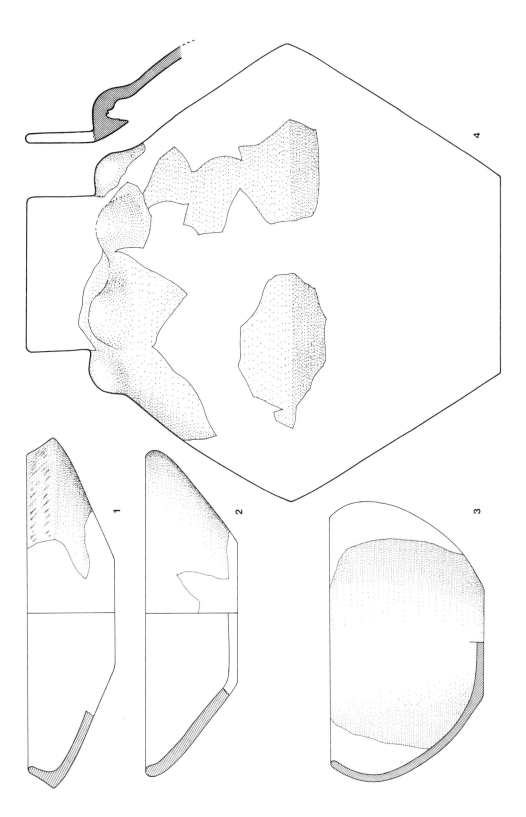

Paradimi. Grabung Kyriakidis und Pelekidis. Feine schwarzpolierte Keramik. M. 1:3.

Tafel X

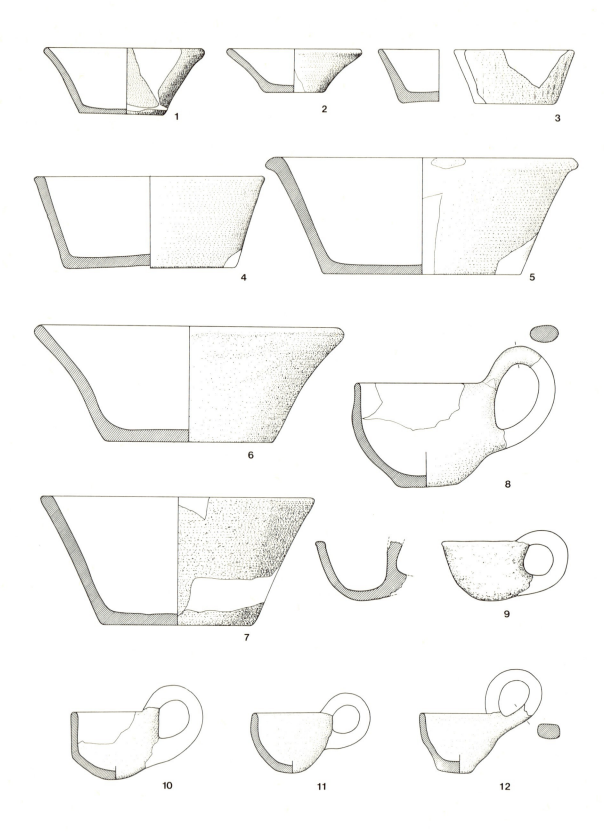

Paradimi. Grabung Kyriakidis und Pelekidis. Feine schwarzpolierte Keramik. M. 1:3.

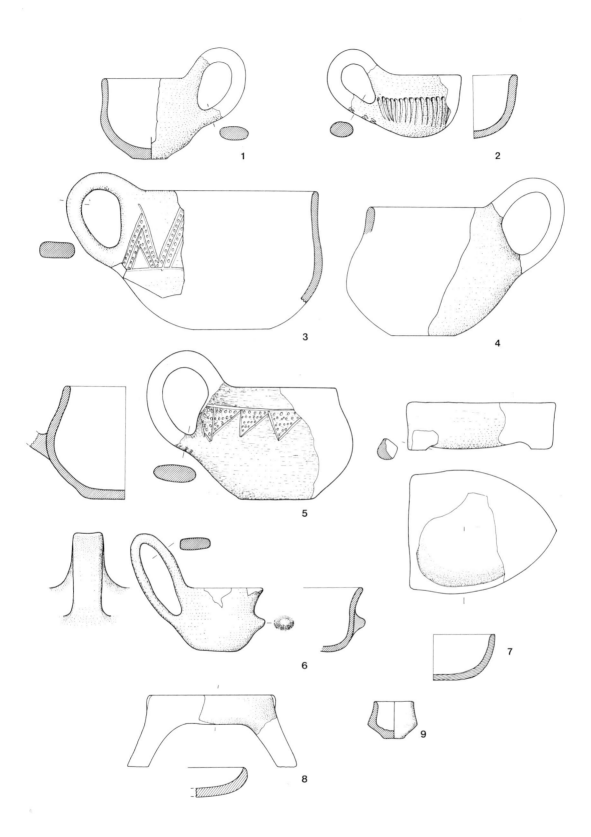

Tafel XI

Paradimi. Grabung Kyriakidis und Pelekidis. Feine schwarzpolierte Keramik. M. 1:3.

Tafel XII

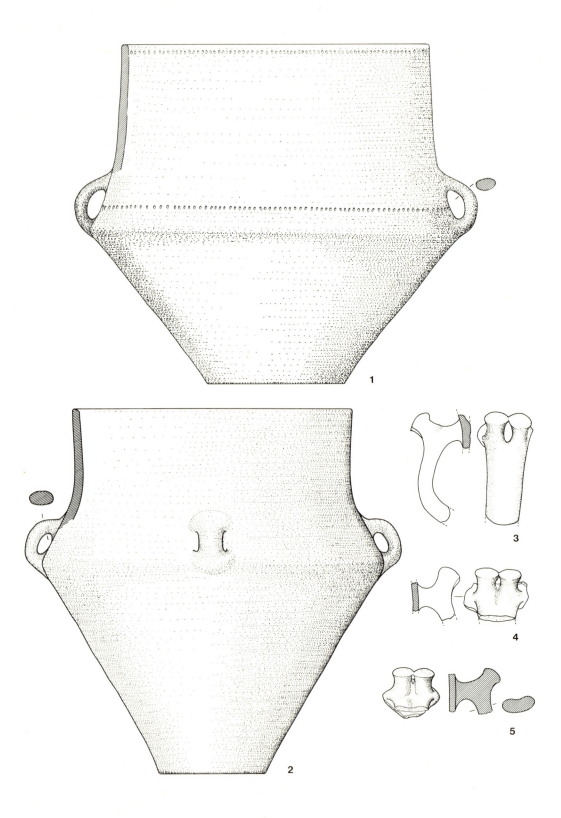

Paradimi. Grabung Kyriakidis und Pelekidis. Monochrome Keramik. M. 1:3.

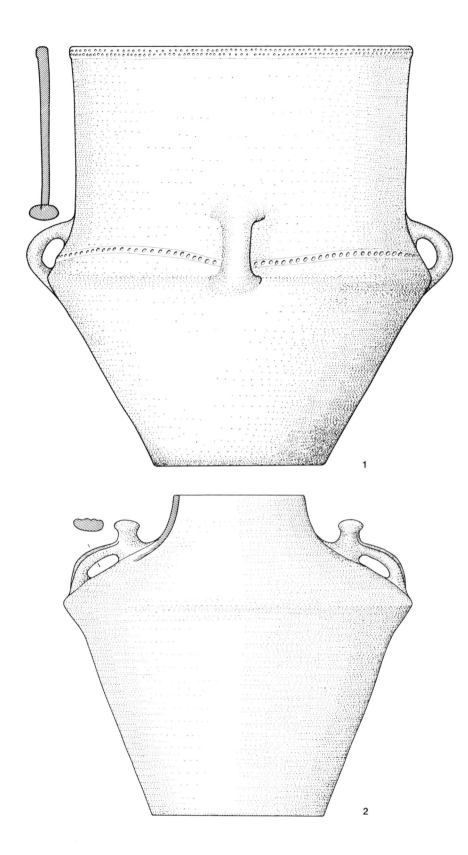

Paradimi. Grabung Kyriakidis und Pelekidis. Monochrome Keramik. M. 1:3.

Tafel XIV

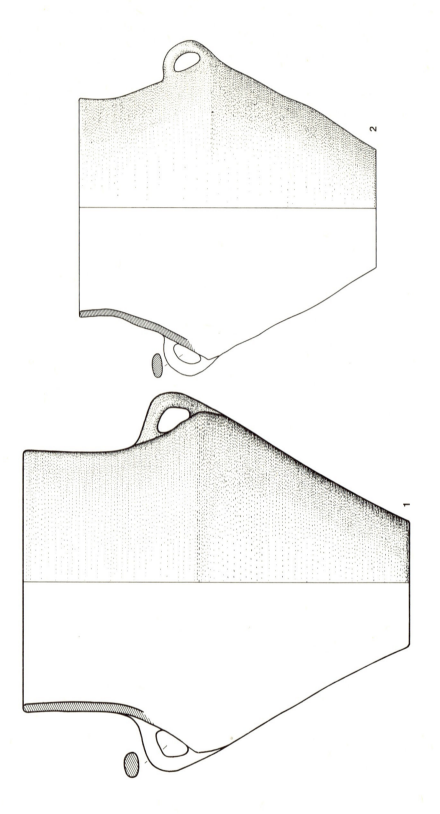

Paradimi. Grabung Kyriakidis und Pelekidis. Monochrome Keramik.   M. 1:3.

Tafel XV

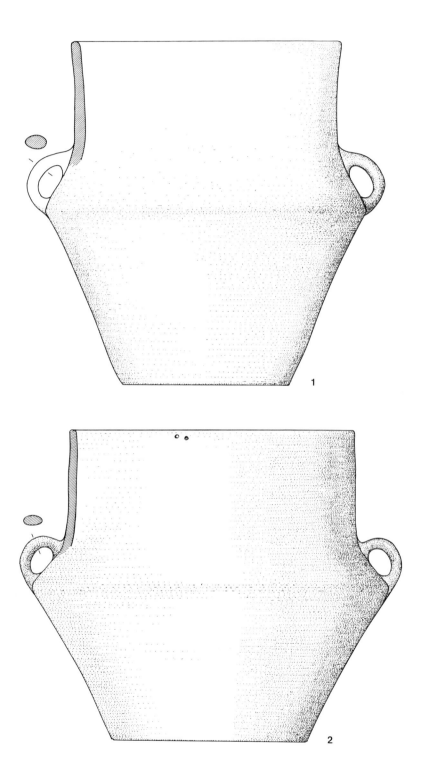

Paradimi. Grabung Kyriakidis und Pelekidis. Monochrome Keramik. M. 1:3.

Tafel XVI

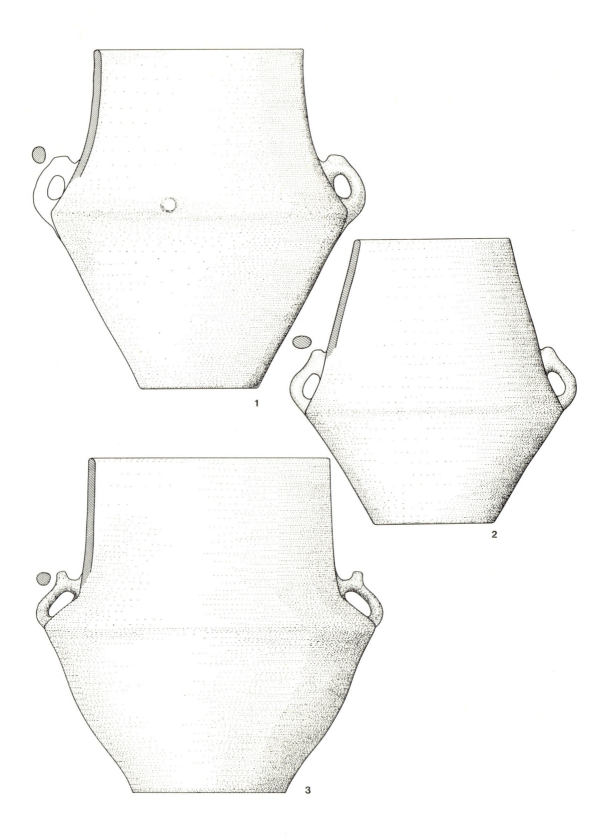

Paradimi. Grabung Kyriakidis und Pelekidis. Monochrome Keramik.   M. 1:3.

Tafel XVII

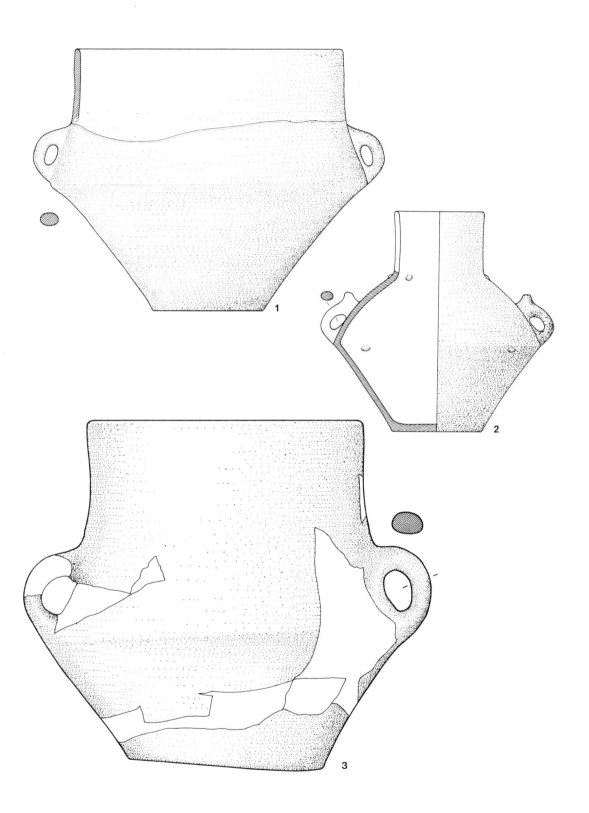

Paradimi. Grabung Kyriakidis und Pelekidis. Monochrome Keramik.   M. 1:3.

Tafel XVIII

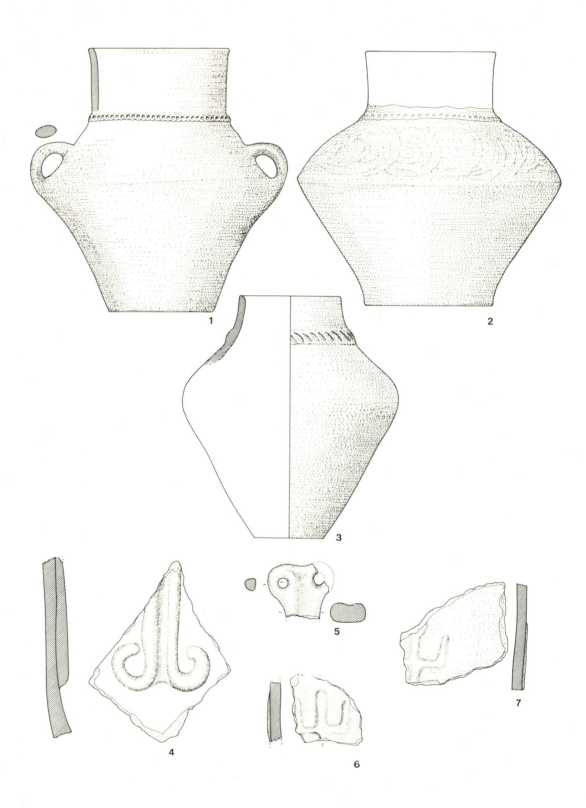

Paradimi. Grabung Kyriakidis und Pelekidis. Monochrome Keramik.   M. 1:3.

Tafel XIX

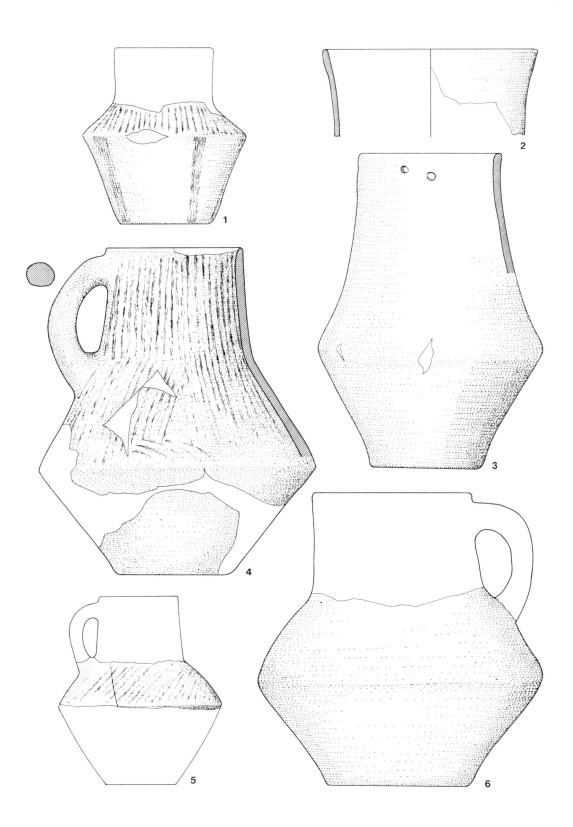

Paradimi. Grabung Kyriakidis und Pelekidis. Monochrome Keramik. M. 1:3.

Tafel XX

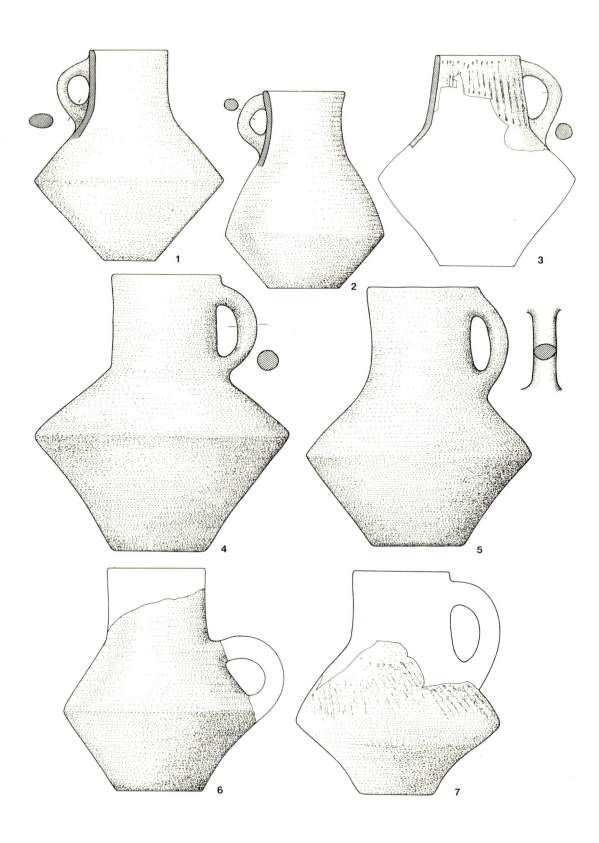

Paradimi. Grabung Kyriakidis und Pelekidis. Monochrome und partiell schwarzpolierte Keramik. M. 1:3.

Tafel XXI

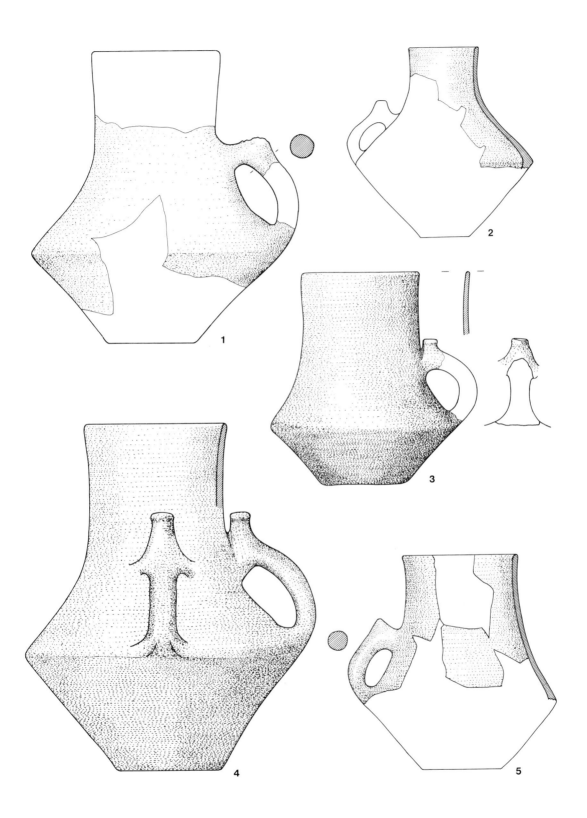

Paradimi. Grabung Kyriakidis und Pelekidis. Monochrome und partiell schwarzpolierte Keramik. M. 1:3

Tafel XXII

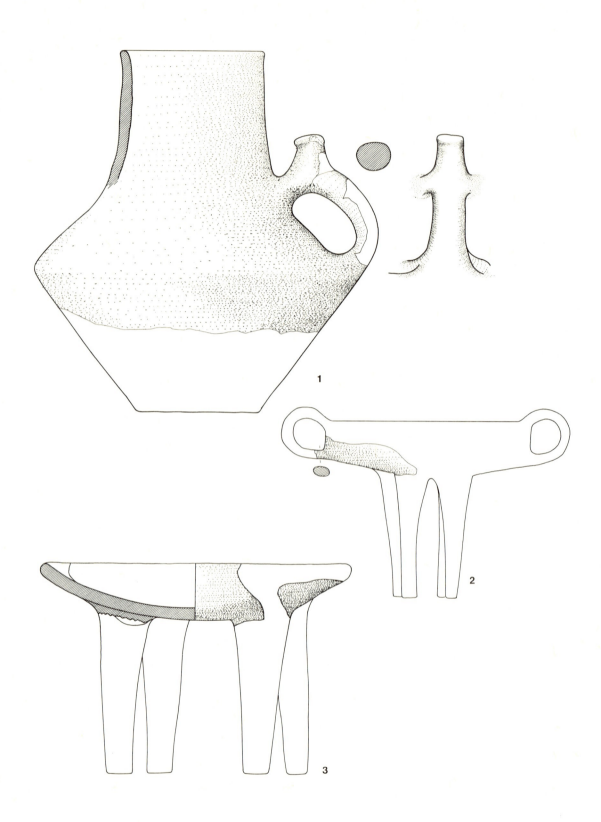

Paradimi. Grabung Kyriakidis und Pelekidis. Monochrome und partiell schwarzpolierte Keramik. M. 1:3.

Tafel XXIII

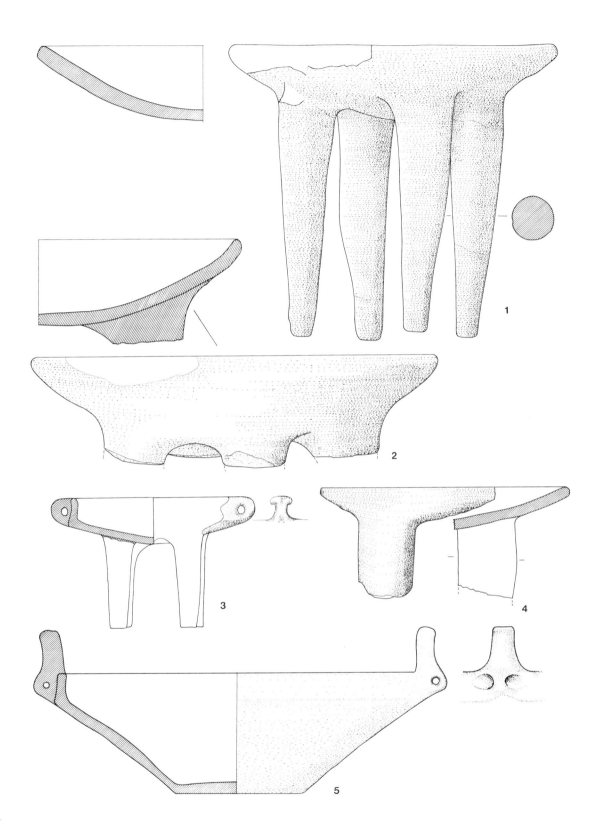

Paradimi. Grabung Kyriakidis und Pelekidis. Monochrome und partiell schwarzpolierte Keramik.   M. 1:3.

Tafel XXIV

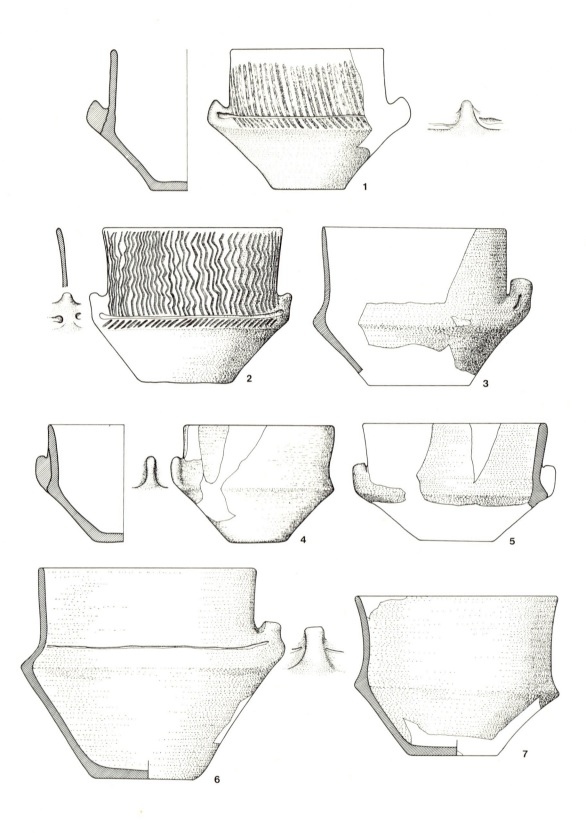

Paradimi. Grabung Kyriakidis und Pelekidis. Monochrome und partiell schwarzpolierte Keramik. M. 1:3.

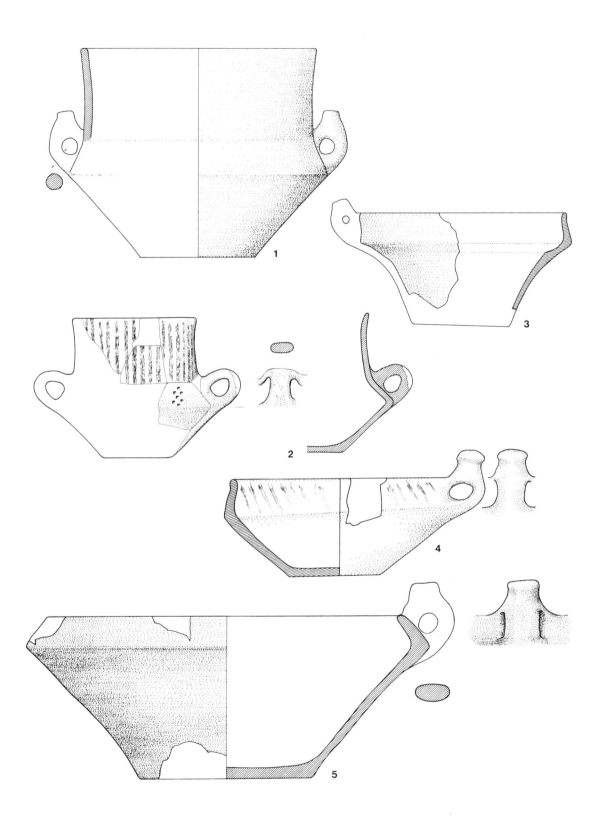

Paradimi. Grabung Kyriakidis und Pelekidis. Monochrome und partiell schwarzpolierte Keramik.   M. 1:3.

Tafel XXV

Tafel XXVI

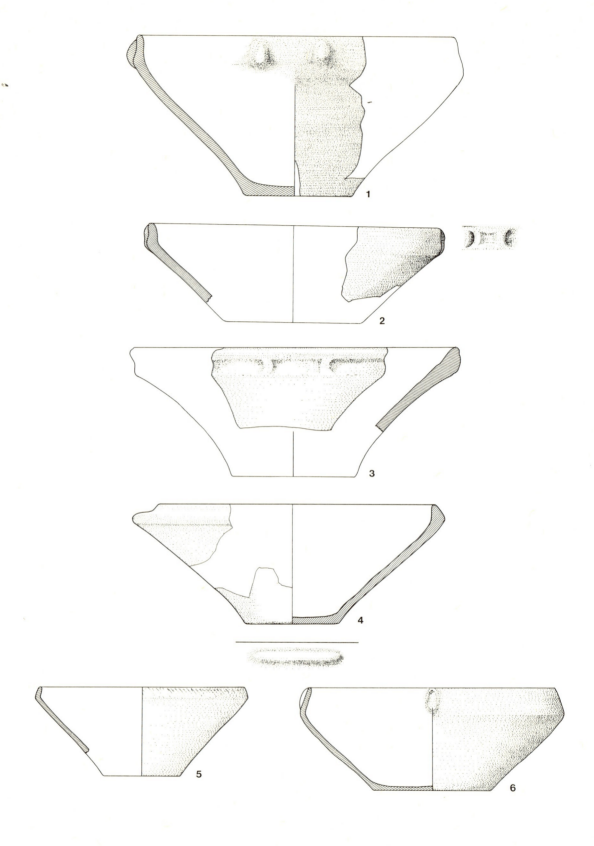

Paradimi. Grabung Kyriakidis und Pelekidis. Monochrome und partiell schwarzpolierte Keramik. M. 1:3.

Tafel XXVII

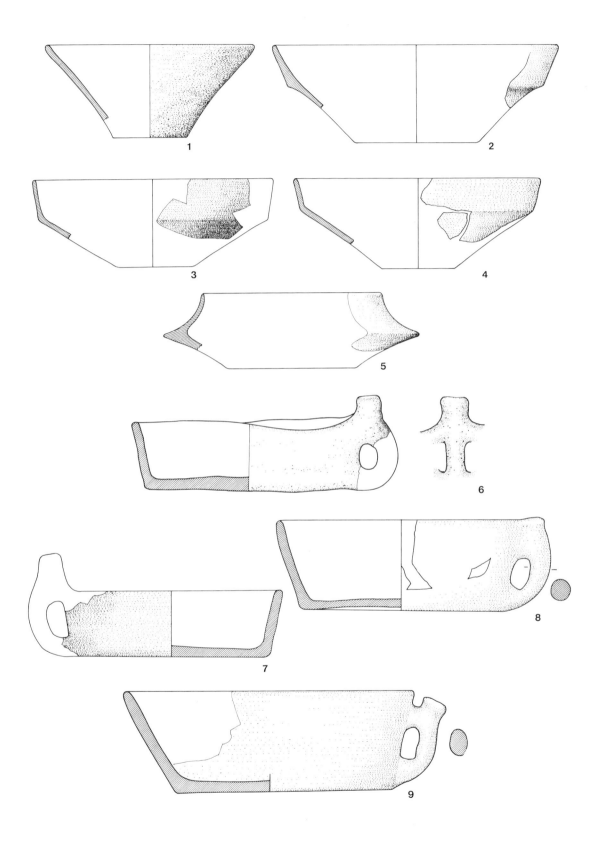

Paradimi. Grabung Kyriakidis und Pelekidis. Monochrome und partiell schwarzpolierte Keramik. M. 1:3.

Tafel XXVIII

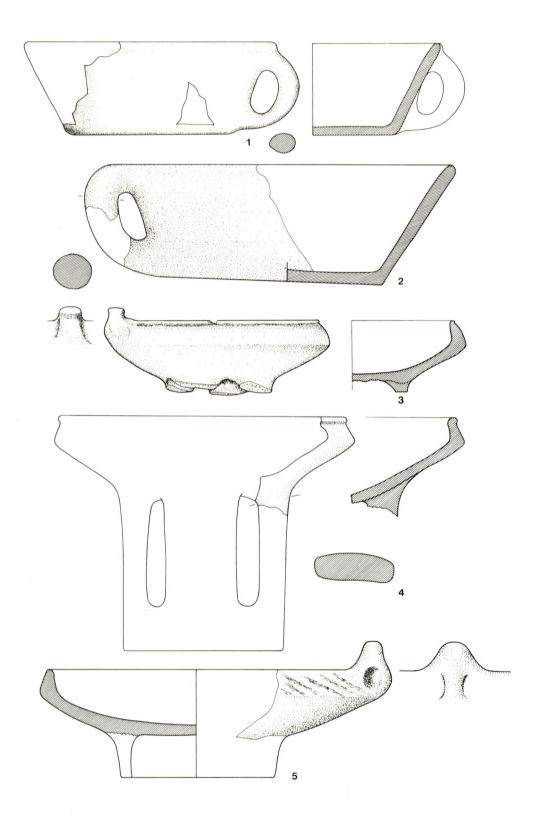

Paradimi. Grabung Kyriakidis und Pelekidis. Monochrome Keramik.   M. 1:3

Tafel XXIX

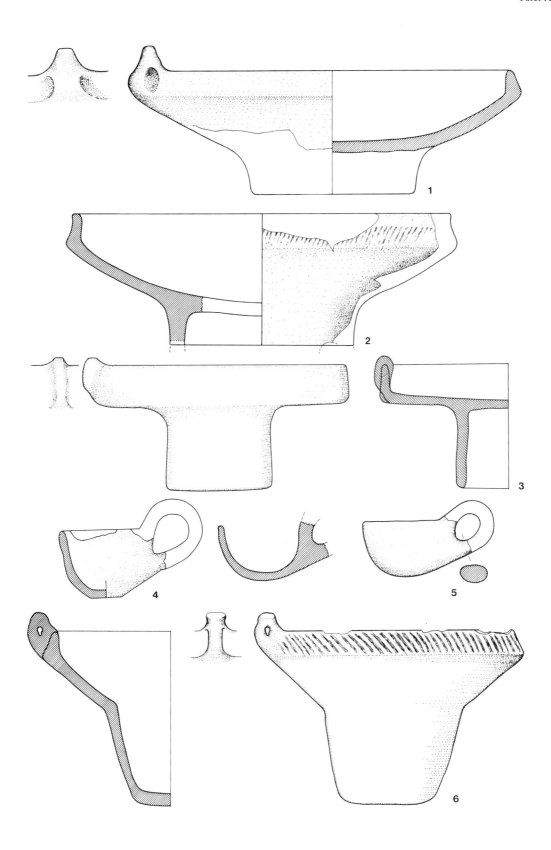

Paradimi. Grabung Kyriakidis und Pelekidis. Monochrome und partiell schwarzpolierte Keramik. M. 1:3.

Tafel XXX

Paradimi. Grabung Kyriakidis und Pelekidis. 1–2 Partiell schwarzpolierte Keramik; 3–5 Ritzverzierte Keramik.   M. 1:3.

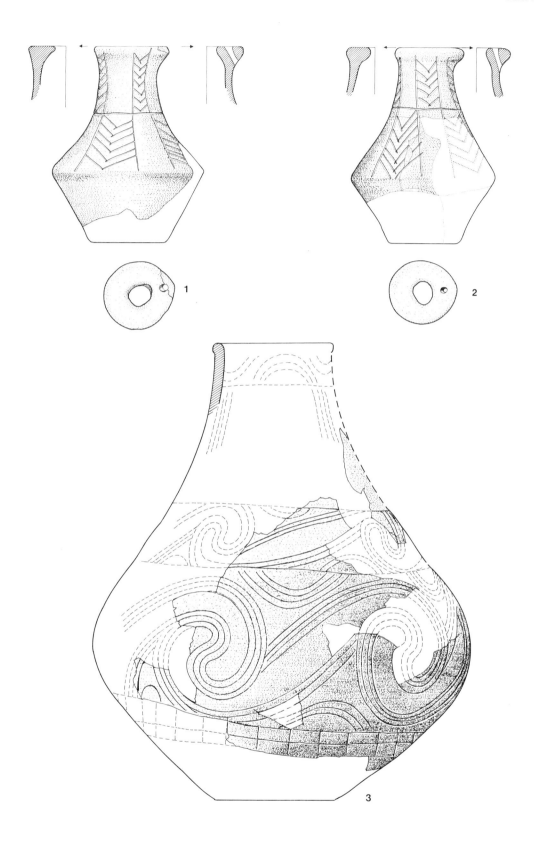

Paradimi. Grabung Kyriakidis und Pelekidis. Ritzverzierte Keramik. M. 1:3.

Tafel XXXII

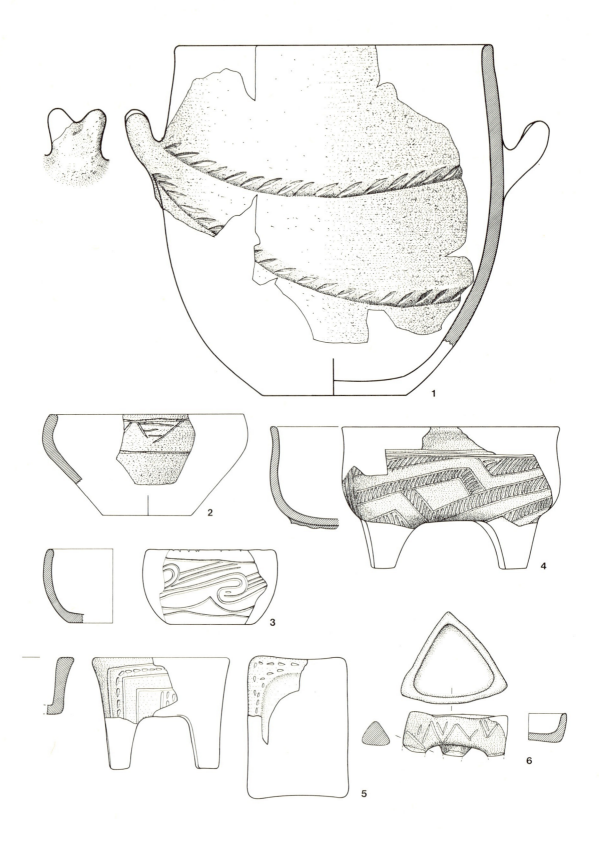

Paradimi. Grabung Kyriakidis und Pelekidis. Ritzverzierte Keramik.   M. 1:3.

Tafel XXXIII

Paradimi. Grabung Kyriakidis und Pelekidis. Ritzverzierte Keramik; 14–15 Einpolierte Keramik.   M. 1:3.

Tafel XXXIV

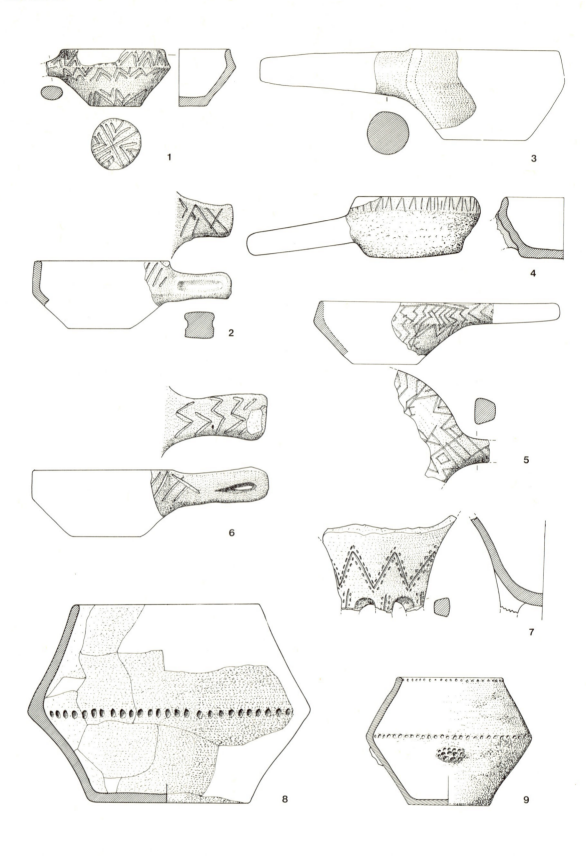

Paradimi. Grabung Kyriakidis und Pelekidis. Ritzverzierte Keramik; 8–9 Grobkeramik. M. 1:3.

Tafel XXXV

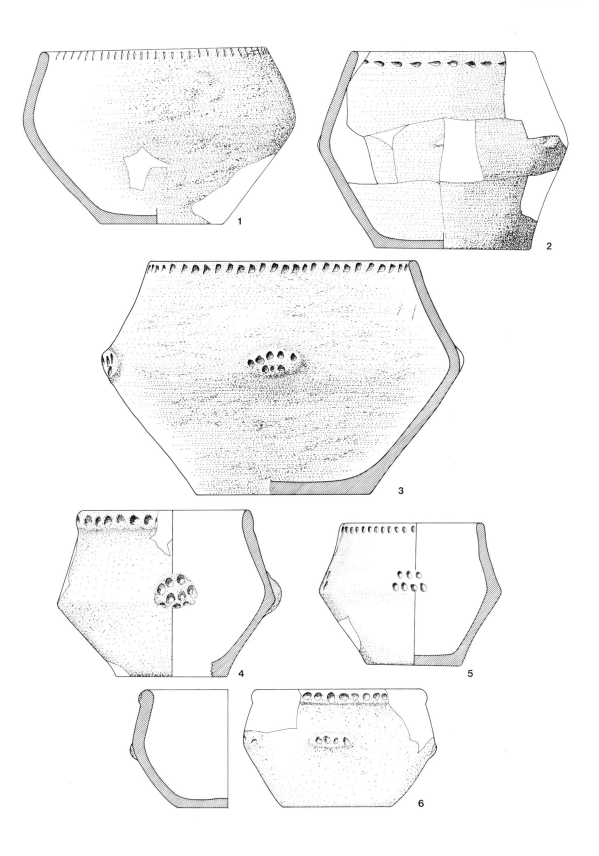

Paradimi. Grabung Kyriakidis und Pelekidis. Grobkeramik.   M. 1:3.

Tafel XXXVI

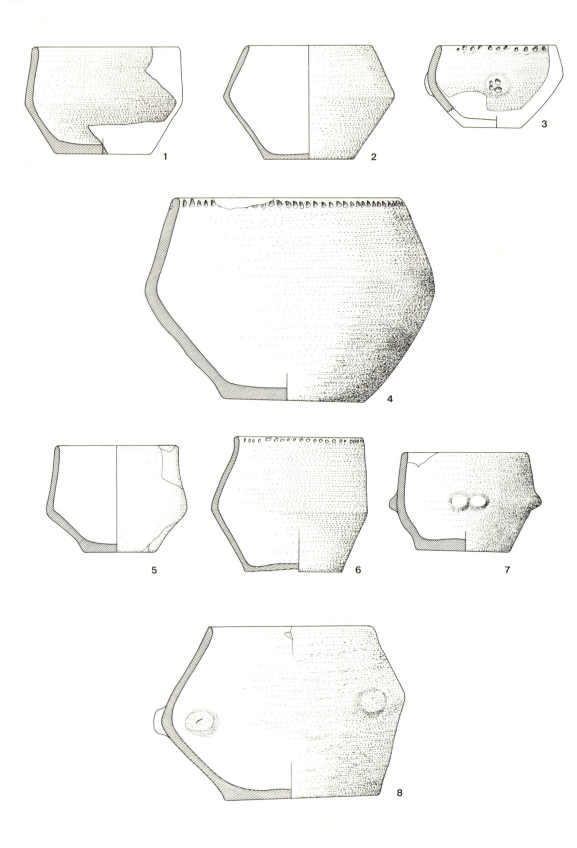

Paradimi. Grabung Kyriakidis und Pelekidis. Grobkeramik.   M. 1:3.

Tafel XXXVII

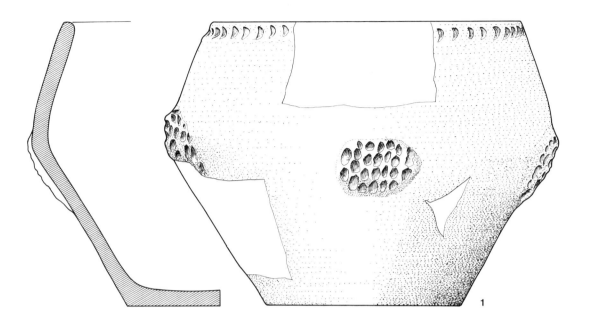

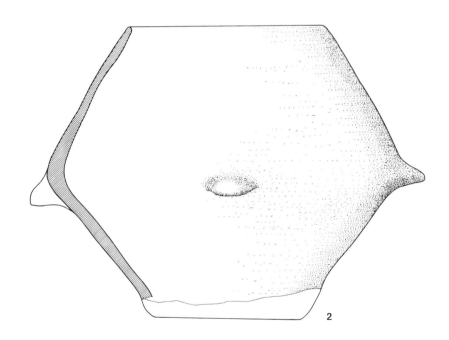

Paradimi. Grabung Kyriakidis und Pelekidis. Grobkeramik.   M. 1:3.

Tafel XXXVIII

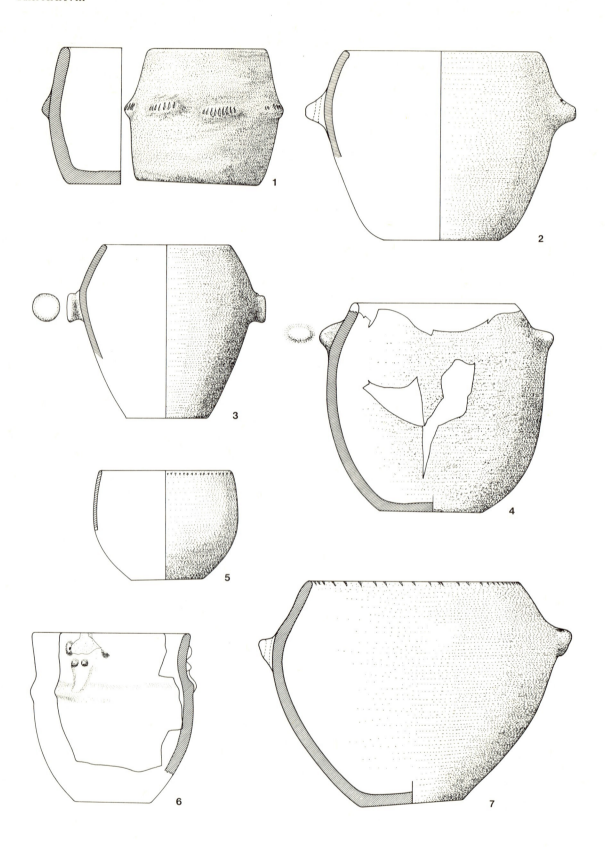

Paradimi. Grabung Kyriakidis und Pelekidis. Grobkeramik. M. 1:3.

Tafel XXXIX

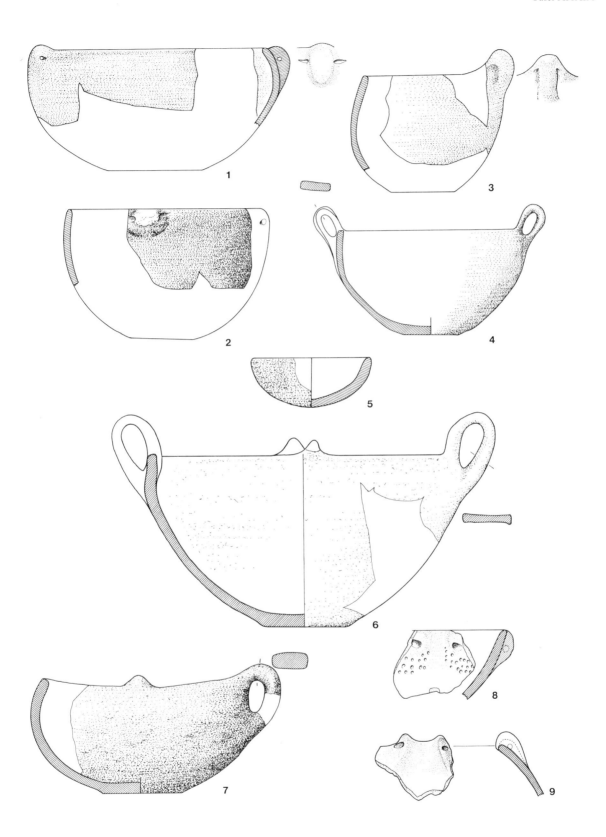

Paradimi. Grabung Kyriakidis und Pelekidis. Grobkeramik. M. 1:3.

Tafel XL

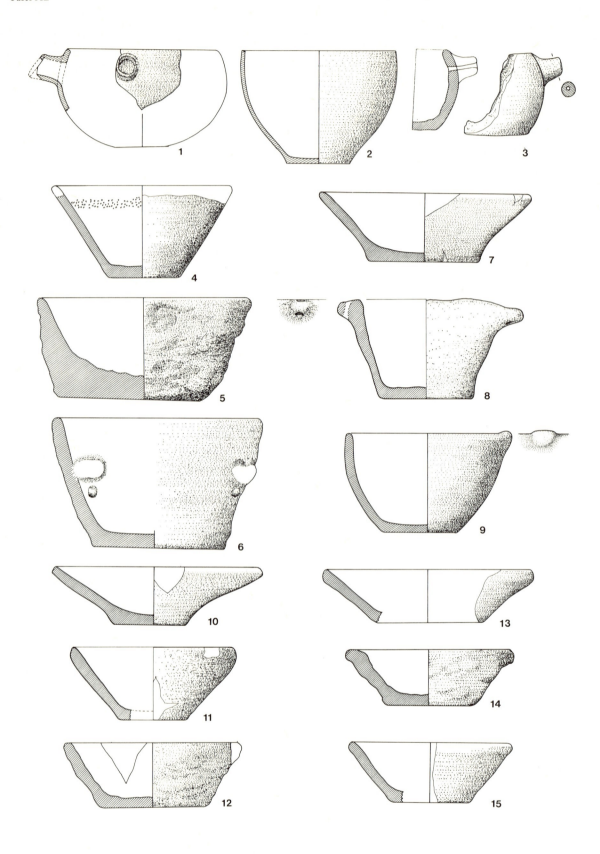

Paradimi. Grabung Kyriakidis und Pelekidis. Grobkeramik. M. 1:3.

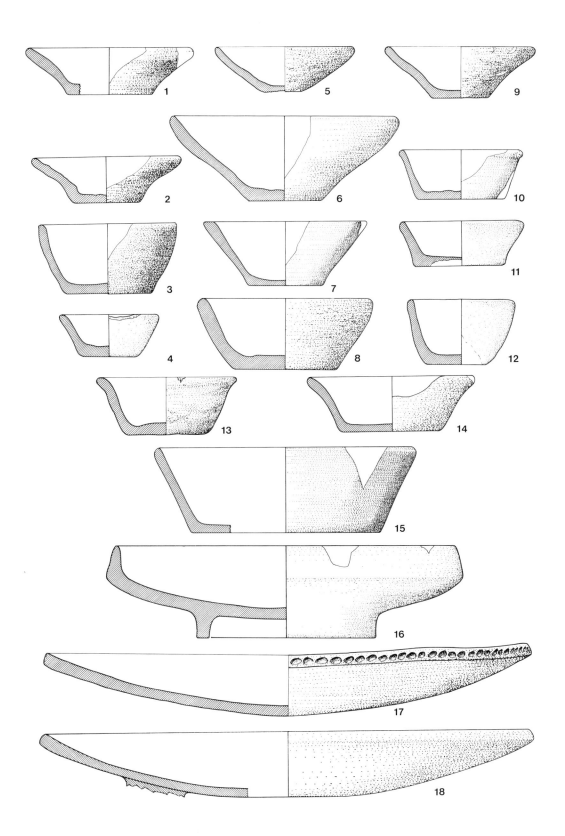

Paradimi. Grabung Kyriakidis und Pelekidis. Grobkeramik. M. 1:3.

Tafel XLI

Tafel XLII

Paradimi. Grabung Kyriakidis und Pelekidis. Grobkeramik.　M. 1:3.

Tafel XLIII

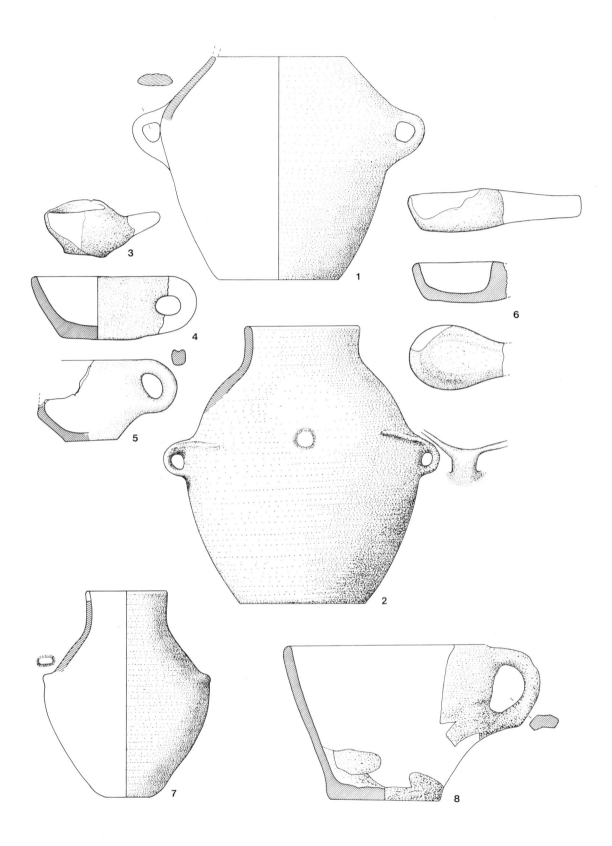

Paradimi. Grabung Kyriakidis und Pelekidis. Grobkeramik. M. 1:3.

Tafel XLIV

Paradimi. Grabung Kyriakidis und Pelekidis. Grobkeramik (3–5, 8–10, 12–16 Miniaturgefäße). M. 1:3.

Tafel XLV

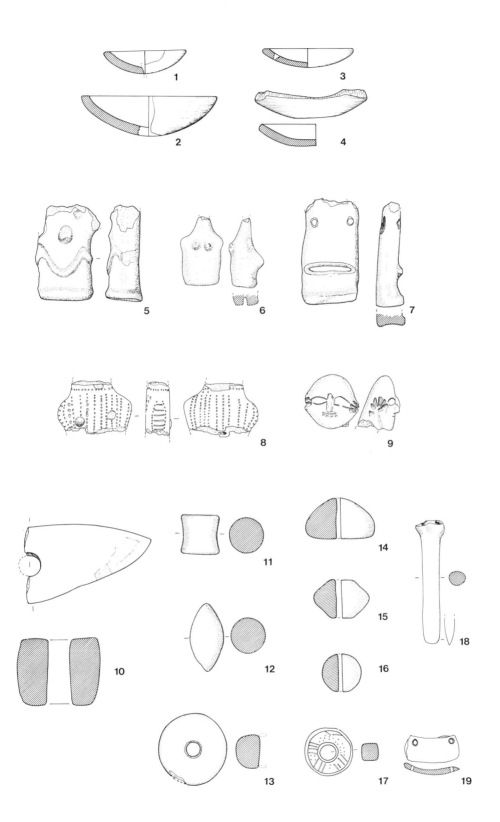

Paradimi. Grabung Kyriakidis und Pelekidis. 1–4 Steingefäße; 5–9 Idole aus Ton; Stein- (10), Knochen- (18–19) und Tongeräte (11–17). M. 1:3.

Konkordanz zwischen den Tafeln 1–73 und I–XLV
vgl. Verzeichnis zu den Tafeln I–XLV

Beilage 1. Plan von Mesochori – Paradimi. T = Tumba von Paradimi. M. 1:15.000.

Beilage 2

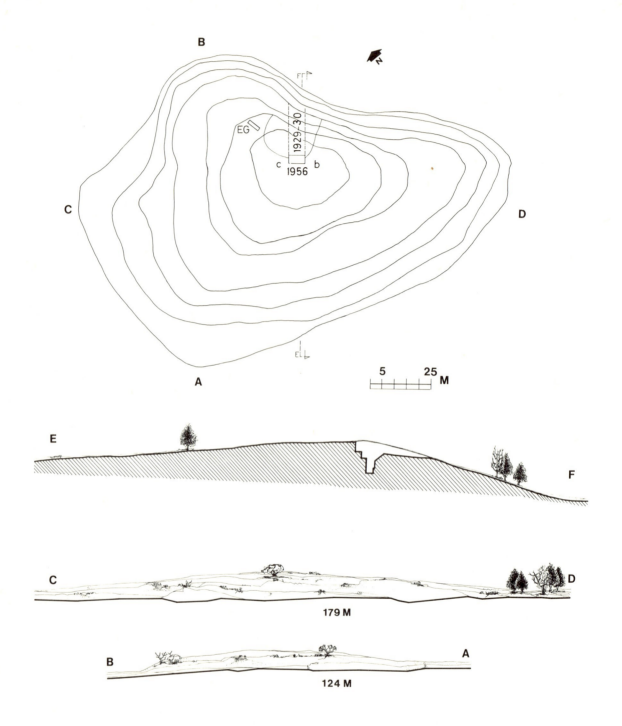

Beilage 2. Die Tumba von Paradimi mit der Angabe der Grabungsschnitte sowie der Ansichten A–B, C–D und E–F. M. 1:1.500.

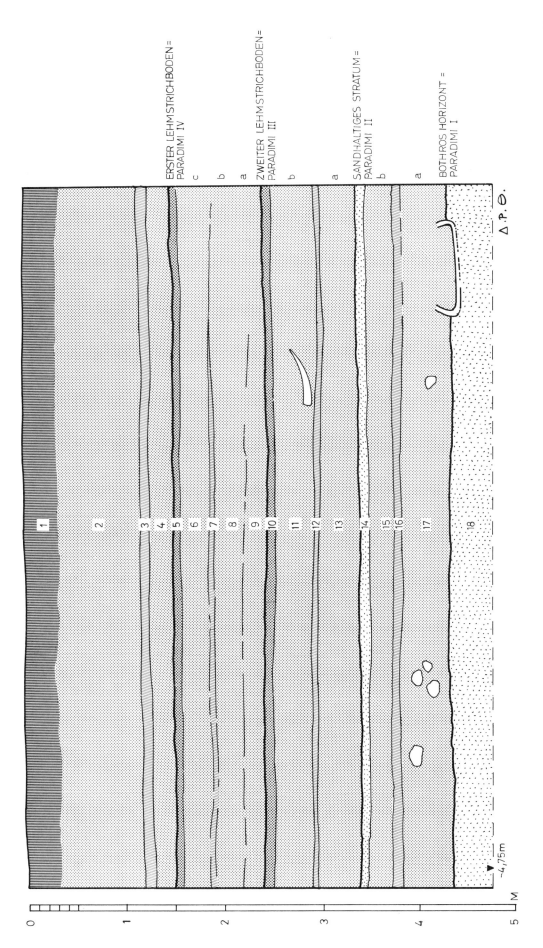

Beilage 3. Paradimi. Stratigraphie.

Beilage 4
Beilage 5

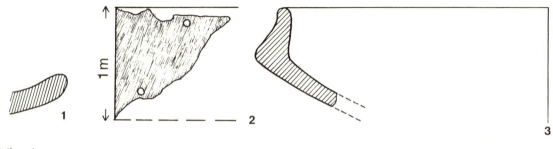

Beilage 4

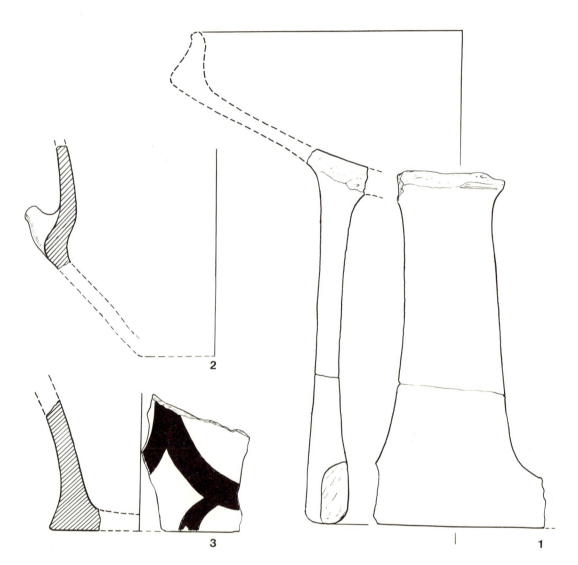

Beilage 5

Beilage 4. Paradimi. 1 Aus der gestörten Humusschicht; 2 Pfostenlöcher im ersten Lehmestrichboden, Schicht 5; 3 Gefäß der Stufe Paradimi III c aus Schicht 6.

Beilage 5. Paradimi. Keramik der Stufe Paradimi III c aus Schicht 6.

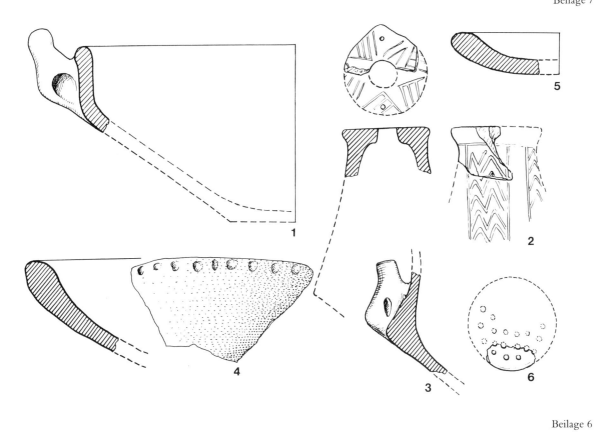

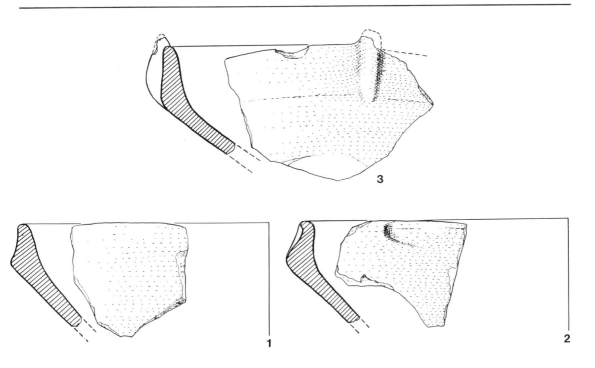

Beilage 6. Paradimi. Keramik der Stufen Paradimi III c aus Schicht 6 (1–2) und III b aus Schicht 8 (3–6).

Beilage 7. Paradimi. Keramik der Stufe Paradimi III a aus Schicht 9.

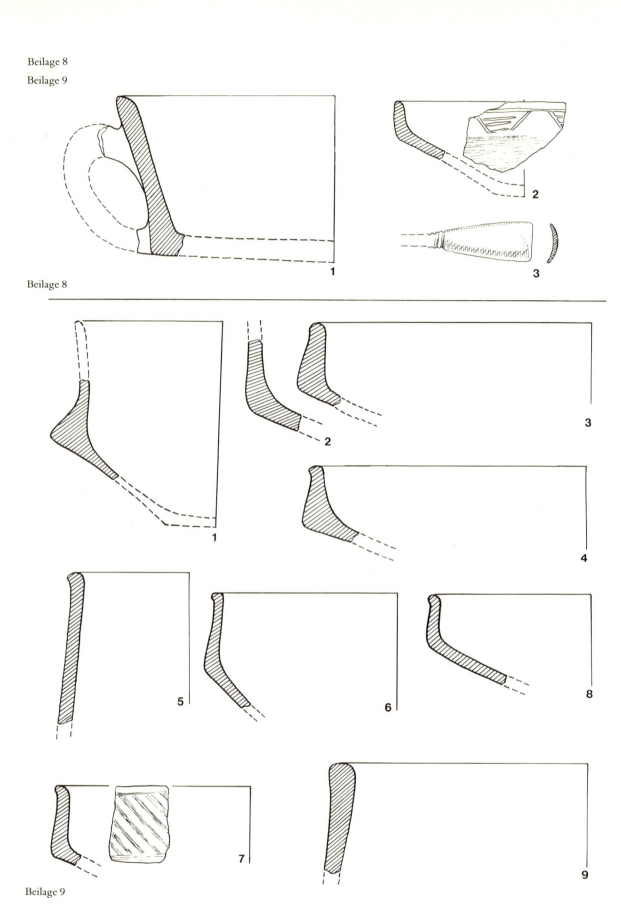

Beilage 8. Paradimi. Keramik der Stufe Paradimi II b aus Schicht 11.

Beilage 9. Paradimi. Keramik der Stufe Paradimi II a aus Schicht 13.

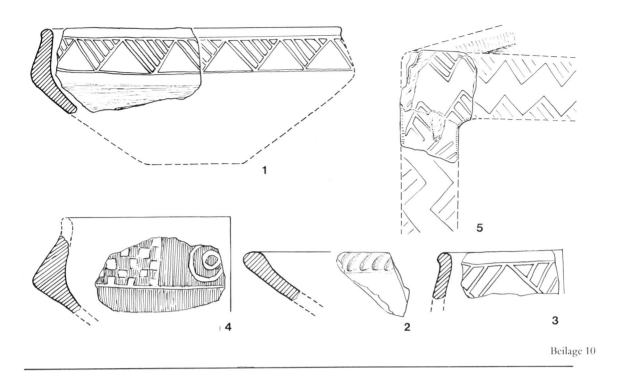

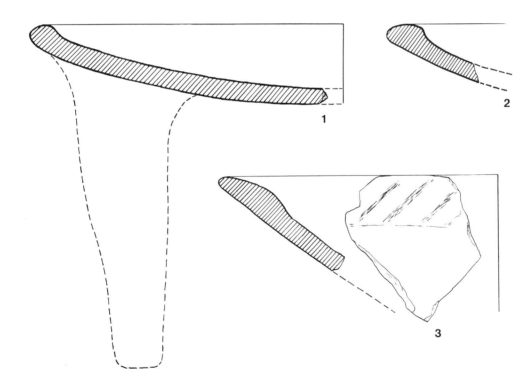

Beilage 10. Paradimi. Keramik der Stufe Paradimi I a aus Schicht 17.

Beilage 11. Paradimi. Keramik der Stufe Paradimi I vom Boden der Vorratsgrube in Schicht 17.

Beilage 12

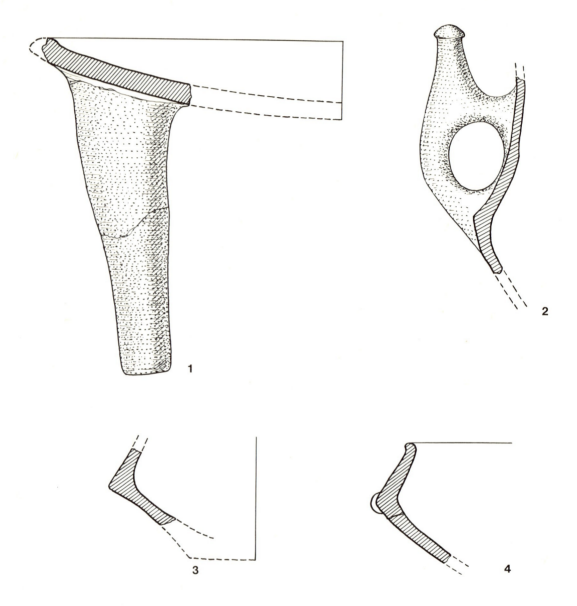

Beilage 12. Paradimi. Keramik der Stufe Paradimi I vom Boden der Vorratsgrube in Schicht 17.

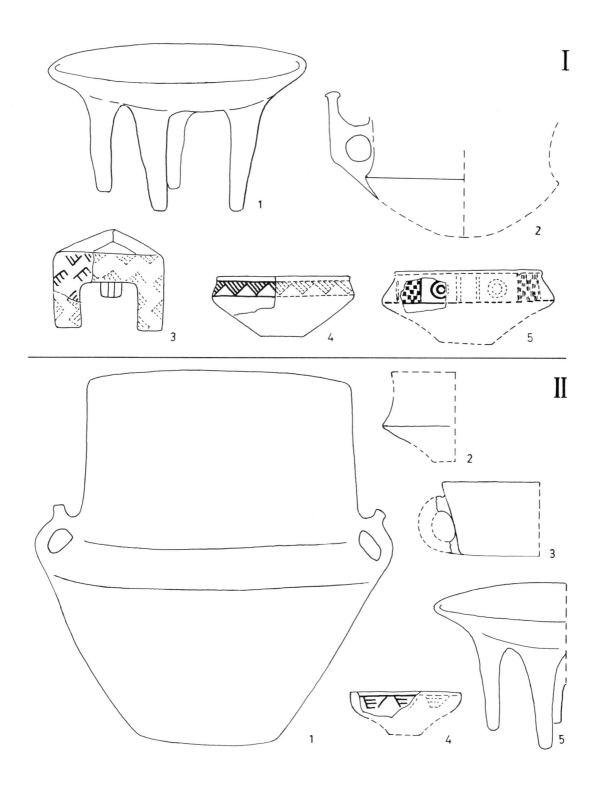

Beilage 13. Paradimi. Formeninventar: Paradimi I–II (von unten).

Beilage 14

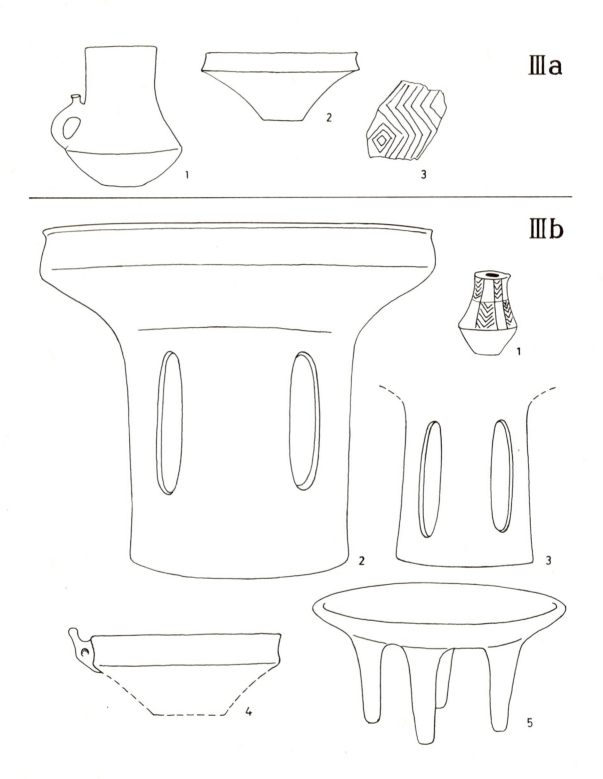

Beilage 14. Paradimi. Formeninventar: Paradimi IIIa und IIIb (von unten).

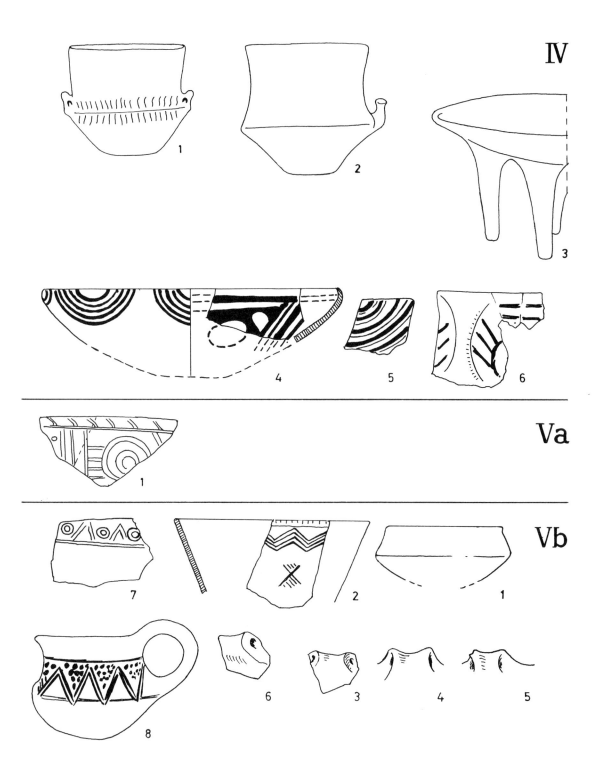

Beilage 15. Paradimi. Formeninventar: Paradimi IV und Va–Vb (von unten).

1. Hagia Petra (Plotinopolis)
2. Hagios Georgios (Bez. Petrota)
3. Akropotamos
4. Amaxades
5. Amphipolis (Hügel 133)
6. Asar Tepe
6a. Proskynites
7. Galepsos
8. Dimitra
9. Dikaia
10. Doriskos (Saraja)
11. Drama (?)
12. Thasos
13. Kalambaki
14. Keramos
15. Nea Karvali
16. Lakovikia
17. Laphruda
18. Makri (Tumba und Höhle)
19. Nea Bafra
20. Mylopotamos
21. Nikesiani
22. Dikili Tash
23. Orphanion (?)
24. Paradimi
25. Petrussa
26. Polystylon
27. Potamos (Kastro)
28. Pythion
29. Ryzia
30. Samothrake
31. Neon Suli
32. Spilaion
33. Hagios Theodoros-Höhle (Potamos)
34. Maroneia-Höhle
35. Nymphen-Höhle (Nea Heraklitsa)
36. Stryme-Höhle
36a. Krovyli
37. Symbolon-Höhle
38. Sostis
39. Tumbes (zwischen Didymoteichon und Orestias)
40. Hyphandes (Pospos)
41. Phanarion
42. Phérrae
43. Phylakion (?)
44. Photolivos

Fundortverzeichnis zu der Verbreitungskarte Beilage 16.
Weitere Fundorte vgl. Anm. 136a, 138–139.

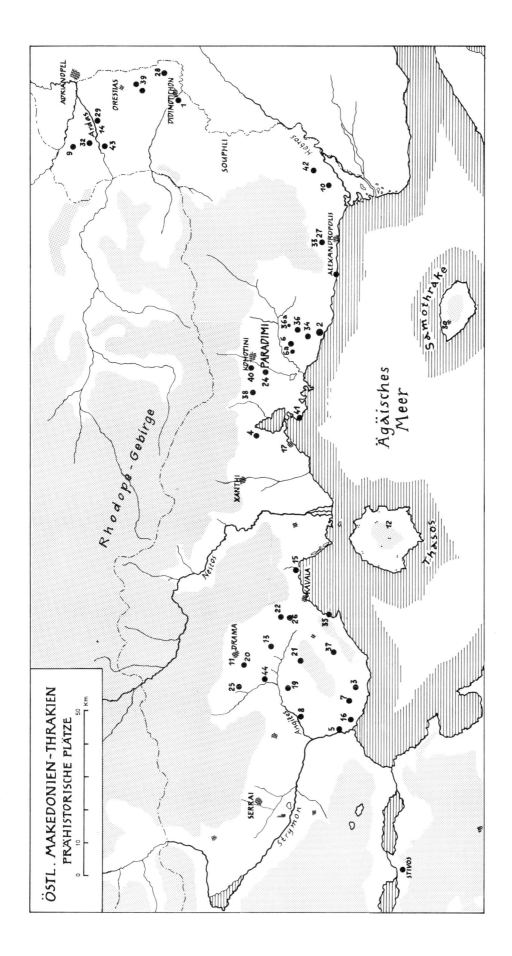

Beilage 16. Verbreitung der frühgeschichtlichen Fundstellen in Ost-Makedonien und Thrakien. Stand 1976.